「裏日本」文化ルネッサンス

NPO法人
頸城野郷土資料室
［編］

石塚正英・唐澤太輔・工藤 豊・石川伊織
［著］

社会評論社

『「裏日本」文化ルネッサンス』目次

はしがき

平安時代の女流歌人にして「六歌仙」にも「三十六歌仙」にも含まれる小野小町は、生没年も生没地も不詳であるという。けれども、平安前期に東北地方の日本海側に生まれたという説が有力である。同時代の肖像画もないので素顔がわからない。美人であったか定かではない。ただ、残された短歌にふれる限りで、彼女は辺境の人であることが偲ばれる。『古今集』におさめられている有名な句に次のものがある。「花の色は移りにけりないたづらにわが身世にふるながめせしまに」これは通常の解釈だと、わが世の春を謳歌した美女も、春に咲く桜の花びらと同じように、時がたてば色あせ老いさらばえる、ちょうどわが身のように、となる。しかし、その解釈は彼女が美人であることを前提にしている。

日本海側の一帯を指してまだ「裏日本」と称していた二〇世紀半ば、頸城野《くびきの》（新潟県上越地方）に生まれた私には、この短歌に裏読みをしている。彼女の辞世の句といわれるもの、およびそれと似たような気持ちで詠んだもの二つを紹介する。辞世の句「あはれなりわが身の果てや浅緑つひには野辺の霞と思へば」「吾れ死なば焼くな埋むな野に晒せ痩せたる犬の腹肥やせ」辞世の句にある「あはれなり」は倒置法で記されている。よほど「あはれ」なのだろう。この部分と『古今集』の「わが身世にふるながめせしまに」（これも倒置法）を重ねてみると、「あはれ」は、趣がある、しみじみと感じられる、という解釈でいきたい。ようするに、自然に即して生きることの感慨を吐露しているのであろう。そうであればこそ、自分が死んだら、死体を野に晒して野犬の食べ物に供せよ、と詠んだのである。モガリ葬の一種とはいえ、小野小町は、自らの人生を自然生態系の一部にきちんとおいているのだ。

この生活観・人生観は、親鸞が流された地（頸城野）や世阿弥が流された地（佐渡島）の先住民にふさわしい。とりわけ親鸞の「悪人正機」は、のちに「裏日本」と称されることになる辺境の地で、流刑という裏読みの生きざまに刻まれ培われた。

ところで、「裏」は「奥」に通じる。奥義・奥伝・奥行など、いずれも「あはれ」な佇まいを感じる。「裏」も同様である。その「裏」は、近代日本では虐げられるものの冠詞となった。何故であろうか。本書は、その問題に関して歴史地理的・宗教民俗学的、そして社会思想的な検討をおこなう。その際、近現代日本ないし国民国家日本における「裏日本」の意味をも論じ、本書の全体を通じて、二一世紀における「裏日本」文化ルネッサンスを提唱したい。

石塚正英

序章　――なぜ今、「裏日本」か――

一　「裏日本」が存在した時代

「裏日本」という語は、今では差別語として公的には使用を禁じられている。地理的な範囲として「裏日本」は、広義には日本海側を指し、狭義には山陰から北陸、出羽地方あたりまでを指すのだが、明確な定義はない。公共放送をもって任じるＮＨＫは、一九六〇年代に「番組基準の解釈および事例」においてこの語は使用を避けるべき部類にくくり、その後一九七〇年代には各種メディアでも放送禁止用語の一つになった。

ところで、阿部恒久『「裏日本」はいかにつくられたか』(1)によると、「裏日本」という語を使用したのは地理学者の八津昌永である。八津は、一八九五年刊『中学日本地誌』の中で地理的概念

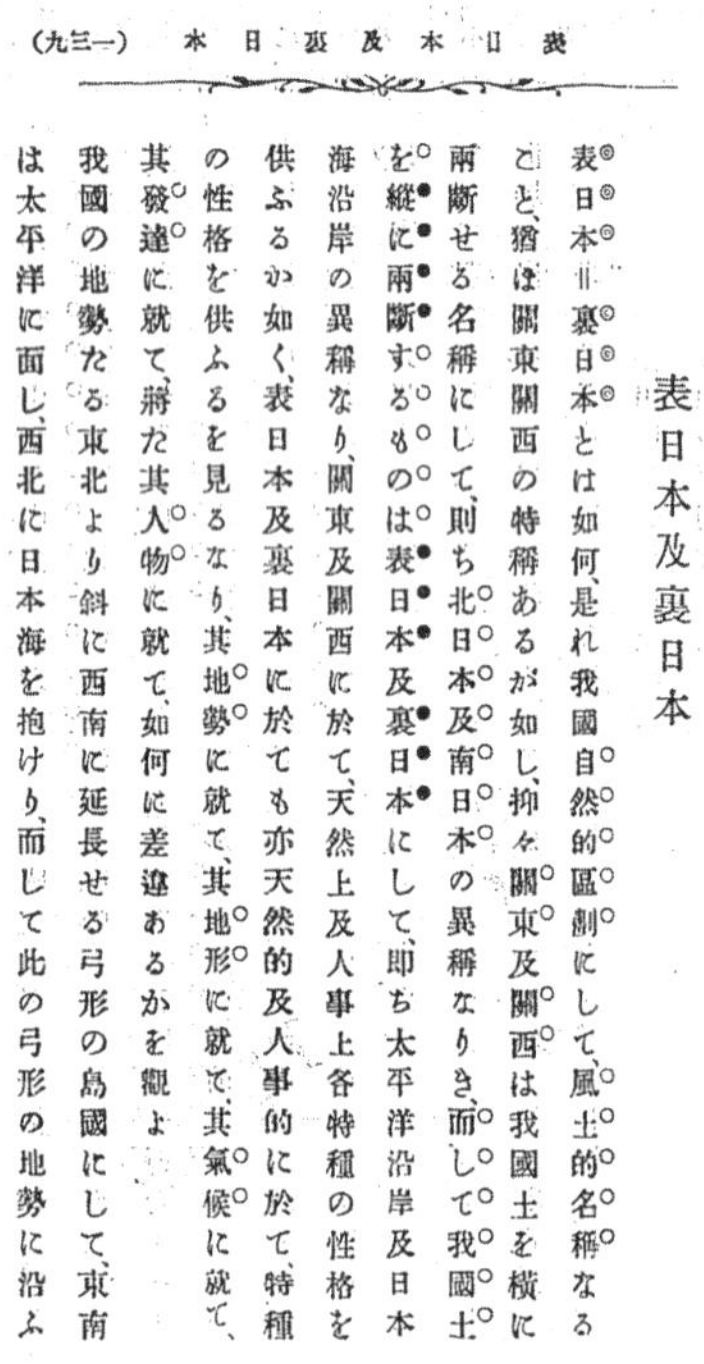

表日本及裏日本

表日本＝裏日本とは如何、是れ我國自然的區劃にして、風土的名稱なること、猶ほ關東關西の特稱あるが如し、抑々關東及關西は我國土を横に兩斷せる名稱にして、則ち北日本及南日本の異稱なりき、而して我國土を縦に兩斷するものは表日本及裏日本にして、即ち太平洋沿岸及日本海沿岸の異稱なり、關東及關西に於て、天然上及人事上各特種の性格を供ふるか如く、表日本及裏日本に於ても亦天然的及人事的に於て、特種の性格を供ふるを見るなり、其地勢に就て、其地形に就て、其氣候に就て、其發達に就て、將た其人物に就て、如何に差違あるかを觀よ。

我國の地勢たる東北より斜に西南に延長せる弓形の島國にして、東南は太平洋に面し、西北に日本海を抱けり、而して此の弓形の地勢に沿ふ

を指し示すのにこの新造語を用いた。その限りで、この造語は差別を目的に使用されたものというわけではなかった。

その文献を私は未見であるが、同じ著者の『地理学小品』（民友社、一九〇二年）で確認すると、「裏日本」の説明はけっして地理学的のみではなくなっている。「天然的及人事的に於ても特種の性格を供ふるを見るなり、其地勢に就て、其地形に就て、其気候に就て、其発達に就て、蒋た其人物に就て、如何に差異あるかを観よ[2]」。

それから二年後の一九〇五年に刊行された志賀重昂『地理教科書』全四冊（「本邦編」「外国編上・中・下巻」）、訂二版、富山房）に記された「裏日本」に関する記述を読むと、やはり地理的な区別のみで使用されているわけではない。「表日本と裏日本との差異する所を挙ぐれば左の如

し」とされた区別だてのうち文化については次のように記されている。表日本（太平洋岸）「今日まで発達す」、裏日本（日本海岸）「将来発達す」[3]。なお、同じ志賀重昂の著作でも一八九四年に刊行された『日本風景論』（正教社）では、「太平洋岸」と「日本海岸」の対比は箇条書きで明示されているが、「裏日本」「表日本」の用語は記されていない[4]。

第四章

表日本と裏日本との差異する所を擧ぐれば、左の如し、

	表日本（大平洋岸）	裏日本（日本海岸）
一、海岸	長し。港灣多し。	短し。港灣少し。
二、地勢	平原多し。河南流。	平原少し。河北流。
三、氣候	晴天多し。	晴天少し。
四、物產	概して多し。	概して少し。
五、鑛物	火山少く、鑛物少し。	火山多く、鑛物多し。
六、交通	鐵道線長し。	鐵道線短し。
七、人口	多し。都會多し。	少し。都會少し。
八、文化	今日まで發達す。	將來發達すべし。
九、關係	南支那、南洋、オーストラリア、アメリカに對す。	北支那、朝鮮、シベリア、ロシア領に對す。

日本帝國人文誌　表日本と裏日本　七五

さて、そうなると一八九五年から一九〇二年の間に、いったい何があったのだろうか。何かがあったに相違ない。その疑問は、歴史年表を見ればすぐに氷解する。一八九四年から九五年にかけて日清戦争があり、それに独仏露の対日三国干渉がすぐ続き、一九〇〇年に北清事変（義和団事件）に加わり、一九〇二年に日英同盟が締結され、一九〇四年に日露戦争がおこっている。その間に日本政府は、対外的には太平洋を挟んで列強と対峙しつつ東アジアにおける自国の覇権を確立し、対内的には首都東京に陣取る中央集権的明治政府のもとに全土の行政区を序列化し統合する方向を鮮明に打ち出したのであった。「裏日本」はその方向に即して中央政府を下支えする役割を果たすこととなった。一例に石川県産業奨励会編

『裏日本開発に関する要望』（同会、一九二一年）から必要箇所を引用する。「由来我が北陸地方は裏日本を以て称せられ之を表日本の各地に比し万般の事物に於て一歩を譲る状態にあることは何人も否認し能はざる所なり之れ国家全体の利害に顧み将た亦た我が地方の消長に鑑みて吾人の夙に遺憾とする所、特に現時世界の大勢を見んか大戦終息後に於ける列国の経済戦は寧ろ砲火の角逐よりも惨憺たるものあり各々国力の回復若くは充実に努力すること日の尚足らざるの概あるは識者を俟って初めて知るべきにあらず（云々）[5]」

「裏日本」（地方）が「表日本」（中央）に対してこのように下支えする過程で、その後二度の侵略戦争が起きた。その間に、例えば新潟県頸城地方の旧高田市は次のように軍都として発展した。「高田市には有力な商工業が存在せず上越地方担当の行政諸機構、高田師範学校、そしてとりわけ第十三師団の軍隊、軍衙、軍人の消費に依存した典型的な軍都であった。軍隊が一年間におとす金は、一九二四年で一九〇万円に及び、これは同市工業総生産額の二割にあたった。[6]」上越地方の住民は、戦争には是々非々で臨んだようである。兵隊さんの家族が朝の四九市などに買い物に出て賑わうのは大いに結構、だから平和がいい。けれども兵隊が戦地に行くと地元経済が打撃を受けるので、あまり賛成しない。

高田市では一九二四夏年から年末にかけて商工会と市議会を中心とする師団存置請願運動が活発に展開された。（中略）この請願運動は、第一に軍隊都市商工界の経済利害のみにもとづくもので軍備拡張や軍国主義を支持するものではなかった。（中略）第十三師団が廃止されると、高田には仙台第二師団管下の第十五旅団司令部と歩兵第三十連隊が移駐してきた。師団廃止によって軍隊依存の高田市経済は打撃をうけ、川井直次市長はむしろこれを機会に自立した産業都市への脱皮を志向したが、軍都としての性格はかわらなかった。(7)

二　「裏日本」が再起する近未来

時代を跳び越え、世界大での殺戮戦争の時代が過ぎて久しい二一世紀初の今日、「裏日本」には、主に大都市（表日本）向けの電力供給を目的にして、「原発」という厄介な施設が次々と建設されてきた。二〇一一年現在において日本海側で稼動中の発電所を列記すると次のようになる。柏崎刈羽原子力発電所（新潟県中越地方、東京電力）、志賀原子力発電所（石川県能登半島、北陸電力）、敦賀発電所（福井県若狭地方、日本原子力発電）、美浜発電所（福井県若狭地方、関西電力）、大飯発電所（福井県若狭地方、関西電力）、高浜発電所（福井県若狭地方、関西電力）、島根原子力発電所（島根県東部、中国電力）。原発はなぜ必要とされてきたか。それは「表日本」を中心にすすむ重厚長大型経済発展をエネルギー面で支えるためである。

一九八〇年代前後、日本は諸外国から「飽食の国」と揶揄された。食料の大量輸入・大量消費・大量廃棄である。春秋時代中国の政治家である管仲の「衣食足りて礼節を知る」に関係なく豊満日本を満喫したのである。そのような時代の日本で、ある人は生活環境（衣食）を整えるのに原子力でエネルギーを増産する必要があると主張したのだった。けれど、これはずいぶん飛躍した論理である。そのような要求は、豊かさ＝衣食の定義づけをきちんと下さないために生じたといえる。日本に住む人は、スーパーやコンビニで食料を買うが、それらの大半は自宅に電気冷蔵庫や電子レンジがあることを前提にしている。それから、他のアジアから来た労働者が日本で米を買うと価格が出身地の百倍だったりする。日本でのそうした高文化・高物価の生活はアジアやアフリカ、ラテンアメリカの資源を大量に消費して成立している。海外各地の人々の衣食を奪って成立しているのである。飽食日本の豊かさ論には南北問題や経済のボーダーレス化の認識が欠落していたのである。また、今日までの原子力技術をもってしては世界中の人々の衣食・生命が一挙に奪われる危険性のある点も認識不足だったのである。

飽食を旨とする人びとでも、一極集中とその弊害は知っているはずである。産業や人口が一極に集中すればエネルギーもそうしなければならなくなる。その結果、一時に巨大なエネルギーが不可欠になり、原発建設が政府と企業の至上命令となったのである。原発は、建設地周辺住民の衣食を脅かし続けている。動燃すなわち動力炉・核燃料開発事業団（一九九八年からは核燃料サイクル開発機構）が弱者（「裏日本」すなわち日本海側一帯の地域生活者）を裏切り切り捨てて強者（「表日本」すなわち太平洋側の企業・政府）の利益に奉仕してきた事実は、柏崎刈羽原発事故（二〇〇七年）一つをとってみても、如実に露呈している。

管仲は「衣食足りて礼節を知る」のほか、「衣食足りて栄辱を知る」とも言っている。「衣食」については、例えば東南アジアの諸都市に散在するスラムの中にも十分足りていると実感している人たちがいる。日本の海外進出企業よりずっと素直に「礼節」や「栄辱」を認識している農民・漁民がいる。豊かな、つまり礼節を心得た暮らしは彼らのもとにこそ維持されているのである。その精神は、日本ではどちらかというと「裏」に残存してきたのではなかろうか。前世紀の日本社会はいずこも飽食一辺倒だったのではない。なるほど「表」的な農業経営者あるいはアメリカの穀物メジャーと結んだ農業経営者は、トラクター・コンバインを使用しあたかも石油から穀物を作りだしてきたが、その方法は同時に、環境・資源などの諸問題を深刻化させてしまった。それにひきかえ、「裏」的な農業経営者はエコロジーと調和のとれたエコノミーを営んできた。

その象徴は棚田である。一九九五年九月、高知県檮原《ゆすはら》町で第一回全国棚田サミットが開かれた。その檮原町には一九七二年には五〇一枚の棚田があったが、九五年には二二〇枚に減少していた。放置しておくとどんどん無くなるのだが、取材で同町を訪れた司馬遼太郎氏に「この風景を残したらどうか」と助言され、以後保存に力を入れるようになったのだった(8)。棚田が特に多いのは新潟県南西部（十日町市、松之山町など）、岡山県吉備高原、大分県西部・南西部（竹田市など）であり、急峻な山間で土壌保全、土砂崩れ防止に威力を発揮して今日に至っている。景観保護に役立つのは言うまでもない。

バブル崩壊後の一九九〇年代後半、銀行も証券会社も倒産していく時代になって、人は金のみにて生きるものにあらず、と考える傾向が強まっていった。もっとリッチな生活をという願いは、産業の空洞化や環境破壊、家族的絆の弛緩などマイナスの副産物によってけっきょく帳消しになった。合理性や経済効率で行動を決める「表」の時代は終わったのである。ゆとりはエコノミーとエコロジーの調和という「裏」原理によって生まれるのだということを、日本に住む人たちはしだいに悟りだしたのである。かつて福沢諭吉は「学問ノススメ」をうたいあげたが、その効果はエコノミー大国日本の実現において立派に達成された。これからはエコロジーの大地日本といった未来に相応しいスローガン「農ノススメ」をうたいあげようではないか。

農業は、一九九〇年代の流行語で言うと「3K労働」（「きつい」「汚い」「危険な」労働）の代表のように思われてきたが、そのように思う人たちは、今でもけっこう「自然とのふれあいを大切にしたい」などのセリフを軽々しく口にしている。しかし、そのようなセリフでイメージされる「自然」というものは、実は裸の自然でなく人工のもの、いわば第二の自然でしかない。野山に鹿や猪を追うハンターは別として、日本に住む人たちの多くはリフレッシュの目的で野山にでかける。そこで楽しむのは予め企業がセットしてくれているサービスなのだ。△△高原の牧場で馬に乗り、スクスク育った牛たちの新鮮なミルクを飲もう！　▲▲丘陵で森林浴を満喫し、それから豪快にバーベキュー・パーティーを！　自然とのこうしたふれあいは農・牧・林という営みを介してはじめて成立するのである。日頃抗菌グッズを買い求めている若い女性たちにもアウトドアなどと称して楽しめる「表」的な自然、それは日頃雑菌にめげずたくましく活動している土の生活者たちが築いてきた「裏」的営為の賜物なのである。

三　「裏日本」ルネッサンス

『裏日本』（公民同盟出版部、一九一五年）の著者久米邦武（一八三九〜一九三一）は、同書の中で、かつて出雲地方は韓半島と日本とを交易範囲とする「中原」であったと記している。イザナミ・スサノヲよりもっと古代から簸川流域は「出雲の中原にして、西は韓地より、東は越地より、拓地殖民して宏業を創められたる根本の地なることを彷彿に想ひ見られ、我国家の創始時代に於て出雲の開けは地史上に於て特に其規模の偉大なるを認すべきなり。[9]」また古代の出雲では、ちょうど久米が生きた明治時代の日本と正反対に海外への移住でなく海外からの移住者をたくさん受け入れてきたことを強調する。その力点を次のように少々移動させると、久米の発想は日本列島における「裏日本」ルネッサンスに直結する。その「移動」とは、出雲にもともと先住民（単系）がいてそこへ韓半島や越の国から人びとを招いたのでなく、最初に「土広く人希なりし」出雲に遠近いろんな地域から移住者がやってきてそうした人びと（複系）が総出で出雲という地域性・民族性を創出したのだという意味での論点移動である。もっとも、久米の同じ著作にある右のコピー(10)を読めば、私が移動させた先の論点と類似した指摘をそこに読み込めなくもない。先史時代から、対馬海流は東シナ海からオホーツク海への人と物資の移動・漂流を速やかにしていた(11)。

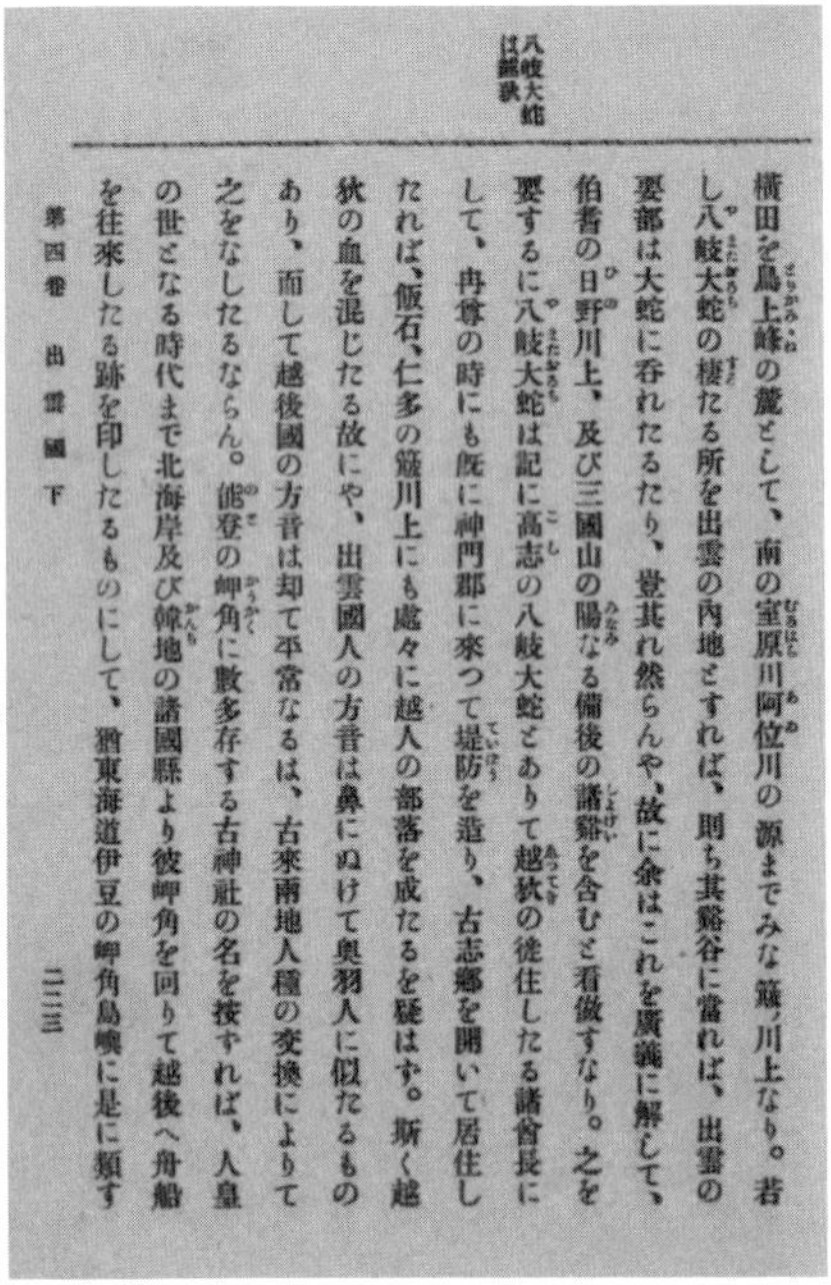

八岐大蛇は謬訣

横田を鳥上峰《とりかみね》の麓として、南の室原《むろはら》川阿位《あゐ》川の源までみな簸ノ川上なり。若
し八岐大蛇《やまたおろち》の棲《すみ》たる所を出雲の內地とすれば、則ち其谿谷に當れば、出雲の
要部は大蛇に呑れたるたり、豈其れ然らんや、故に余はこれを廣義に解して、
伯耆の日野《ひの》川上、及び三國山の陽《みなみ》なる備後の諸谿《しよけい》を含むと看做すなり。之を
要するに八岐大蛇《やまたおろち》は記に高志《こし》の八岐大蛇とありて越狄《ゑつてき》の徙住したる諸酋長に
して、冉尊の時にも旣に神門郡に來つて堤防《ていばう》を造り、古志鄕を開いて居住し
たれば、飯石、仁多の簸川上にも處々に越人の部落を成たるを疑はず。斯く越
狄の血を混じたる故にや、出雲國人の方音は鼻にぬけて奧羽人に似たるもの
あり、而して越後國の方音は却て平常なるは、古來兩地人種の変換によりて
之をなしたるならん。能登《のと》の岬角《かうかく》に數多存する古神社の名を按すれば、人皇
の世となる時代まで北海岸及び韓地《かんち》の諸國縣より彼岬角を回りて越後へ舟船
を往來したる跡を印したるものにして、猶東海道伊豆の岬角島嶼に是に類す

第四卷　出雲國下　二二三

さて、古代の日本列島に住む人々はよく移動していた。空海や最澄はその代表である。彼らが中国に渡って修行し経典を入手できたのは、すでに玄界灘や瀬戸内海が東アジア諸民族の共生する場であったからである。いわゆるピジン語ないしクレオル語（言語を異にする人びとが即興で作り上げる会話言葉や混成言語）のレベルで東アジア沿岸にファジーな共通語圏が出来ていた(12)。それと似たような状況が今日世界大に生まれている。今やトランス・ナショナルな時代状況である。元来国民国家を支えてきた幾つかの支柱、たとえば国民経済、国民政党、国民言語――一括して国民文化――は、変質ないし解体しつつある。ボーダーの内と外とがはっきりしなくなり、その周辺で様々なヴァリアントが生まれて

いる。国民国家は人びとの移動を食い止めることができなかった。人が動けば、異なる人々の接触が生まれる。異文化接触は、対立・反発以上に、混合・融合という結果を生み、様々なアイデンティティを生み出す。それこそが歴史を動かしてきたものである。実は、そこに「裏」の秘密が隠されていたのである。「裏」とは灰色といったモノトーンでなく、カラフルなハイブリッドを特色とする。近代に特徴的な中央（表面）というものは周辺（裏面）に対してモノ（モノカルチャー・モノガミーなど）を強制してきた。しかし、国民国家成立以前には、ハイブリッドは自然体であった。ハイブリッドは近代において「不純・未熟」というレッテルを貼られ差別され抑圧されてしまったが、これから二一世紀に向け、「多様・共生」というスローガンとともに再び活性化するだろう。日本列島をふくめ、近未来はホモ・モビリタス（移動する人）の新紀元となるのではなかろうか。以上に記した動向を、本書では「裏日本ルネッサンス」と称したく思う。

注

（1）阿部恒久『「裏日本」はいかにつくられたか』日本経済評論社、一九九七年、一七頁。なお、阿部は、「裏日本」は差別語か否かの問題について、同書七〜八頁で次のように主張している。「『裏日本』は、近代化における典型的な地域格差として登場している。（中略）そして、近代化のはじめにおいて造られた地域格差は、容易に解消されるどころか、累積・拡大されていくのであり、形成期のもつ意味は大きい。近代日本は後発の国民国家として形成されたという面をもっている。権力は目標やモデルを示し続けながら国民を統合していくが、日本の場合、それは西洋諸国の経済力と軍事力と文化であった。『表日本』は、そうした内実をもつ近代を表象する地域モデルにほかならない。」

（2）八津昌永『地理学小品』民友社、一九〇二年、一三九頁。
（3）志賀重昂『地理教科書』本邦編、訂二版、富山房、一九〇五年、七五頁。
（4）志賀重昂『日本風景論』正教社、一八九四年、三〜六頁参照。
（5）石川県産業奨励会編『裏日本開発に関する要望』同会、一九二一年、一頁。
（6）功刀俊洋「一九二〇年代の軍部の思想動員――新潟県上越地方の事例――」、『一橋論叢』第九一巻・第三号、一橋学会、一九八四年、三二七〜三二八頁。
（7）同上、三三六頁。
（8）「朝日新聞」九五年九月一四日付夕刊。
（9）久米邦武『裏日本』公民同盟出版部、一九一五年、二一八〜二一九頁。
（10）同上、二二三頁。
（11）渡邉三四一「漂着チャンスン――「峨眉山下橋」標本の資料的位置づけをめぐって――」『柏崎市立博物館館報』第二三号、二〇〇九年、には次のような示唆的な考証がなされている。「奄美大島北西で黒潮から分岐した対馬海流は、九州西方を北上して対馬・朝鮮海峡から日本海に流れ込み、複雑な分流や反転・蛇行をみせながら北東へと進む。南方や大陸からの漂流物はこうして運ばれ、日本海沿岸各地に漂着する。とりわけ強い北西風の吹き寄せる冬季には、その傾向が顕著となる。柳田國男が『風位考』などで指摘したアイノカゼとは、こうした「寄りもの」をもたらす風の意であった。」柳田から渡邉が引用する「アイノカゼ」はまさにくびき野に吹いていた。そのことを物語る地として上越市滝寺に「愛の風公園」がある。

(12) 石塚正英編『クレオル文化』社会評論社、一九九七年、参照。

第一章　「裏日本」の翡翠文化——金（略奪）文化を凌ぐ玉（還流）文化

一　ヌナカハヒメ神話から推論できること——先史に特徴的な婚姻形態——

神話学者の松村武雄は、出雲の神ヤチホコによる異郷の地高志《こし》での妻問いを異民族間の婚姻、すなわち族外婚に関連づけている。

北越と出雲との間には密接な部族的・文化的接触が行われた形跡があり、高志の沼河比売に対する大國主神の妻覓ぎの如きも、部族の接触・融和を意図しての、出雲系民族の有力者の、高志人の女酋との通婚の回想であるらしい。高志國の人とされるこの女性が、決して単なる女性的直人でなかったことは、『和名鈔』に奴乃加波郷と記された地域に於て、この女人が一個の地主神として祀られていたことに徴しても明らかである。(1)

そして、この異民族間の婚姻形態を、トーテム信仰《トーテミズム》の観点から説き明かそうとするのである。「同じ部族の異なった二つの氏族が同一のトーテムを有することはあり得ない。(2)」例えばヘビをトーテム神とする氏族《クラン》は、けっしてヘビ・トーテムを崇拝する氏族の異性と結婚することはなく、例えばワニ・トーテムを崇拝する氏族の異性と結婚する。学術的には、この規律を近親婚タブーという。

近親婚タブーのもとにあって、ある集団の男たちはつねに別の集団に妻たちを求めることになる。いわゆる集団婚である。これは現代のような一夫一妻婚ではない。多夫多妻婚である。なるほど人類社会はしだいに一夫一妻婚へと向かうのではあるが、ギリシアではオリンポスの最高神ゼウスが正妻ヘーラーの目を盗んで浮気する。日本では出雲のヤチホコが正妻スセリヒメの心配をよそに浮気する。神話学者の布村一夫は、「ギリシアと日本とをくらべる」という副題のついた論文「ギリシアの女神たち」で、例えばゼウスとヘーラーの婚姻関係を次のように述べる。ゼウスはヘーラーとのあいだで一夫一妻婚にあればこそ一種の契約違反をおかす。それに対してオホクニヌシ（ヤチホコ）は妻をたくさんもっていたのである。嫡妻はスセリヒメであるが、この嫡妻は、ヘーラーのように、ただ一人の正式の妻という意味ではなく、妻たちのうちの第一妻、ないしは主妻である。……ようするに妻ヘーラーは夫ゼウスのヘテリスムス（乱婚）にたいして憤怒し、嫡妻スセリヒメはオホクニヌシの一夫多妻婚にたいして嫉妬するのであるが、これらの説話に、古典ギリシアの、そして記紀万葉の日本の、性関係のちがいがうつしだされているのである(3)。

松村は、日本神話の中でもとくにトヨタマヒメ（豊玉姫）のお産におけるワニへの変身物語にトーテミズムを見通す。「『わたつみの宮』族がワニと極めて昵懇《じっこん》な間柄であり、寧ろ該族の眷属であるかのようになっている」ことに注目し、次のように結論づける。

かくしてわれ等は、豊玉姫が、記・紀の語るに一致している通り、出産に当たってワニと呼ばれる正真正銘の或る動物に変じたとせざるを得ない。とすると、今言ったように、何故に姫は産期に或る動物――特に「本つ国の姿」とされる或る動物に変形せねばならなかったかが、当然一つの問題となるが、自分に言わせるならば、これもトーテミズムの体制および儀礼から見ると、まさしく一つの必然である(4)。
豊玉姫禁室籠りの神話は、その主要な構成話根の関する限り、トーテミズムおよび外婚制の

方面から取り扱われるときに、その幾多の謎が解けるように、自分には思われる。(5)

この際、松村に依拠するとして、ではヌナカハヒメの率いる高志の国は何をトーテムとして崇拝していたであろうか。ヤチホコは出雲系であると仮定すると、トーテムは例えばヘビである。ヌナカハヒメの場合、目に付くものはヒスイであって、動物ではない。ただし、ヒスイはカワセミのことを指しており、ヤチホコが夜這いにきたときヌナカハヒメを護ったのが鳥であり、ヤチホコが正妻スセリヒメのもとに戻るに際しての歌に「そに鳥の青き御衣を」脱ぎ捨てるとある点を考慮すると、なにか鳥類が介在しているかも知れない。アマツカミ系では、イハレヒコ（神武天皇）が現在の和歌山県熊野地方で遭難したとき、高天原から一羽のカラスが飛来し道案内をしたこともあって、ヤタガラスがトーテムないし眷属に当たるようにも思える。

ヤチホコからヌナカハヒメへの妻問婚神話が成立する前提として、出雲民族と高志民族の間での族外婚的交流の存在が垣間見られよう。なるほど高志のトーテムは「そに鳥」（カワセミ＝翡翠）なのかどうか、はっきりしないが、出雲民族と高志民族とは別個のトーテムを崇拝する異民族同士であるから交流が可能であったと考えられる。そして、両民族の間を連結したリングこそ、翡翠だったと考えられる。

ところで、米沢康『日本古代の神話と歴史』（吉川弘文館、一九九二年）には、沼河比売神婚伝承に関する学説的な整理として、次のような指摘が読まれる。学説史的な動向はほぼ二つの傾向に大別できるようである。その第一は、この神婚伝承の物語るところに従って、出雲と高志との何らかの史的関係を読み取ろうとする立場、第二は、むしろ『古事記』の記事以前の原義を探って、伝承の場ないしその形成過程を明らかにしようとする立場である。それぞれの立場の中には、かなり顕著な異論も含まれることになるが、一応、このように考えて大過なかろうと思われる。また、研究史的大勢からすると、この二つの立場のもおのずからに隆替があって、古くは第一の立場が主流を占めたが、近来は第二の立場からする研究がこれに替わり、より評価される方向がたどられていたのであった。(6)

米沢康の研究は、以下に引用するように、それ独自で一つの有力な傾向を創っている。「私は、八千矛神と高志国の沼河比売との神婚伝承にも、海の問題を考えないわけにいかない。とくに、北陸道の神済の存在に着目すると、「高志国の沼河比売」といわれるその背景には、この神済における渡海祭儀の実修が、大きな役割を担っていたのではないかと推考される」(同書、二二頁)。

ここに出てくる「神済」とは、「かんのわたり」と読み、北陸道の越中と越後の境界の河ないし沿岸海域を指す。沼河比売神婚神話は出雲から能登を経て佐渡に伝わり、佐渡からさらにその東方海域に「浮かぶ」とみなされた「高志」ないし「古志」に伝えられた汀線《ちょうせん》文化と仮定すれば、沼河比売をことさら越後国頸城郡の奴奈川神社や沼川郷に結びつけなくともよいことになる。沼河比売神婚伝承に関する学説的な議論は、いまだ佳境に達していないのである。

二　釜蓋・吹上（上越市南部の弥生）遺跡から推論できること

ヌナカハヒメに深い関係のある翡翠は、糸魚川地域（青海・朝日・小谷・白馬を含む）を産地とし、(7)関連する交易ルートとして長者ケ原遺跡（縄文中期、糸魚川市一の宮、一九五四〜五八年調査、一九七一年国史跡）に工房を得ていた。また、その交易先の一つとして新井市（現妙高市）に斐太遺跡（弥生〜古墳、一九五五〜五八年調査、一九七七年国史跡）を得ていた。ところが、その後平成一〇年代に入って、斐太遺跡の南方二箇所に翡翠加工跡を含む遺跡が発見された。上越市大字稲荷字吹上の吹上遺跡（弥生中期中葉〜古墳前期、二〇〇〇〜五年調査）と上越市大和五丁目字釜蓋の釜蓋遺跡（弥生後期中葉〜古墳中期、二〇〇五〜〇七年調査）である。前者からは黒曜石製遺物、管玉、勾玉、ヒスイ製の剥片・未成品、磨製石包丁、大型直縁刃石器、銅鐸形土製品、小松式土器、栗林式土器などが出土し、後者からは木製品、土器、勾玉、ヒスイ製勾玉製作資料、ガラス小玉、フイゴの羽口などが出土している。

注目するべきは、やはり管玉・勾玉工房跡である。糸魚川地域を原産とする翡翠は、弥生時代ともなれば、未加工のまま頸城平野から南方の丘陵地帯へ運ばれ、そこで玉製品に加工されていた。さらに注目するべきは、小松式土器、栗林式土器など遠方各地の遺物が出土している点である。

　この土器に関連して、報告書『吹上遺跡』（新潟県上越地域振興局・上越市教育委員会、二〇〇六年三月）には次のように記されている。

　この地は信州方面から常時往来可能な地理的条件下にあり、玉をはじめとする北陸方面の文物・情報を入手するため、栗林系の人々は、集落内の諸活動に関わったものと思われる。遺跡内に残る多くの栗林系統の遺物は、それを示すものである。一方、集落の主体的担い手となった、小松系統の人々は、信州方面への玉の需要に対応して、この地で盛んに玉作りを行ったと推測される。
　遺跡内での玉作りの衰退は、栗林系統の人々が北陸方面への活動を活発化する現象を引き起こした可能性が考えられる。つまり、栗林系統の人々が、新たな玉供給地を求め、吹上を北陸方面への活動の拠点としたと捉えるのである。栗林式土器（Ⅱ群土器）の卓越は、こうした状況を示すのではなかろうか。(8)

糸魚川原産の翡翠は、縄文時代から弥生時代にかけて、北陸沿岸地帯の諸民族、頸城平野から妙高山麓の諸民族、そして信州方面在住の諸民族の政治経済を活発化させる要石となっていたのである。その際、翡翠は金《キン》のような貨幣的・蓄財的価値のみをもって交易の対象とされたのではない。翡翠は玉《ギョク》であるから、むしろ規範的・儀礼的意義をもって交流されたのである。先史の精神はギョクに象徴されるのであって、キン（貴金属《レアメタル》としての鉄も含まれよう）で品定めされるものではなかった。

その点からすると、『吹上遺跡範囲確認調査報告書』(9)には先史時代の観念から微妙にそれる解説が、次のように施されている。「玉類は古代人が生きるために必ずしもいるものではない。勾玉、管玉は権力の象徴、お祭、御守り、占いの道具、アクセサリーとして、精神的な面に重要な作用を与えると考えられる。従って、玉類の産地分析で、明らかになるヒスイ製玉類の原石の分布範囲は、権力の象徴としての玉類であれば、権力圏を現わしているかもしれない。お祭、御守り、占いの道具であれば、同じような習慣を持つ文化圏が考えられる。」

文明時代がキンに象徴されるとするならば、先史はギョクに象徴される。先史古代人にとって、ギョク（神聖なる魂）はキン（武威の象徴）にとってかえることのできない生命活動の要だったのである。玉類は古代人が生きるために必ずいるものなのである。そのことは、例えば比較民俗学者ジェームズ・フレイザーが著作『金枝篇』に記した資料を読むとよく理解できる。

古代人は宝石の呪術的性質を非常に重視していた。実際、宝石が単なる装飾品として使用されるずっと以前から護符として使用されてきたということについては、有力な証拠がある。ギリシア人は木目のような模様のある石を木メノウと名付けて、耕作の時この宝石を二つ牛の角か首に結び付けると、豊作は間違いないと信じていた[10]。

さらには、文化人類学者マリノフスキーが著作『西太平洋の遠洋航海者』に記した腕輪と首飾りにまつわる伝承を知るとよくわかる[11]。

さて、頸城平野の奥地、妙高山麓に関山神社がある。この神社（神域）は別名を新羅神社と称し、能登から佐渡にかけての汀線文化を頸城野に吸い上げ、それをさらに奥地の信州（科野）・上野・甲斐へと伝える中継地をなしていた。吹上遺跡に中部高地の栗林式土器が出土している点からみても、奥地の人々は確実にこの聖域＝妙高山を経由して文化的先進地域である頸城野に進出していたことがわかる。それは頸城平野を貫通する関川水系の道筋であり、のちには北国街道となって中世・近世史に登場してくるルートであった。

ところで、高志（頸城）と信州とをむすぶルートには、のちの北国街道とは別のルートが幾つかあった。その一つに、糸魚川方面から妙高山およびその南方の黒姫山に挟まれた谷筋を経由して野尻湖畔までを結ぶ往還ルートがある。これは旧石器時代から開拓されていたと思われる。考古学研究者の中村由克は論考「中部高地における後期更新世以降の人類活動」で次のように記述している。

野尻湖遺跡群の黒色帯文化層では、多くの蛇紋岩製の石斧が出土しているが、これらの石斧はナウマンゾウ狩りに集まった人々が使ったものであると説明されている（谷編、２０００：大竹、２００２b）。（中略）この材料となった蛇紋岩は、黒姫山と妙高山の間にある乙見山峠を越えた西方約30㎞の姫川流域で採集できる。姫川と高瀬川の流域にあたる新潟県糸魚川市から長野県大町市に至る原産地には、後期旧石器時代前半期の遺跡は知られていないため、野尻湖遺跡群は、原産地に最も近い位置を占めていたと考えられる。[12]

野尻湖畔一帯には先史時代の遺跡が散在する。約三万年前以降の後期旧石器時代を中心に縄文時代草創期までの遺跡が多い。同遺跡群は、野尻湖ナウマンゾウ博物館、長野県立歴史館などの調査研究によって日本における旧石器文化のまとまった事例を提供することとなり、学界への貢献は甚大となった。また、出土品の一つ約二万年前のナイフ型石器については、関東の茂呂型、東北の杉久保型、近畿・瀬戸内の国府型など日本列島各地のものが混在しており、先史時代にあって、野尻湖周辺を中継地にして日本列島諸地域間の交易が継続されていたことが推測できる。

釜蓋・吹上遺跡から推論できること、それは、旧石器時代にはナイフ型旧石器を携えた人々が、縄文から弥生時代にかけては翡翠や土器を携えた人々が、頸城の関川水系から妙高山麓へ、或いは姫川水系から黒姫山と妙高山の間にある乙見山峠へ往還的に移動していたということである。古墳時代＝文明時代になると、翡翠加工は例えば大和の曽我遺跡（五世紀後半〜六世紀前半）に移る。そうなると、もはや先史本来のギョク文化（交易の中で霊魂が研かれる）は変質し、やがてキン文化（交易の中で価値が増やされる）に押しのけられていくのだった。

三　ヒスイロードの意義

すでに説明したように、現在の姫川流域で採集される翡翠は大昔に女神の玉石として崇拝された。その女神とは日本神話「沼名河之歌」などに登場するヌナカハヒメである。「沼名河之底奈流玉　求而　待之玉可毛　拾而　得之玉可毛　安多良思吉　君之老落惜毛」（万葉集巻十三の三二四七）。「ヌ」とは玉のこととされ、「ヌナカハ」は玉のとれる河という意味を連想させる。玉とは翡翠のことであるが、その漢字「翡翠」とは鳥の一種であり、羽毛の色鮮やかなカワセミの雌雄をさす。「翡」がオスで「翠」がメスである。カワセミの美しさをもつ石であるから翡翠と名付けられたか、と想像する。現に糸魚川市の奴奈川神社に鎮座する神体は翡翠であるから、その推測もあながち的外れではない。

そのヌナカハヒメは、日本神話ではヤチホコに一度は好かれたものの、結局は置いてきぼりにされた（すてられた）ことになっている。だが、比較民俗学的な分析からは、原始農耕を営むヌナカハヒメ（母系？）民族の部落に、たくさんの矛《ヤチホコ》を持って移動や戦いを生業とするヤチホコ民族の一隊がやってきてしばらく逗留し、子孫をもうけたあと独り身で別天地に移っていった、というようにもなる。こちらの場合は出雲のヤチホコ一族が高志のヌナカハヒメ一族のお世話になるである。

このような事例もまたフレイザー『金枝篇』にたくさん読まれるが[13]、より適切な事例が精神分析者ヴィルヘルム・ライヒの『性道徳の出現』に読まれる[14]。前述の松村と同様に族外婚説（異なる民族間の集団婚説）に立つライヒによれば、同一氏族内での婚姻はタブーである。このタブーが守られさえすれば氏族内の生活状態は仲睦まじく、女性の地位はきわめて高く、トーテム神霊を宿す女たちは氏族員の誰からも尊敬される。近親婚タブーさえ厳守すれば、諸氏族も互恵的に交流している。

社会学者デュルケムによれば、トーテムに象徴される氏神は、先史の氏族社会の構成員が自然界と対峙し、そこから生活の資を得るための武器として創りだしたものである[15]。母系によって継承されるトーテムは、氏族員にとって自らの物理的な力（社会制度）であり、かつ精神的な威力（儀礼制度）でもある。そうであればこそ、トーテム神霊を宿す氏族内の女性たちには、絶大な尊敬の念が払われ、かつまた彼女たちはトーテムを異にする氏族外の男たちと自由に交わりつつ、子供たちはおのずと自己の所属する氏族内にとどめたというわけである。

上述の比較民俗学的考察を前提にするならば、ヌナカハヒメあるいは高志民族の母たちは、自地に迎え入れたヤチホコあるいは出雲民族の父たちから、なるほど政治的には支配されたものの宗教的には畏怖され、出雲・高志両民族の血を受け継いで高志に育つ子どもたちからは絶大な尊敬の念が払われた、という見方ができよう。出雲から高志へ、高志から信濃へと延びるヒスイロードは、先史にあっては、金（略奪）文化でなく玉（還流）文化を伝える径路だったのである。

金（略奪）文化は先史でなく邪馬台国時代からのちの文明期に隆盛となる。この文化はやがて富の象徴である黄金や、武力の象徴である鉄を有用視する人々が築く。彼らは翡翠工房にかわって製鉄のタタラ場を産み出して行く。製鉄は森の樹木を燃料にするので、タタラ場は文明（自然破壊）の象徴となった。それに対して翡翠工房は人と自然との共生の次元にとどまっていた。その構図はちょうど、アニメ映画「もののけ姫」（宮崎駿監督、一九九七年）におけるエボシ（タタラ場の長）とシシ神（森の長）、そしてそのはざまに立つアシタカ（主人公で共生のシンボル）の関係にそっくりである。アニメ中にはまた、山犬ないしオオカミのモロと、そのモロに育てられた少女サンが登場する。シシ神の森とタタラ場の人間との間に繰り広げられる壮絶な、しかも破局的な物語である「もののけ姫」では、アシタカとサンの関係も人と自然の共生を考える意味で重要である。

金（略奪）文化でなく玉（還流）文化を創造した翡翠工房は、二一世紀の我々が再建するべき産業・人間関係の雛形ではなかろうか。タタラ場はやがて製鉄所となり化石燃料をもちいてエネルギー浪費型産業をつくりあげ、ついに今日の環境破壊を招いた。モノ（鉄）をつくるために人びとの関係を利用した。それに対して翡翠工房はギョクというモノ（魂）を介して互恵的な人間関係を構築していった。二一世紀の今日、我々は環日本海交流圏を構築する意気込みでさまざまな取り組みをおこなっている。その際にコミュニケーションの要とするべきは金（略奪）文化でなく玉（還流）文化である。先史に存在したヒスイロードは、二一世紀には、例えば直江津港を経由して再建されよう。韓国では新羅時代の古墳から勾玉が出土しており、現在の韓国国旗（太極旗）に記された図案は巴に組まれた二個の勾玉のようにみえる。そのことに鑑みて、日本海沿岸における翡翠とその伝播径路は裏日本文化の先駆性と未来性を証示しているとして差し支えないであろう。

注

（1）松村武雄『日本神話の研究』第三巻、培風館、一九八三年（初一九五五年）、二七一頁。
（2）松村武雄、同上、七六六頁。
（3）布村一夫『原始、母性は月であった』家族史研究会、一九八六年、一七～二〇頁。
（4）松村武雄、前掲書、七七二頁。
（5）松村武雄、同上、二八六頁。
（6）米沢　康『日本古代の神話と歴史』吉川弘文館、一九九二年、四頁。
（7）糸魚川での翡翠の発見に関連する研究については、以下の文献を参照。寺村光晴『翡翠―日本のヒスイとその謎を探る―』養神書院、一九六八年。小松芳男「硬玉雑記」『頸城文化』第一二号、昭和三二年。後者の中に次の記述がある。「鉱物学の立場から、昭和一四年西頸城郡小滝村の姫川上流に所在する大岩塊の一片が、東北大学理学部で調査の結果、意外な硬度を持つ鉱物であることが明らかにされ、その方面の専門雑誌に報道されたのである。河野義礼氏「奔放に於ける翡翠の新産出及びその化学性質」(岩石鉱物鉱床学、二二ノ五)がそれである。」、同上、五三頁。翡翠については、そのほか以下の文献を参照。中川成夫「わが硬玉問題の回顧と展望」『頸城文化』第一三号、昭和三三年。木島　勉「ヒスイ生産集団の様相―縄文時代中期をモデルとした試案」『頸城文化』第四九号、平成九年。

(8) 報告書『吹上遺跡』新潟県上越地域振興局・上越市教育委員会、二〇〇六年三月、一四七、一四八頁。

(9) 上越市教育委員会、二〇〇七年三月、五九頁。

(10) ジェームズ・フレイザー著・神成利男訳・石塚正英監修『金枝篇』第一巻、国書刊行会、二〇〇四年、一二五頁。また、寺村光晴『翡翠―日本のヒスイとその謎を探る―』一八二〜一八三頁には、以下の有意義な見解が記されている。「古墳時代に(特に前半期に)ヒスイの勾玉が尊重されながら、これが古典に反映していないのはおかしい。(中略)しかし、『古事記』や『日本書紀』あるいは『万葉集』などができたのはずっと後代で八世紀のころである。そのころはすでにヒスイの意義は忘れられ、普通の玉と同意義になってしまっていた。ヒスイの意義が忘れられたころ成立した古典に、ヒスイの意義や装身のしかたが特にくわしく記事になっていないのは当然である。」

（11）文化人類学者マリノフスキーは、一九一〇年代にオーストラリアやニューギニアで数々のフィールド調査を行なった。その際彼は、ニューギニア東端に位置するトロブリアンド諸島に残る一種の交換経済に注目し、著作『西太平洋の遠洋航海者』（原書初版一九二二年、翻訳書、『世界の名著』第五九巻、中央公論社、一九六七年所収）の中で、その成果を記述した。そこに読まれる「クラ」という交換方式は、貝殻や宝石をもちいたもので、翡翠の勾玉に類するギョクの文化を分析するのに興味深い事例である。以下において、マリノフスキーが語る「クラ」について、以下に箇条書き風にして引用しておく。

①クラとは、部族間に広範に行なわれる交換の一形式である。それは、閉じた環（わ）をなす島々の大きな圏内に住む、多くの共同体のあいだで行なわれる。この環は……ニューギニアの東端の北および東にある多数の島を結ぶ線によって表される。このルートにそって、二種類の、また二種類にかぎる品物が、つねに逆の方向に回りつづける。／このうちの一つの品物は、つねに時計の針の方向に回っている。すなわち、ソウラヴァと呼ばれる赤色の貝の、長い首飾りである。逆の方向には、もう一つの品物が動く。これは、ムワリという貝の腕輪である。／これらの品物はそれぞれ、閉じた環のなかを動いていくあいだに、種類の違ういろいろな品物と出あい、つねにそれらと交換されていく。……品物のどちらをも長期にわたって所有しつづけることはない。（一四六〜一四七頁）

②クラは不安定な、内密の交換形式ではない。まったく逆で、神話に根ざし、伝統的な法にささえられ、呪術的な儀礼にとりかこまれたものである。（一五〇頁）

③（クラで行なう交換の――石塚）この共同関係（パートナーシップ）は、若干の形式をふくん

だ一定のやり方で結ばれ、終生の関係をつくりあげる。……二人のクラ仲間は、おたがいにクラをする義務があり、そのおりに他の贈物をも交換する。
④二つの重要な原理、すなわち、クラはある時間の間隔をおいてお返しのくる贈物であること、および、等価物の選択は与える側にあり、これを（受け取る側が――石塚）強要することはできず、また値を争ったり、交換を取り消すこともできないことの二つが、あらゆる取引きの根底にある。（一六三頁）
⑤なかば商業的、なかば儀礼的な交換であるクラは、ものを所有したいという深い欲望をみたそうとして、それ自体を目的として行なわれるのである。しかし、ここで注意せねばならないことは、それが、普通の所有ではなく、特殊な型の所有であって、二つの種類の品物を短期間だけ相互的に所有することである。所有の状態は、恒久性の点では完全ではないが、その代わりに、つぎつぎと所有する人の数の点ではたいしたもので、累積的所有とでもいったらよかろうか。（三三一頁）

(12) 中村由克「中部高地における後期更新世以降の人類活動」、『第四紀研究』第四二巻第三号、二〇〇三年六月、二二五～二二六頁。
(13) フレイザー、前掲書、第五巻第一二章「母系制と母神」、国書刊行会、二〇〇九年、三一〇頁以下、参照。
(14) ヴィルヘルム・ライヒ、片岡啓二訳『性道徳の出現』、情況出版、一九七二年、一五〇～一五一頁。
(15) エミール・デュルケーム「近親婚の禁止とその起源」、小関藤一郎訳編『デュルケーム家族論集』川島書店、一九七二年、八三頁。

第二章　「裏日本」の宗教と信仰

一　「表日本—裏日本」文化

「表日本」と「裏日本」の関係は、人間における、意識と無意識の関係に似ている。意識と無意識が合わさって、心全体である。言うまでもなく、「表日本」と「裏日本」が合わさって日本全体である。

我々人間は、「ペルソナ（社会的・表面的人格）」だけでは生きてはいない。表面上の、自分で意識している性質だけがすべてではない。「ペルソナ」の反対、あるいはその深層には必ず「影・アニマ（女性の場合はアニムス）」が在る。人がもし、自身の「ペルソナ」だけに固執した場合、その人は必ず人生において行き詰まりを感じることになる。行き詰ったとき、今まで無視してきた自分の正反対の性質（影・アニマ〔アニムス〕）に目を向け、それらをうまく取り込めたとき、人は成長することができる。自分の正反対を覗くことは勇気のいる作業である。「ペルソナ」に安住しているときには感じなかった畏怖を覚える。しかし、それに目を向け、もう一度自己に取り込めたとき、「壁」を越えることが可能になる。すなわち、畏怖を感じ、遠ざけつつも、どこかで「ペルソナ」の反対を覗き見たいと思うのも人間なのである。いわば、それが人間としての欲求である。「完全性」を目指そうとする、人間の本性でもある。

無意識を「発見」したのは、周知の通りS・フロイト（Sigmund Freud 一八五六〜一九三九年）である。その「発見」は、それまで一つであった「心」を、意識と無意識に二分（分断）してしまったかのように見える。しかしそのことによって、逆に、我々は無意識の存在を意識することができるようにもなったとも言える。

日本が「裏日本」と「表日本」に二分され、「裏日本」にいわゆる「マイナスイメージ」が付されたのは、明治時代以降である。現在では、この「裏日本」という言葉は、差別的・侮蔑的な響きを持つという理由から遠ざけられている。「日本海側」と言わなければならないらしい。しかし、筆者はあえて「裏日本」という言葉を用いたい。用いるべきであると考える。「裏日本」を隠すことは、自己の「影・アニマ〔アニムス〕」を見ようとしないのと同じである。我々は「裏日本」を真剣に見る作業を行わなければならない。

日本文化は、「表日本」文化と「裏日本」文化のハイブリッド（混成物）である。両者は、決して何のつながりもなく別個に発展してきたわけではない。しかし、我々の多く（特に若者）は、「表日本」文化ばかりを重視し、また憧れる。「裏日本」には、まるで何も無いかのようだ。しかし、それは違う。例えば、「無意識」には、「無」というくらいだから、そこには何も無いと言えるだろうか。否、「無意識」にこそ、我々の心を本当の意味で満たす諸要素が無数に含まれている。同様に、我々は「裏日本」文化にこそ、今まで気付かなかった日本文化の重要な要素が多々存在することを知らねばならない。そのためには、従来の「表日本」文化と、「裏日本」文化、さらに言うなら「『表日本』文化／『裏日本』文化」という構造（図1）を考え直さなければならない。今後は、「無意識」における「影・アニマ（アニムス）」が「ペルソナ」の基層にあるのと同じように（図2）、「表日本」文化から「裏日本」文化を分断せず、「表日本」文化の深層には「裏日本」文化がある、という構造（図3）として捉え直すべき（再統合すべき）であろう。「影・アニマ（アニムス）」とはいわば、「内なる他者・異者」である。それらを再統合することで、人は成長する。同様に、いずれ行き詰るであろう「表日本」文化（近代欧米文化）は、「内なる他者・異者」として自らをその基層から支えている「裏日本」文化を統合（連合）することによって、突破口を開くことができるのである。

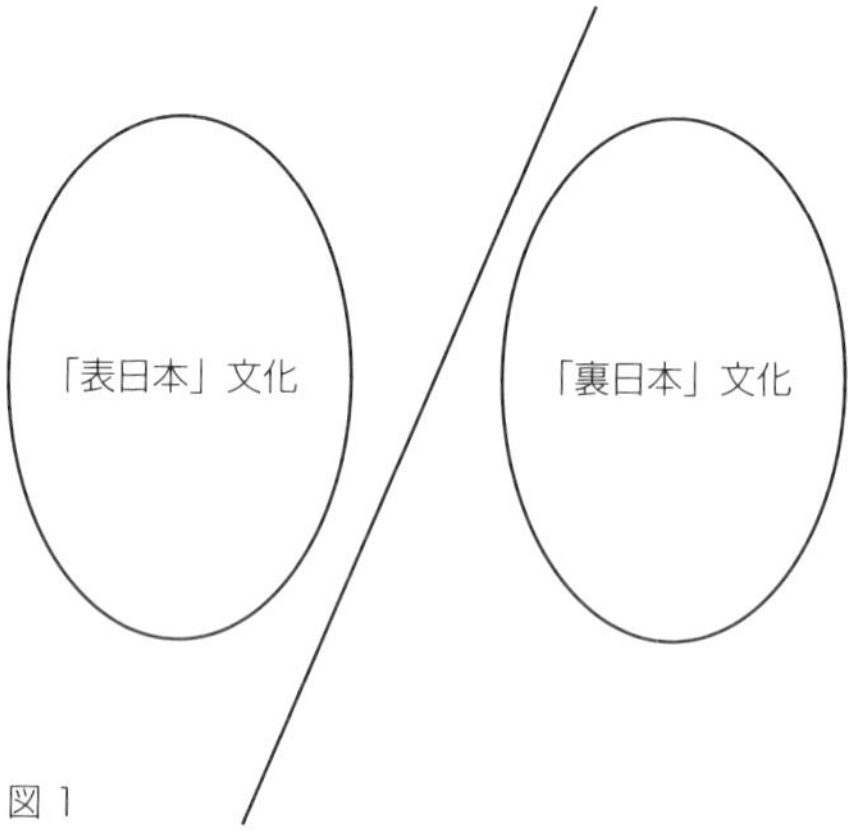

図１

日本における「ペルソナ」＝「表日本」を重視する時代は終わりに近づいている。行き詰ろうと、いやもはや行き詰っていると言える。アメリカ重視の外交や欧米文化の大量流入が今後も継続するとは思えない。今後、東アジアとの外交がより重視されてくることは間違いない。今こそ「影・アニマ〔アニムス〕」＝「裏日本」に真剣に目を向ける時なのである。勿論、これまで「表日本」が果たしてきた、様々な功績を否定するわけではない。しかし、それを根底から支えていたのが「裏日本」であったことも無視できない事実である。逆に、「裏日本」が「表日本」から受けた恩恵も多大にある。現在の「裏日本」の経済は「表日本」の協力なしには成り立たなかったであろう。

「表」あっての「裏」、「裏」あっての「表」であることは、もはや言うまでもない。両者は区別さ

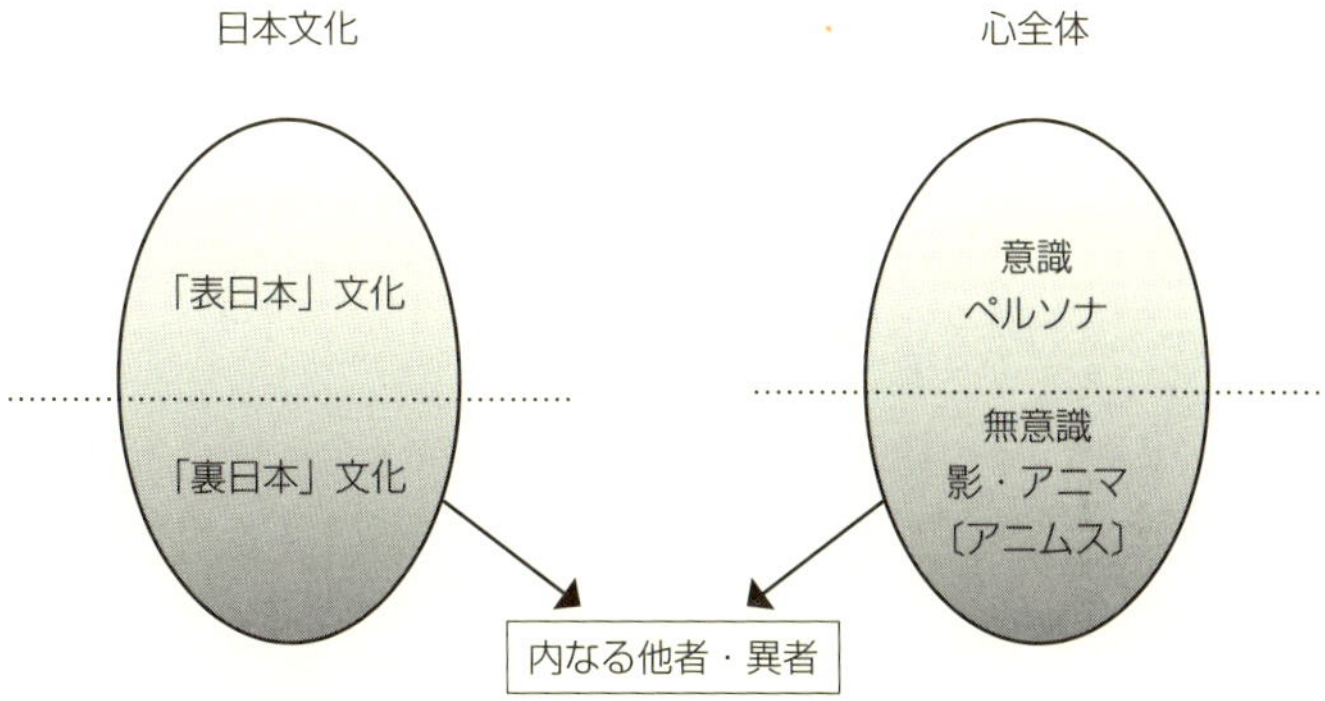

図３　日本文化は「表日本」文化と「裏日本」文化のハイブリッドである

図２

れつつも、同じ日本である。そして今、区別されつつも、「同化（「一」への帰還）」を願い、新たな段階へと進むべき時代がやって来たのではないだろうか。

　筆者は、この「表日本」文化、「裏日本」文化の、区別（それぞれの特性）がありつつも融合した新たな文化のあり方を、一言で「表日本―裏日本」文化と表現したい。「表日本」文化と、「裏日本」文化ではない。それでは「区別」のみになる。それだけではなく、いわば自他未分化な融合状態をも表すために、「 」（カッコ）と―（ダッシュ）を用い、「表日本―裏日本」文化と表現したい。

「表日本」文化に目を向け続けることは、近代西欧文化にいつまでも執着するに等しい。しかし「裏日本」文化に目を向けることは、日本文化全体を見ることにつながると言えるのである。「裏日本」文化に清新な風を送り込むこと——それは、同時に「表日本」文化に新たな輝きをもたらすことでもある。「表日本」文化から「裏日本」文化へ視点を一度「転換」させてみること——それは、新たな日本文化の発見へとつながる。

神中心の中世文化から、人間中心の近代文化への移行・革新運動を「ルネッサンス」と呼ぶのならば、本書で我々が行おうとしていることは、まさに「裏日本」文化ルネッサンスと言うことができるであろう。

二　「裏日本」の信仰

1　本稿の構成

本稿では、「裏日本」文化における、特に「信仰」を中心に論を進めていきたい。「信仰」と文化は切り離すことができないものである。「信仰」の中から文化は発生し、また文化によって「信仰」は熟成される。「裏日本」独特の「信仰」(でありつつもそれは「表日本」文化の基層である)を見ることは、筆者は、特に、日本と東アジアとの関係を見直す契機にもなると考える。それは、欧米重視の「表日本」文化への反省でもある。また、「裏日本」を見る(考察する)ことは、自己の心の「無意識」を覗く作業と同じでもある。つまりそれは、今まで気付かなかった、あるいは直視することを避けてきた、日本文化の「最基層」を掘り出し、見つめ直す作業なのである。

本稿では、「裏日本」に含まれる諸要素（日本文化の「内なる他者・異者」）を真剣に見つめ直すことを行いたい。

まずは、古代の「巨木信仰」（巨木柱列址[1]）と「環状列石（ストーンサークル）」について概観する（先史時代）。これらは有史以前の朝鮮半島、中国大陸、いわば東アジアに深く関連する信仰であるため、「裏日本」における信仰・宗教を考える際、欠かすことはできない。次に、素戔嗚命《すさのおのみこと》について考察する（古代）。日本、特に「裏日本」を舞台にした神話・伝説において素戔嗚命については、しばしば登場する（古代）。三番目に、「白山信仰」について述べる（中世）。泰澄《たいちょう》大師（六八二〜七六七年）が開山したと言われる「白山」、そしてそれに伴う「白山信仰」は、「裏日本」の信仰を特徴づける様々な要素を含んでいる。最後に、「白山神社」及び、そこで行われる「舞楽」と「裏日本」に特有の信仰・風習との関係について考察する。

2　巨木柱列址と環状列石―「生命」への祈り―

「裏日本」、特に「越」地方では、多くの「巨木柱列址」が発見されている。「巨木柱列址」とは、大きな掘立穴に、栗や杉などの巨大な木柱を、円形または方形に並べて立てた跡である。それらは当然、自然にできたものではなく、明らかに人の手が加わったものである。例えば、イギリスの有名な「ストーンヘンジ」を思い起こせば理解しやすいかもしれない（勿論、ストーンヘンジは「巨木」ではなく「巨石」でできているのだが）。「ストーンヘンジ」同様、この「巨木柱列址」の建造理由は、未だはっきりとは分かっていない。おそらく何らかの祭祀に関連する施設だったのではないかと考えられている。つまり、宗教的に重要な意味のある施設だったと考えられている。

「裏日本」に見られる有名な「巨木柱列址」として、例えば、寺地遺跡（新潟県糸魚川市青海）、チカモリ遺跡（石川県金沢市新保本町《しんぼほんまち》）、真脇遺跡（石川県鳳珠《ほうす》郡能登町）、桜町遺跡（富山県小矢部《おやべ》市桜町）などがある。このような巨木柱列遺構は、朝鮮半島や中国大陸でも見られるという。つまり、それは、東アジアに何かしら共通した「巨木信仰」があったことを物語っている。

巨木柱列の上には何らかの建造物を備えることがあった。例えば、桜町遺跡は、巨木柱列遺構の上に、出入口や屋根、壁で囲まれた高床式の建造物を備えていたと考えられている。青森県の三内丸山遺跡でも、直径約二メートルの掘立穴が、三個ずつ二列に規則的に並んでいる跡、つまり「巨木柱列址」が見つかっている。そしてその上には、屋根の付いた高床式の建物があったと考えられている。

それ【建物】を支える柱は、直径一メートルを超えるクリの巨木で、その高さは、建物部分も含めると、二〇メートル近くにも及んだのではないかと推定されている。しかも、この三

内丸山遺跡の六本柱の建物の方位は、夏至の日の出と冬至の日没の方向にほぼ合っている。(2)

（【　】内―筆者）

建物の方位は、夏至の日の出と冬至の日没の方向にほぼ合っているという。――これは何を意味するのであろうか。

そこには、単なる「天文観測所」の役割を果たす場所というだけではなく、「生」と「死」に関わる宗教的な意味が込められていたと考えられる。先史時代の人々にとって、日の出は「生」を、日没は「死」を連想させた。一年の内で一番太陽の出ている時間が長い「夏至」、一番太陽の出ている時間が短い「冬至」に、人々は何を祈ったのであろうか。

先史時代の人々は、「夏至」は生命力が最も強まり、逆に「冬至」は生命力が最も弱まっている時期と考えていた。つまり人々は「夏至」には、「生」への礼賛と感謝を、「冬至」には弱まった生命力の回復を祈ったのではないだろうか。長い生命力をもつ巨木の上で、あるいはその周りで、人々は「生」への祈りを神々（自然・太陽）へ捧げたものと思われる。

「巨木柱列址」と同じように「環状列石」も、目立ったものは、やはり「裏日本」から多く見つかっている。その中でも、大湯《おおゆ》環状列石（秋田県鹿角《かづの》市）は、全国的にも大変よく知られた「環状列石」である。

それは、東西に約一三〇メートル離れた万座と野中堂の二つの環状列石からなる。これは基本的には墓地であるが、同時に、周辺集落の大規模な共同祭祀場を伴う。二つのストーンサークルは、それぞれ、大量の石を直径四八メートルと四二メートルの輪に配置し、それを外帯とし、その中により小さな輪をつくり、これを内帯としている。その外帯と内帯の間には、立石と放射状の長石からなる〈日時計〉と称される構築物がある。〈日時計〉と名づけられたため分からなくなってしまっているが、これは、男女の合一を象徴した一種の陰陽石で、生命の再生を祈る呪物だったのであろう。(3)

大湯環状列石は、二つの環状列石（万座遺跡と野中遺跡）から成る（万座遺跡は、日本最大のストーンサークルである）。それらは「生命の再生」を祈る場所、つまり「墓地」だったと言われている。万座・野中遺跡共に、組石の下に墓壙《はかあな》があることから、共同墓地だったのではないかと考えられている。また、その二つのストーンサークルの〈日時計〉（立石と放射状の長石からなる構築物）を結び、さらに延長すると、「夏至の日没と冬至の日の出の方向にほとんど一致する」(4)という。これが何を意味するのかについて、小林道憲は、「おそらく、太陽の沈む日本海の方向に死者の行く世界があって、太陽の昇る東の方向から、祖先の霊は生者の世界に再生してくる信仰があったのであろう」(5)と述べている。「巨木柱列址」同様、ストーンサークルにおいてもやはり、日の出と日没が深く関係している。しかし、「巨木柱列址」と「環状列石」では、その「目的」

が異なる。つまり、「環状列石」は基本的に墓地であって、「死」と関係が深い。筆者は、「巨木柱列址」において、先史時代の人々は「生」への祈りを捧げたと先述したが、「環状列石」においては、逆に、「死」への祈りが捧げられたと考えられる。つまりそこは、「死者」への鎮魂、あるいは「死者」の魂の復活を祈った場所だったのだ。

「石」という材料は、冷たく固い。逆に、「木材」は、温もりを感じさせる。要するに、先史時代の人々の間では、温かい「木材」は「生者」と結び付けられ（巨木柱列址）、冷たく固い「石」は祖先の霊や「死者」と結び付けられていた（環状列石）と推測できる。

3　「裏日本」の神祇信仰

▼素戔嗚命《すさのおのみこと》の起源

巨木信仰、ストーンサークルに見られるように、先史時代において、朝鮮半島・中国大陸と日本は、信仰において同一圏内であったと言える。人々は特定の「神」を祀るのではなく、太陽や大いなる自然を崇めていた。しかし、素戔嗚命らの登場によって、次第に「日本神話」、そして日本の「神」が形作られていくことになる。

『古事記』においては、高天原でまず造化三神（天之御中主神《あめのみなかぬしのかみ》、高御産巣日神《たかみむすひのかみ》、神産巣日神《かみむすひのかみ》）が現われ、次に二柱の神（宇摩志阿斯訶備比古遅神《うましあしかびひこぢのかみ》、天之常立神《あめのとこたちのかみ》）が現われたとされている。その後現れた十二柱七代の神は「神世七代」と呼ばれている。「神世七代」の最後が、よく知られた伊邪那岐神《いざなぎのかみ》と伊邪那美神《いざなみのかみ》である。そして、伊邪那岐神が黄泉の国から帰還した後、禊で鼻を濯いだ時に生まれたのが素戔嗚命であった。「日本神話」は、伊邪那岐神と伊邪那美神から本格的に展開すると言えるであろう（伊邪那岐神・伊邪那美神より前の神々は名前だけで具体的に何をしたかは不明であったり、すぐにお隠れになったりする）。

「日本神話」における神々の中でも、素戔嗚命は異彩を放っている。以下で詳述するが、素戔嗚命は「渡来神」である。それにもかかわらず、日本の神々の系列にうまく組み込まれているのだ。

水野祐によると、「素戔嗚命は新羅から出雲へ移動してきた移住者集団が奉祀していた神である」という。[6] そして、「古くは出雲や隠岐など日本海沿岸では須佐袁・須佐乎・須佐雄・酒佐雄・荒雄・雀雄というような字音をもって表す『スサヲ』の神という、神の信仰があった」[7]と述べている。

素戔嗚命は、元来、新羅から出雲へ渡来してきた人々が祀っていた「神」であった。つまり、素戔嗚命は、「渡来神」なのである。『日本書記』では、素戔嗚命は、子の五十猛命《いそたけるのみこと》と共に、天から新羅に降り立ったと言われている。そして曾尸茂梨《そしもり》＝新羅の首都に住んだが、素戔嗚命自身がそこに留まることを好まず、出雲の鳥上山に至ったという。その後、有名な八岐大蛇《やまたのおろち》退治などを行っている。この八岐大蛇は、「越」地方からやって来たと伝えられている。また、五十猛神は、天から木々の種を持ち帰ったが、朝鮮の地には植えず、大八州《おおやしま》（＝本州）に植えたので、大八州は山の地になったと言われている。

出羽弘明によると、「各地の神々を 調べてみると『記紀』に記載の神の系譜は素戔嗚命に係わる系譜に集約されてしまう」[8]という。つまりそれは、素戔嗚命らの渡来によって、「裏日本」地域をはじめ各地は開拓されていったということでもある。

日本神話の中心は、素戔嗚命に関わる系譜の神々ばかりである。このことはつまり、古代日本の国家創造に携わった人々は、新羅系の人々であったということを意味する。出羽は「素戔嗚命は古代日本の最初の王だったのではあるまいか」[9]とさえ述べているのだ。

滋賀県大津市の「新羅神社」、島根県大田市の「韓神新羅神社」などの祭神は、素戔嗚命である。「新羅神社」は全国に見ることができるが、その分布は「裏日本」が圧倒的に多い。

素戔嗚命の別名は、「牛頭天皇《ごずてんのう》」である（その他「牛頭大王」などとも呼ばれる）。その姿は、頭に牛の角を持ち、姿形は夜叉のようでもあるが、人間にも似ていると考えられていた。それにしてもなぜ素戔嗚命はこのような異形のいでたち（牛の角を持つ夜叉の姿）をし、また別名（牛頭天皇）まで付けられたのであろうか。これは古代の「殺牛馬」の風習が大きく関連していると思われる。「殺牛馬」とは、雨乞いのために牛を殺して天に捧げる習俗である。起源は朝鮮にあると考えられている。

大和朝廷はこの習俗を、何度も禁止している。それにも関わらず、この習俗は民間で長らく続いた。渡来人たち、あるいはその子孫にとってこの習俗は、特別で神聖なものであった。牛のシンボルでもある頭の角は、特に神聖なものだったのであろう。人々は、素戔嗚命に牛の神聖さを映したのではないだろうか。あるいは、八岐大蛇を退治するほどの勇ましさに、雄牛の猛々しさを見たのではないだろうか。事実、「牛頭天皇」以外に素戔嗚命の別名として「武大神」というものがある（周知の通り「武」という字には猛々しい、勇ましいなどの意味がある）。因みに、韓国には牛頭山《ソモリ》という名の山が多くある。「ソ」は牛を、「モリ」は頭を意味するという。

日本では「ごず」とも読みますが、牛頭天皇といえば、スサノオノミコトのことですね。霊峰といわれる伽耶山も別名は牛頭山です。これはわたしの推論ですが、韓国ではどうも牛頭と名のつく地名や山名の場では、殺牛儀礼があったんじゃないかとにらんでいるわけです。(10)

前田憲二は、牛頭山では殺牛儀礼が行われていたのではないかと述べている。やはりどうも「牛頭天皇」と殺牛儀礼には、深い関係があると言えそうである。

日本においては、「牛頭天皇」は、疫病の神としても考えられていた。古代においては「疫神は『北海《きたつうみ》』から来るものとする意識(11)」が強かった。そして特に、畿内の貴族たちは、疫病をもたらす神々は、対岸から来る渡来人と共に日本海を経由してやってくると認識していた。つまり、「牛頭天皇」は、渡来人あるいはその子孫たちにとっては、牛のように猛々しく、神聖な神であった一方、畿内の貴族たちにとっては、疫病をもたらす「蕃客」＝「渡来人」が祀る神と考えられていたのである。このように、素戔嗚命（牛頭天皇）は、日本神話のあらゆる事柄に関与している神聖かつ重要な神であるにも関わらず、人々（特に畿内の貴族）にとっては疫神とも考えられていたのだ。そのような意味で、ある種矛盾をはらむ不思議な神でもあったとも言える。

▼渡来系神社

「新羅神社」以外にも、渡来神を祀る神社、あるいは渡来人にゆかりの深い神社は「裏日本」には多い。日本で最も神社の数が多いのは新潟県である。現在、日本には約八万五千の神社があると言われているが、その内、新潟県には約五千社もあると言われている。

明治時代、「神社合祀」が全国的に実施された。それによって、三重県などでは九割もの神社が廃されたという。それにも関わらず、新潟県においては、五千社も残っていることは大変興味深い事実である（勿論、「神社合祀」の後に建てられた神社もあるだろうが、それにしてもこの五千社という数は驚くべきものがある）。新潟県では、特に、越後国一の宮と称される弥彦神社（西蒲原郡）や、居多神社（上越市五智）、能生・白山神社（西頸城郡）などが有名である。

弥彦神社のように、「比古《ヒコ》」や「比咩《ヒメ》」の名称がつく神社は、渡来人にゆかりある神社であることが多い。例えば、石川県能登地方の珠洲市には古麻志比古《こましひこ》神社がある。これは渡来系神社であると伝えられている。古麻志比古の古麻志は「高麗の」を意味し、この神社が高句麗系の渡来人によって造られた神社であることが分かる。同じく石川県鳳珠郡穴水《あなみず》町には、今は白山神社となっている美麻奈比古《みまなひこ》神社、美麻奈比咩《みまなひめ》神社があった。これも文字どおり、朝鮮半島南部の任那《みまな》（伽耶）と関係があり、この地に朝鮮南部からの渡来人が住み着いたことを暗示している。この社のある地は穴水と言われるが、この「穴」という語も伽耶地方にあった安羅《あら》（安耶《あや》または安那《あな》）からきているという。また、同じ能登の七尾市川尻町には荒石比古《あらいしひこ》神社、白浜町には白比古《しらひこ》神社があり、それぞれ伽耶や新羅系の神を祀った所であった。さらに、この神社の近くの熊木郷と言われた所には、久麻加夫都阿良加志比古《くまかぶとあらかしひこ》神社がある。ここに出てくる「久麻」も、高麗つまり高句麗に通じており、高句麗系渡来人の足跡を伝えている[12]。

上述した神社は全て、渡来系神社であるが、その名称にはやはり「比古《ヒコ》」あるいは「比咩《ヒメ》」が付けられている。「比古」「比咩」とは、それぞれ渡来神の男神、女神の別を表わしている。

また、居多神社の「居多」は「気多」に通ずるものであると言われている。もともとは「ケタ」神社であったが、時を経て「コタ」に変化したのである。「裏日本」には、但馬、越前、加賀、能登、越中などに「気多神社」が多く存在する。また、出雲、因幡、但馬などには、「気多」という地名がある。これは、つまり、「裏日本」独特の共通した神祇信仰に基づくものだと考えられている。『気多社嶋廻縁起』によると、能登の気多大社の神は、渡来人の王子とされている。この王子は、三百人余りの従者を引き連れて大船に乗って渡来したと言われている。

白山神社は「ハクサン神社」であり、また「シラヤマ神社」でもある。「白山神社」の総本山は、石川県白山市三宮町の「白山比咩神社」である。菊理媛神《くくりひめのかみ》を祀り、それは白山比咩神と同一神とされている。菊理媛神・白山比咩神は、「白山信仰」においても、大変重要な存在であった。詳細は第五章で述べる。

「白山信仰」と言えば、我々はまず泰澄大師を思い浮かべるが、泰澄大師は渡来系氏族・秦氏の出と言われている。秦氏の「ハタ」は朝鮮語の「海」を意味する「パタ」と通じ、このことから秦氏が海の向こうの半島から渡来した氏族であると考えることができるという。因みに『万葉集』においても『古今和歌集』においても「白山」は、「ハクサン」ではなく「シラヤマ」と読まれている。勿論「シラ」とは、朝鮮の「新羅」を語源とする。つまり、「白山信仰」は朝鮮半島と密接な関係があるのだ。

「白山信仰」は謎が多い宗教としても知られている。「白山信仰」の成立と由緒に関する資料は非常に少ない。それは「一向一揆で神社側の史料を焼失したから[13]」だとも言われている。

蓮如上人（一四一五～一四九九年）は、文明三（一四七一）年、吉崎（福井県北部あわら市の一地区）に道場を開き、北陸に浄土真宗を広めた。「阿弥陀如来の本願を信じ、あの世への往生を願え」という教えは、爆発的に広まり、それまで北陸地方で最も厚く信仰されていた「白山信仰」に取って代わっていったという。長享二（一四八八）年、農民が中心となった門徒集団が、加賀の守護・富樫政親を、金沢の高尾城で攻め滅ぼした。その後、織田信長配下の武将・柴田勝家が金沢御坊を攻め落とすまで、およそ百年間、加賀は「百姓のもちたる国」と言われたことはよく知られている。こうした一向一揆によって、「白山」の世俗的権力は衰微し、社も荒廃した。同時に「白山信仰」に関する資料の多くも焼失・破棄されてしまったのである。

それにしても、「裏日本」、特に「越」地方は、信仰・宗教が非常に根付きやすい所であるように思われる。新潟県の神社の多さはもとより、「韓神信仰《からかみしんこう》」に伴う様々な習俗、「白山信仰」そして浄土真宗と、大変根強く、そして多くの人々によって信仰されてきた（「韓神信仰」の詳細は本書・第五章を参照のこと）。これは、やはり「越」という土地の風土と関係があるのであろうか。豪雪による雪害、多雨による水害などがしばしば起こる「越」では、人間の力ではどうにもコントロールのできない、この美しくも恐ろしい偉大なる自然の脅威に対し、もはや人々は信仰・宗教に頼るしかなかったのではないだろうか。そこで生きていかなければならない人々は「祈る」ことで「生」への希望を何とか見出していたのだ。あるいは、死後の魂の安寧、来世への希望を見出すことで、現世での苦しみに耐えようとしたのである。

三　白山信仰――十一面観音との関係を中心に――

そもそも「白山信仰」とはどのようなものなのだろうか。民俗研究者の前田速夫は、以下のように定義している。

それを一言で言えば、白山という霊山、つまり白山に座《いま》す神々への信仰ということになるのだろう。その山の名は、夏期を除いて一年中雪を被ったその白い山容に由来するというのが通説である。[14]

つまり、「白山信仰」とは、その「優美かつ霊妙な姿を擁す山に対する畏敬の念」から始まったものであると言うことができる。そしてその起源は、原始時代にまで遡ると言われている。原始からあった土着の山岳信仰に、大陸・半島からの信仰＝「韓神信仰」が融合し、発展していったと考えられる。我々は「白山」を「ハクサン」と呼んでいるが、もともとの名は「ハクサン」ではなかったことは勿論、「シロヤマ」というのでもなく、「シラヤマ」というのが本来の呼び名であった。[15]つまり「白山《シラヤマ》」とは、「新羅」を語源とするものだったのだ。前述した通り、『万葉集』や『古今和歌集』でも、「白山」は「シラヤマ」と詠まれている。

渡来人たちは、海岸線からほど遠くない距離に見える、この秀麗・優美・雄大な「白山」を目印に北陸へやってきたのである。また「白山」は、古代より航海のよい指標となっていたので、北陸の漁民たちの間でも「安全な航海を約束してくれる聖なる山として、信仰の対象[16]」となっていた。

因みに、「白山」は、古代朝鮮の「太陽信仰」にも関係していると考える研究者もいる。

白山、すなわち paeku-san とは、たんに『色がしろい山』ではない。その意味するところから言えば『日の光に照りかがやく山』であろう。その聖なる太陽信仰の御山を日夜、仰ぎ見た彼らの一族が、はるか日本海を東に渡ったとき、水平線の彼方に最初に見つけたのが、わが加賀の白山ではなかったか(17)。

「太陽信仰（天空信仰）」については、第五章で詳述するが、例えば、鳥取県米子市の角田《すみだ》遺跡に見られる、頭に白い鳥の羽を施した「羽人」が船を漕ぐ画においては、頭上に「太陽」が大きく描かれている。それは（白い）鳥の神聖視と共に、「太陽信仰（天空信仰）」の表れであると考えられる。

ともかく、原始以来の「白山」に対する土着の信仰と、「白山」を目印に対岸からやってきた渡来人がもたらした信仰が習合し、次第に「白山信仰」は形作られていった。このように原始以来「白山」が信仰されていたと考えれば、泰澄大師は、白山開山の始祖というより、むしろ「白山信仰」の中興の祖と言うべきかもしれない。

ここで簡単に泰澄大師について述べておこう。泰澄大師は、白鳳二十二（六八二）年六月十一日、越前国麻生津に、三神安角《やすずみ》の次男として生まれた。安角は、渡来系氏族・秦氏の出であると言われている。『渓嵐拾葉集《けいらんしゅうようしゅう》』（十四世紀後半、天台僧・光宗が著した天台教学の集成書）によると、安角は、日本海での海運に従事していたという。「裏日本」での海運に携わっていたということは、少なからず対岸との交流があったと考えてもおかしくはない。泰澄大師が「十一日生まれ」とされているのは、「白山」の本地仏「十一面観音」の「十一」にあやかったものだと考えられる。そして十四歳のとき「僧形となって十一面観音の徳を施すべし」との夢のお告げを受け、その年から越知山に登り修行を行った。養老元（七一七）年、ついに泰澄は、「白山」の頂上で「十一面観音自在尊の慈悲の玉体」を現じ、これをもって公式に「白山」は「開山」となる。そして、山岳信仰を基にして、神道、密教、道教などの諸信仰を、新しい修験道の枠組みで統合していった。その後、「白山信仰」は、北陸を中心に大きく発展していく。養老六（七二二）年、泰澄は、元正天皇の病気平癒を祈願し、その功により神融禅師の号を賜った。さらに、七三七（天平九）年に流行した疱瘡を収束させた功により大和尚位を賜ったと伝えられている。「越の大徳」とも呼ばれた。神護景雲元（七六七）年三月十八日、入寂。

さて、ここに何度か出てきた「十一面観音」、一体これは「白山信仰」、「韓神信仰」とどのような関係があるのだろうか。またなぜ、「白山」の本地仏がこの「十一面観音」なのだろうか。まずここで、「十一面観音」とはどのようなものなのかを、以下に引用する。

十一面とは前の三面は慈相にして、善の衆生を見て而も慈心を生ず、大慈興楽なり。左の三面は瞋面《しんめん》にして、悪の衆生を見て而も悲心を生ず、大悲救苦なり。右の三面は白牙上出《ばくげじょうしゅつ》の面にして、浄業の者を見て稀有の讃を発して仏道を勧進す。最後の一面は暴大笑面にして、善悪雑穢の衆生を見て而も怪咲を生じ、悪を改めて道に向はしむ。頂上の仏面は、或は大乗を習行する穢の苦に対して而も諸法を説き、仏道を究竟せしむるが故に仏面を現ず。各爾の三方の三面は三有を化せんが為の故に三面を現ず。若し本面を合せば応に十二面になるべし。而して十一面は是れ方便の面、本体の常面は是れ真実の面なり。（十一面神呪心経義疏[18]）

十一面観音の前三面は「慈相」、つまり善人を見て慈《いつく》しむ面である。左三面は「瞋面」であるという。「瞋」とは、仏教において人間の諸悪・苦しみの原因、いわば煩悩の一つとされている。この憤怒の顔三面（瞋面）は、悪人を見て、悲しみの心をもって彼らの苦しみを救うという。右三面は「白牙上出」の面である。結んだ口元から上に向かって牙が出ている。この面は、行いの清らかな者を励まして、仏道を勧めるという。後頭部にある「暴大笑面」は、悪に対し怒り、怒りのあまり笑い出す瞬間の顔である。しかし最終的には、悪を改めさせ正しい道へと導く。頂上の「仏面」は悟りの表情をしている。修業する者に対して諸法を説き、仏道の究極の理想である悟りを開かせるためのものである。

この「十一面観音」の起源は、インドのバラモン教にあると言われている。バラモン教の十一面の暴神・Ekadaca-rudra（十一面荒神）が仏教に取り入れられて、観音菩薩の変化身とされたとするのが最も有力な説とされている。この荒神は「天候や雨水を支配し、ひと度怒ると生き物や草木をも滅ぼす[19]」と言われている。冬の厳しい寒さと豪雪にみまわれる北陸地方、また一方で「米どころ」でもある北陸地方において、この天候と雨水を支配する神は、やはり信仰の対象となる要素を、元来十分に持っていたように思われる。

「十一面観音」が渡来神であることは間違いないが、それがどのような経路で日本に入ってきたのかは、どうもはっきりとしていない。しかし、北陸の風土と歴史の専門家・浅香年木は、「日本海の対岸諸地域から直接北陸道に招来された韓神信仰のなかに十一面観音信仰が含まれ、北陸道から近江を経由して畿内に南下した[20]」という仮説を述べている。ではなぜ、この「十一面観音」と「白山」に対する土着の信仰が融合し得たのか——これは今後の重要な研究課題でもある。前田速夫は、その理由を、「原白山信仰【原始以来の土着の白山への信仰】にのみ内在していたと思われる、特別に強力な招福除災性と呪術性[21]（【 】内—筆者）」にあるのではないかと述べているが、この点はもう少し詳しく検証する余地があるように思われる。

「十一面観音信仰」と、「原白山信仰」の親和性——これを筆者なりに考えるならば、「水」がキーワードになりそうである。「白山」の雪解け水は、麓の田畑に潤いを与えた。また「白山」は、航海の重要な指標となり、海人（つまり水上で働く者）にとって欠かすことができない神聖な山であった。そして、前述したように、十一面観音の前身Ekadaca-rudraは、天候や雨水を支配した神であった。この神を怒らせると、旱魃となり田畑を枯渇させ、あるいは大嵐となり、海人たちを危険な目に遭わせた。また、「裏日本」特に越地方の人々は、砂丘に囲まれた低湿地に残る大小潟湖の干拓や新田開発、河川の分水、排水、誘水の土木工事に全力を傾けなければならなかった。宮榮二が述べるように、北陸（越）は常に「水とのたたかい[22]」の場でもあったのだ。人々はいつも「水」と隣り合わせだったのである。災害をもたらすと同時に、恵みをもたらす「水」は、そこに暮らす人々にとって、まさに「命」であった。そして「命」を預けるに値する神こそ、十一面観音（Ekadaza-mukha）であり、「白山」であった。つまり「十一面観音信仰」と、「原白山信仰」は「水（命）」によってつながるのではないだろうか。

ともあれ、「十一面観音信仰」は「韓神信仰」の一つであり、それが「白山《シラヤマ》」に対する土着の信仰と融合し、北陸を中心に或いは「裏日本」に広がっていった。また「白山」を開山した泰澄は渡来系氏族の出であったため、泰澄によって対岸に起源をもつ「十一面観音信仰」と日本古来の「原白山信仰」とが強力に結びつけられていったとも考えることができる。

四　白山神社と「舞楽」

1　舞楽の源流

まず、舞楽とはどのようなものかについて軽く触れておこう。

舞楽とは、舞踊を伴った雅楽のことである。太鼓、笙などの楽器が用いられる。舞踊のための舞台が設営され、そこで雅楽に合わせて神殿に奉納される舞がなされる。また、舞楽は、唐楽を伴奏音楽とする「左方」と、高麗楽を伴奏音楽とする「右方」という二つの流儀と伝統から成る。「左方」における装束は、青系統色である。これは、朝鮮・満州（渤海国）から伝来した楽舞に基づくと言われている。そして「右方」における装束は、赤系統色であり、これは、中国・インドなどから伝来した楽舞に基づく。

舞楽は大きく以下の三種類に分類される。

① 日本古来の楽舞（倭舞《やまとまい》、久米《くめ》歌など）
② アジア大陸から伝来した楽舞を日本風に改作し、またその形式で新作したもの
③ 日本の歌謡に外来形式の伴奏をつけたもの（催馬《さいば》楽、朗詠など）(23)

舞楽の発生はアジア大陸である。まず中国経由で日本に伝来したものとして、東南アジア、特にインドシナ半島・中部ベトナム地方の林邑楽《りんゆうがく》がある。林邑とは、二世紀末、今のベトナム南部付近につくられたチャム人の国の中国名である。またインド楽舞と西域地方の楽奏が合わさって中国に伝播し、遣隋使や遣唐使によって日本に持ち込まれたものもある。さらに、北方系つまり中国北部の渤海国より伝来したものや、朝鮮から伝来した楽舞などもある。

越後の能生・白山神社（糸魚川市大字一宮）で行われている舞楽は、国の重要無形民俗文化財に指定されている。同じ糸魚川市内には、天津神社（糸魚川市大字能生）、根知山寺（糸魚川市大字山寺）があるが、これらの社でも舞楽が行われ、共に国の重要無形民俗文化財になっている。これらの社の周辺に、「奴奈川姫の伝説(24)」が多く残っている点は興味深い。特に白山神社と天津神社

はいずれも、奴奈川姫と大国主命《おおくにぬしのみこと》を祭神としている。また根知谷（糸魚川から松本へ通じる、「塩の道」と呼ばれた「千国街道」から雨飾山へ向かう所に位置する集落）には、奴奈川姫に関する多くの伝説が残っているという。大国主命による奴奈川姫への求婚伝説は、出雲地方と越地方の、つまり「裏日本」における翡翠(25)を中心とした経済交流を擬人化して表現したものであると考えられている。

2　舞楽と鶏と太陽

能生・白山神社の祭礼は毎年、四月二十四日であり、この日に拝殿前の池の上に舞台を設置し、「舞楽」が奉納される。曲目は「振舞《えんぶ》」・「候礼《そうらい》」・「童羅利《どうらり》」・「地久《ちきゅう》」「能抜頭《のうばとう》」・「泰平楽《たいへいらく》」・「納蘇利《なそり》」・「弓宝楽《きゅうほうらく》」・「稚児抜頭《ちごばとう》」・「輪歌《りんが》」・「隆王《りょうおう》」の十一種である。「十一種」というのは「十一面観音」と何かしらの関係があるのであろうか。社伝によると、この「舞楽」は、永享年間（一四二九～一四四〇年）に大阪の四天王寺（大阪市天王寺区）から伝えられたという。その特徴は、稚児が中心の舞であるという点である。曲目の「能抜頭」と「納蘇利」、「隆王」以外は、すべて稚児によるものである。天津神社の舞楽もそうであるが、北陸地方には、稚児舞楽として伝承されているものが多いと言われている。

古来、稚児は清浄で穢れがないことから、神が依り憑く「場所」とも考えられていた。一般的に稚児とは、六歳までの幼児をいう。もともと稚児は、「ちのみご（乳飲み児）」という言葉が縮まったものである。それが後に六歳まで引き延ばされたもの思われる。「三つ子は神のうち」（三歳になるまではまだこの世の人ではない）という言葉があるように、幼児（稚児）は、より神に近い存在と考えられていたのだ。

「隆王」の舞の中に「日招きの舞」というものがある。

左足を大きく踏み出し中腰で左から右をのぞきみるようにゆっくりと向きをかえ、体をやや起こしながら後をみるように伸び上がる。この所作が基本となり、同じようにくり返される。開いた手をそのまま上に上げ、日本海に沈みかける、太陽を招くような所作をする。緋の上衣は夕日に照らされて朱の色に輝く。(26)

この舞では、沈みゆく（死に近づこうとする）太陽を引き戻そうとする（復活を願う）所作が行われるのだ。これは、やはり朝鮮・中国の「太陽信仰」に関係が深いものと考えられる。しかし、この舞楽は直接この地に大陸から伝えられたのではなく、大阪・四天王寺から伝わったというのが定説とされている。土田孝雄は、

どうしてこの地【新潟県西頸城地域】にこれほど有形無形の文化財が成立し伝承、保存されてきたのだろうかと疑問に思う。しかしそこには美しい自然や心豊かな人情や、村人たち、

町の人たちの連帯や誇りや素朴な祈りが、漁の町にも、山深い山村の地にも、時代の波にもまれながらも保ち続けられてきたのであった。[27]（【 】内―筆者）

と述べている。つまり、この舞楽などの無形文化財が、現在に至るまで保ち続けられてきた理由は、美しさを愛でる心・人情・誇り・祈りにあるということである。確かに、その通りであろう。しかし、現在まで脈々と受け継がれてきた背景には、他にも何かありそうである。ただ伝えられたからだけではなく、そこに住む人々の心を揺さぶる何かがなければ、多くの無形文化財は必ず衰えてしまうはずである。

――遠い故郷（朝鮮・中国）の舞に通ずるものがあったからこそ、そこに住む多くの渡来人の子孫の心を揺さぶったのではないだろうか。

天津神社には「鶏冠《けいかん》」という舞がある。稚児四人が、頭に鶏のとさかをつけて舞うのである。これは、本書・第五章で詳述するが、「鶏・白い鳥の神聖視」（新羅では特に鶏が神聖視されていた）に関係があるものであると考えられる。

稚児四人が頭に鶏冠をつけ、二人が緋の狩衣、他の二人は緑色の狩衣をつけ、背に大きな金欄二枚の羽根の胡蝶をつける。手には菊の花輪五個を大型の熨斗《のし》に包み、左、右と足を静かに前へ進ませ、また熨斗を前後左右にふり、最後に両手をそろえて熨斗に包まれた花に、精霊を宿すための所作がくり返される。花は精霊の宿るところで、その精霊を運び春を告げる蝶の群。二本の指をそろえ天空にサッと指し伸ばし、精霊を呼びこみ、花の精霊に引き入れる所作をくり返す[28]。

一方、根知山寺の、宵祭（八月三十一日）の舞楽の曲目に「狩護」というものがある。ここでもやはり「鶏冠」を用いられる。

「鶏冠」を用いて舞うだけではなく、天空（太陽）に指を伸ばす所作がある点が特徴的である。

成人二人で頭に鶏冠の笠、上衣に襷掛け、手甲をつけ、もんぺ姿。色模様の御幣が両端についた約一メートルばかりの弓を、左手にもち、右手には大きな鈴。時折、鈴をふり鳴らし、弓を回転させたり前後にふる。農耕豊作、疫病・害虫退散を祈るようである[29]。

同寺の本祭（九月一日）においても、「弓の舞」で「鶏冠」が登場する。

稚児二人頭に鶏冠をつけ、上衣は上袖しぼり、狩衣薄桃色紋模様、タッケ袴を裾でしぼり、弓と矢をもって舞う。左手に矢、右手に鈴。太鼓と笛の拍子「ドーンカ、ドンドン、ドンドカド」と三回打ち、「ドーンカドンドーカドンドン、ドンドンカ、ドンカドンドン、ドカドードカ、ドンドコドンニヤ、ドンドコドードンドカドー」と変り、この調子は舞が終了するまで、くり返される[30]。

両方とも、「鶏冠」をつけながら弓を用いて舞うのだ。

さて、能生・白山神社の舞楽の起源が、大阪の四天王寺にあることは前述した。しかし、四天王寺の舞楽においては、「鶏冠」と呼ばれるものは用いられない。背中に極彩色の羽根を背負い、頭には紅白の熨斗を飾り舞うが、これらが鶏あるいは「鶏冠」を表わしているかは不明である。したがって、やはり、能生・白山神社、天津神社、根知山寺の「鶏冠」は、「鶏の神聖視」の習俗が根強く残っていた「裏日本」独特のものであると考えられるのである。

五　今後の課題他

筆者は、はじめに、「裏日本」を隠すことは、人間の自己における「影・アニマ〔アニムス〕」を見ようとしないのと同じであると述べた。そして、我々は「裏日本」を真剣に見る作業を行わなければならないと主張した。

そして、従来の「表日本」と、「裏日本」、あるいは「表日本／裏日本」という構造を考え直さなければならない。筆者は本稿の冒頭で、今後は、「表日本」から「裏日本」を分断せず、「表日本」の深層には「裏日本」がある、という構造として捉え直すべきであることを述べた。

本稿では、現在の日本における、いわば「影・アニマ（アニムス）」を覗き見る作業を行った。そして、そこにはさまざまな「諸細目」を見ることができた。それらは、古代に大陸・半島から伝わり、途切れることなく現在まで脈々と受け継がれてきたものであった。それらはいわば「裏日本」文化の根幹を成すものである。そうであるならば、それらは「表日本」文化の最基層でもあるということでもある。「裏日本」文化と、「表日本」文化は、区別されながらも一つなのである。「表日本―裏日本」文化なのである。

「裏日本」文化の研究は、古いようでいて、最も新しい研究でもある。二一世紀はよく「アジアの時代」と言われている。今後、アジア諸地域との関係の中で、「日本海」が重要な役割を果たすことは言うまでもない。「裏」が「表」になる時代が近づいて来ていると言えるのかもしれない。本格的にそうなる前に、「裏日本」が古代どのようにして対岸諸国と友好関係を結んできたのか、どのように文化を摂取し、あるいは何が問題だったのかを丹念に調べ、明確にしていくことは今後、我々の研究において必須事項であろう。

研究には今後の課題が必ず残るものである。少なくとも本稿では、古代～中世の日本における特徴的な信仰（巨木信仰・素戔嗚命への信仰・白山信仰など）が「裏日本」に起源があることを明示することができた。そしてそれらは全て対岸との関係なしには語ることはできないものであった。筆者は、もしこのことを再認識することの重要さを少しでも読者に促すことができたなら、それは本稿における大きな成果だと考える。

注

(1) 本稿で述べる「巨木信仰」は、巨木列柱址にまつわるものである。つまり、夏至や冬至に深く関係し、「生命」への祈りを行う場として巨木を使用したという「裏日本」における独特な風習のことである。したがって、例えば京都の上賀茂神社や下鴨神社における、祭礼において神を呼び寄せるための「御阿礼木《みあれぎ》信仰」などとは異なる。
(2) 小林道憲『古代日本海文明交流圏』世界思想社、二〇〇六年、二八頁
(3)(4) 同右、三〇頁
(5) 同右、三〇～三一頁
(6) 水野祐『入門・古風土記(下)』雄山閣出版、一九八七年、二二頁
(7) 同右、二一頁
(8) 出羽弘明『新羅の神々と古代日本―新羅神社の語る世界―』同成社、二〇〇四年、一〇頁
(9) 同右、一一頁
(10) 前田憲二『渡来の祭り　渡来の芸能』岩波書店、二〇〇三年、一四六頁
(11) 浅香年木「古代の北陸道における韓神信仰」:中井真孝編『奈良仏教と東アジア』、雄山閣出版、一九九五年、二四四頁
(12) 小林は久麻加夫都阿良加比古神社の「加夫都」に関して、「加夫都《かぶと》は兜を意味し、朝鮮南部の伽

耶地方から出土する金銅製冠帽を指すのではないか」と述べている（小林道憲・前掲書、一五二頁）。

(13) 前田速夫『白の民俗学へ―白山信仰の謎を追って―』河出書房新社、二〇〇六年、一〇頁
(14) 同右、一六～一七頁
(15) 金達寿『日本の中の朝鮮文化5』講談社、一九七五年、一五〇頁
(16) 小林道憲、前掲書、一九頁
(17) 前田速夫、前掲書、五三頁
(18) 西義雄・玉城康四郎監修、川村孝照編集『新纂大日本續藏經・第二十三巻』国書刊行会、一九八〇年、六九五頁
(19) 前田速夫、前掲書、三九頁
(20) 浅香年木、前掲論文、二五一頁
(21) 前田速夫、前掲書、四〇頁
(22) 宮榮二『雪国の宗教風土』名著刊行会、一九八六年、二九頁
(23) 土田孝雄『神遊びの里―越後・西頸城三大舞楽と祭り―』奴奈川郷土文化研究所、一九八四年、十一頁
(24)『古事記』及び『日本書紀』には、出雲の大国主命と、越（高志）の奴奈川姫が結婚したことが記されている。また二人の間にできた建御名方命《たけみなかたのみこと》は、信濃の諏訪神社の主神となったという。『古事記』には、大国主命と奴奈川姫の求婚問答歌が載っている。大国主命は、越の国に奴奈川姫という賢く美しい姫がいると言う噂を聞き、求婚するために越の国へ訪ねてゆく。奴奈川姫は、大国

主命と歌を贈答し合い、すぐには求婚に応じなかったが、一日後に求婚を受け入れ、結婚したという。この大国主命の求婚成就は、越地方への出雲勢力の拡大を意味すると言われている。それは同時に、出雲国が糸魚川付近の「翡翠」を入手できるようになったことも意味する。『万葉集』には、「渟《ぬ》奈《な》川《かわ》の 底なる玉 求めて 得し玉かも 拾ひて 得し玉かも 惜《あたら》しき君が 老ゆらく惜《お》しも(『万葉集』第十三巻三二四七)」という歌がある。この歌に見られる、渟奈川の「渟」には「瓊《たま》」=「玉」という意味がある。「玉」とは「翡翠」のことである。つまり奴奈川は「翡翠」の川なのである。奴奈川姫とは奴奈川、すなわち信越国境から流れ出て糸魚川で日本海に注ぐ、姫川を擬人化したものと見ることができる。大国主命が求めたものは、姫川の生み出す富=「翡翠」であった。歌の「底なる玉」とは、当然「翡翠」を指す。大国主命による奴奈川姫への求婚伝説は、出雲地方と越地方の、つまり「裏日本」における経済交流を擬人化して表現したものであると考えられる。

(25)「翡翠」が発するほのかな緑色は、草木の色に通じ、「生命力」の象徴でもあったという。冬になっても色を失わない、美しいこの緑色の玉に、古代の人たちは神秘的な力を感じ、これを身に付けることで不老不死を願ったのだ。さらに、これを死者と共に埋葬することで、その生命の再生を祈ったとも言われている。「翡翠」の産出地は世界的にも限られており、現在、安定した量の硬玉を産出する場所は、ミャンマーのみであると言われている。日本における「翡翠」の原産地は、新潟、鳥取、兵庫、長崎、北海道などである。しかし、縄文時代に使われた「翡翠」の原石は、そのほとんどが、新潟県糸魚川市の姫川の支流、小滝川と青海川の青海川上流から採取されたものである。つまりそれは、姫川周辺にそれだけ大量の翡翠が採ることができ、またそれを加工する大規模な工房が存在したことを意味する。糸魚川産の「翡翠」は、北は北海道から南は鹿児島まで全国各地で見つかっている。糸魚川から、日本海沿岸の海上交易路を通って、津軽、陸奥湾、さらに太平洋沿岸に至るまで「翡翠」の原石や製品が運ばれ、交易されていたのである。「裏日本」、特に日本海沿岸の長大な、「シルクロード」ならぬ「ヒスイロード」とでも言うべき「道」（陸上のみならず海上も含む）は、弥生時代には朝鮮半島にまで伸びていた。翡翠製品は、朝鮮半島でも珍重され、朝鮮半島で生産された鉄素材とも交換されたと言われている。実は、この「翡翠」は昭和初年まで、大陸からもたらされたものだと考えられていた。しかし、昭和一四（一九三九）年、糸魚市の姫川流域から「翡翠」が産出することが確認された。そのことによってこの地方が生産地であることが明らかになったのだ。「翡翠」が発する淡い緑色は、草木の色にも通じ、それは「生命力」の象徴でもあったことは前述した通りである。特に、寒さの厳しい「裏日本」の冬においても、色を失わない緑色の玉に、人々は様々な願いを込めた。そしてそれを首飾りとして、あるいは耳飾りとして用いた。越の吹上遺跡などには、非常に大きな翡翠加工工房があった。翡翠に関する詳細は、本書・第一章を参考にされたい。

(26) 土田孝雄『神遊びの里―越後・西頸城三大舞楽と祭り―』奴奈川郷土文化研究所、一九八四年、一七八頁
(27) 同右、二〇頁
(28) 同右、九一頁
(29) 同右、二六頁
(30) 同右、二四六～二四七頁

参考文献

笠井敏光「祈雨祭祀と殺牛馬」：二葉憲香編『国家と仏教 日本仏教史研究1』所収、永田文昌堂、一九七九年

谷川健一編『日本の神々―神社と聖地―第8巻 北陸』白水社、二〇〇〇年

出羽弘明『新羅の神々と古代日本―新羅神社の語る世界―』同成社、二〇〇四年

古廐忠夫『裏日本―近代日本を問い直す―』岩波新書、一九九七年

安田喜憲「「越国」の起源―龍蛇と鳥は語る―」：日本海学推進機構編『日本海学の新世紀8 総集編 日本海・過去から未来へ』所収、角川学芸出版、二〇〇八年

第三章　東アジア冊封体制下の古代日本

一　中国による冊封体制の成立

古代の日本列島に、現在の版図からすれば未だ部分的ながらようやく一つの領土国家が成立し始めたのは、おそらく紀元一世紀以降であろう。そのような古代に注目し、あわせて、その古代政権が同時期の中国大陸、朝鮮半島で生起した諸々の国際的歴史事象を眺め、それによって当時の日本がこれらの事象といかに深くかかわりつつ環日本海文化圏の中で発展したかについて考えてみる。日本海沿岸で沖に向かってケタ神社（能登・越中・越後の気多神社・居多神社）の鳥居が建立された時代、日本海をはさんで先進文明地域と触れ合った時代、ようするに「裏日本」がもっとも先進的であった時代を論じるのである。

日本が、古代においてすでに日本よりもはるかに文明の進んだ先進国の存在した中国大陸と交流していたということ、そのことはむろんだれしも疑うことのない事実である。ここでその実例を幾つか挙げてみよう。まず紀元一世紀に倭奴国王が後漢（二五〜二二〇）に朝貢し、光武帝（位二五〜五七）から金印、つまり「漢委奴国王」印を賜わったことが挙げられる。それから、三世紀に邪馬台国の女王卑弥呼が魏に遣使して朝貢し、「親魏倭王」の称号を授かったことも有名だ。さらには、五世紀に倭の五王（四一三〜五〇二）が南北朝時代の東晋（三一七〜四二〇）・宋（四二〇〜四七九）に九回ほど遣使朝貢したのも好例といえる。また他方で、四世紀に建国まもない百済（三四五頃〜六六〇）が日本に朝貢使節を送ったり太子を質として送ったりしたなどという事例もある。

上に挙げたような交流は、百済との関係は別として、大陸の王朝が主（中華）で日本の治者が従（東夷）という関係のもとで行なわれたのではあっても、しかし語の本来の意味での主従の交渉ではなかった。そのことは、たとえば宋が倭の五王の一人武に与えた「安東大将軍」なる称号によって裏付けられる。つまり、大陸の王朝は日本に対してまがりなりにも独立した一国という位置・評価を与え、それゆえこの国の治者に爵位や称号をおくることによって独立国の正統な王と認め、その上に立って種々の交渉を行ない、国際的に安定した秩序を創出しようとしたのである。

中国王朝を中心とするこのような国際関係を「冊封体制」ないし「冊封関係」という。大陸の中国王朝が強大化するにつれて確立してきたこの体制は、なるほどかの華夷思想、つまり漢民族が自らを中華と称して他に優越し、周辺の異民族を夷狄と呼んで軽んじた思想と無縁ではなかったが、しかしそれほど一方的なものではなかった。歴代の中国王朝は、敵対的でなく友好的に接近してくる異民族に対してはこの体制を基本にして、建前上対等の交渉を行なった。したがってこの関係は、漢民族の王朝が周辺の異民族に対して採用した懐柔策である羈縻《きび》政策とも違っている。古代の日本は、中国王朝を中心に樹立されたこの冊封体制の枠の内外で自己の国際的地位と国内的安定を確保していった。それゆえ日本の古代史は、一面で環日本海におけるこの冊封体制とのかかわりを軸にして理解する必要がある。以下、その視点から日本と大陸との環日本海交渉史にスポットを当ててみよう。なお、この歴史事象に就いては、わが国では近年『古代東アジア世界と日本』（岩波書店、二〇〇〇年）と『東アジア世界と冊封体制』（岩波書店、二〇〇二年）にまとめられた西嶋定生（一九一九～九八）による一連の研究が目をひく。また、その西嶋に対し鋭く有意義な批判を展開する李成市の『東アジア文化圏の形成』（山川出版社、二〇〇〇年）も必見に値する。

さて、古代中国が「帝国」の名に相応しい領土を獲得したのは秦・漢の時代においてである。戦国の七雄に数えられる秦王の政が他の六雄を滅ぼして中国を統一したのは前二二一年。政、すなわち始皇帝（位前二二一～前二一〇）は、内政面で郡県制を実施して中央集権的な直接統治を行ない、外交面では匈奴を攻撃し、異民族の侵入を万里の長城で防ごうとした。その後中国統一の事業を引き継いだ前漢（前二〇二～後八）は、内政面でやはり郡県制を採用し、儒教を国教化して中央集権をはかり、外交面では秦代以上に積極的に対外領土拡張策に出た。

そのうちで古代の日本とかかわりある政策は、武帝（位前一四一～前八七）が朝鮮北部を征服して楽浪郡・真番郡・臨屯郡・玄菟郡を設置したことである。このような領土拡張の傾向は後漢（二五～二二〇）になっても同様で、この王朝において漢民族は、版図でも文化でも東アジアに君臨し他の範となる大帝国を築きあげた。

さて、後漢が滅び三国時代（二二〇～二八〇）から晋（西晋、二六五～三一六）の時代に移ると、中国諸王朝の周囲には、小国ながら政治的に独立した国家群が形成されてくる。それらを古代日本との交渉関係の枠内で考えると、まずは高句麗（？～六六八）が挙げられる。この国は満州東部から朝鮮北部にあって、すでに前一世紀の頃から部族国家をなしていた。その後三世紀初に至り丸都に都を築き、同世紀末から四世紀初にかけて、前漢以来中国王朝の郡県制支配下にあった地域を圧迫し始めた。そして三一三年には楽浪郡を滅ぼし、半島北部で強力な国家体制を敷くに至った。

高句麗と並んで朝鮮半島で勢力をのばした国に、そのほか百済と新羅（四世紀半～九三五）がある。百済は四世紀中頃、半島南部馬韓の一国伯済が馬韓を統一して百済と名乗り、建国まもなく日本と結んで高句麗に対抗する勢力となった。また新羅も辰韓内の小国から身を興し、これを統一して百済に続き一国をなした。朝鮮半島に出現した以上の三国と、それに同じ四世紀中頃半島南端に進出して北上をねらい出した日本が、やがて五世紀に入って中国王朝を中心とする東アジアの国際関係、すなわち冊封体制をつくりあげていくことになる。

二　遣隋使まで

朝鮮半島に新興の三国が出現したことで従来の郡県制支配が破綻した中国王朝は、以後これらの三国と新たな外交関係を築くことになった。すなわち、五世紀初に東晋の安帝（位三九六～四一八）は、まず高句麗からの朝貢に対し、高句麗王を征東将軍高句麗王楽浪公に封じ、次いで百済からの遣使朝貢に対し、百済王を鎮東将軍百済王に封じ、それぞれを領土国家のような位置においた。この時新羅は未だ中国王朝に接近しなかったが、もう一つの小強国日本は、すすんで中国から称号を賜わろうと遣使朝貢を行なった。この頃の日本を支配していた勢力は上述の倭の五王（讃・珍・済・興・武）で、まずは四一三年に讃《さん》（仁徳か応神、履中）が東晋に遣使し、また四二五年には珍《ちん》（反正か仁徳）が南朝の宋に遣使した。この時には珍が自ら安東大将軍と称して爵位を要求したが、与えられたのは大の字の欠けた安東将軍だった。これに対し高句麗と百済は、宋の建国時にはやくも大の字のついた将軍、つまり前者が征東大将軍、後者が鎮東大将軍に叙せられ冊封関係に入った。日本は、四七八年武（雄略に比定）の時になってようやく安東大将軍に叙せられ冊封国となった。

そのほか、中国王朝に対する以上の遣使朝貢は、半島三国にあっては南朝だけでなく北朝に対しても行なわれた。まずは高句麗が四三五年から毎年のように北魏に遣使し始めた。また新羅も四七二年から北魏に遣使し始めた。さらに新羅もやがて北朝への朝貢を開始した。このようにして六世紀に入ると、半島三国は南朝とともに北朝への遣使をも重視し、同世紀後半には三国がそろって北斉と冊封関係を取り結ぶに至ったのである。一方日本は、六世紀に入ると中国王朝に称号を要求しなくなり、冊封体制から抜け出していく。そのかわり半島の二国、百済および新羅から朝貢を受ける側に立つようになった。

五世紀から六世紀にかけての環日本海における以上のような国際交流をみてみると、一見平和外交が繰り広げられているようにみえるが、実際はそうでなかった。むしろ波乱・戦乱の状態が断続的に生起していたのであり、だからこそ冊封のような盟約を取り結ぶ必要があったといえる。ちなみに環日本海の年表を瞥見すれば、四世紀中頃半島に三国が出現し、また日本が任那に拠点を構えるや、数年とおかずにこれらの国々が戦争を起こしている。ある時は高句麗が百済を攻め、またある時はその逆が起き、ある時は新羅が百済に援軍を求めたかと思うと、その新羅が百済と結ぶ日本と戦っている。こうした乱世にあったからこそ、以上の国々は東アジアに安定した秩序を求め国内体制を強化しようと考えたのであり、そのかなめの役を中国王朝に期待し、そこからすすんで冊封体制に入ったのである。中国王朝と周辺諸国とのこのような関係は、当の中国が南北に分裂している間はさして強力でなかった。それが本格的に強化され、諸国が一つの東アジア文化圏と呼ばれるに相応しい関係となるのは、隋唐の時代になってからである。

五八一年に北周（五五六～五八一）の権臣楊堅（文帝、位五八一～六〇四）が隋（五八一～六一八）を興すと、まずは百済が遣使して帯方郡公を授けられ、高句麗も遣使して遼東郡公に叙せられ、両国ともただちに隋と冊封関係に入った。その後五八九年に隋の中国全土統一がなるや、それまで陳（五五七～五八九）にも朝貢していた両国は隋だけを相手にすることになり、またまもなく新羅も隋の冊封国となるに及んだ。ここに朝鮮半島は隋を中心にして完全な冊封体制を確立した。

それに対しこの時点での日本は、半島三国と違って、すすんで称号を授かり冊封国になろうとはせず、むしろ逆に、この国際体制の外にあって隋と対等の外交関係を築こうとしたらしく思われる。その証拠は、六〇七年小野妹子の第二回遣隋使の際に示された国書中の「日出る処の天子、書を日没する処の天子に致す、恙《つつが》無きや、云々」という有名なことばに表されている。また当時日本が、引き続いて百済・新羅の朝貢を受けていたことにより、日本が、中国ほどでないにせよ、しかしそれに次いで環日本海に君臨する重要国であると自負していた点も、対中国対等要求の素地にあったと思われる。

日本のそうした姿勢を、隋はさして気にかけなかった。冊封こそ授けていなかったが朝貢を行なって好意を示してくる日本を、隋はことさら問題視するには及ばなかったとみえる。それよりも、隋の煬帝（位六〇四～六一八）は、冊封関係にありながらこれを無視するような行動をとるようになった国、すなわち高句麗に対してはたいへん厳しい態度で臨む。中国王朝の側からすれば、冊封関係に入った諸国は定期的な朝貢という外交義務を負っており、またそのかわり中国側はそれを上まわる下賜を相手国に与えた。だが高句麗は、文帝時代の隋に対してその朝貢を怠った。しかのみならず、五九八年高句麗王嬰陽（位五九〇～六一八）は隋の遼西に侵入し、六〇七年には百済に攻め込み、隋中心の冊封体制を揺るがし始めたのである。そのような経緯から煬帝は、六一二年ついに高句麗遠征を開始する。この征伐は以後六一三年、六一四年と三度敢行された。だが隋ではそれが一因になって各地で豪族から貧民までの各階層の不満がつのり、農民叛乱が頻発し、かえって隋の方が高句麗よりも先に滅んでしまった。

三 遣唐使の時代

だが中国王朝を中心とする冊封体制は、次の大帝国唐（六一八～九〇七）にも引き継がれ、この時代に完成をみるに至る。六一八年に隋が滅んで唐が立つと、翌六一九年にははやくも高句麗が入朝し、六二一年には高句麗・百済・新羅が相次いで遣使朝貢した。これを通じ、中国と半島三国のあいだでただちに冊封体制が復活し始めた。唐の高祖（李淵、位六一八～六二六）は、隋代に中国王朝と確執のあった高句麗を、当初この体制から外そうとした。だが、楽浪郡等四郡を設置して以来、漢民族ゆかりの地となってきた朝鮮半島は、唐朝にとっても重要な隣接地域であった。そこからけっきょく唐は、六二四年半島の三国すべてに冊封使を派遣し、再度三国と冊封関係を結んだのだった。また高句麗以下半島三国にしても、唐から冊封を受けることは望むところであったともいえる。

半島三国に対し、唐代における日本の動向はどうであったか。隋代において冊封体制の外に身をおき、中国王朝と対等の関係に立とうとしてきた日本は、新たに成立した唐に対しても、文物制度の吸収は別として、外交的には同様の態度に出る。すなわち日本は、六三〇年に犬上御田鍬《いぬがみのみたすき》、薬師恵日《くすしのえにち》らの派遣をもって第一回遣唐使を開始し、冊封体制の外から遣使朝貢を企てた。この朝貢は、八九四年に菅原道真が遣唐使に任命されつつもそれを辞退することによって廃止されるまで、計一八回（うち三回は中止）行なわれた（回数については諸説がある）。この交流が冊封の外にあったことの根拠としては、たとえば、二五〇年以上の長きにわたって日唐関係が存続したにもかかわらず、実際の遣使がわずか一八回しか実施されなかった点が挙げられる。

だがこの間に日本は、律令制度や儒教など、唐の文物制度を直輸入することによって、唐朝が周辺諸国との間で創造した東アジア文化圏という国際秩序に深く入りこみ、これに規定され、その一員となっていったのである。冊封体制下にあるなしにかかわらず、この時期の東アジア諸国にとって、唐への朝貢国となり下賜を授かるという関係は、政治的にも経済的にも是非とも必要な外交政策なのであった。

この関係を日本も重視したことは、たとえば一九七七年九月に、太宰府の観世音寺遺跡で唐三彩が出土したことによって裏付けられる。七四六（天平一八）年に完成した観世音寺の付近には、平安時代まで九州一円ににらみをきかせ、遠《とお》の朝廷《みかど》といわれた太宰府庁があって、遣唐使はその地点を経由して唐との間を行き来した。その重要地点で、並みの商品・特産物と違い交易されることのなかった唐三彩が、張付け文様（メダリオン）を鮮明に残したまま出土したのである。この遺物は、遣唐使が唐の皇帝から朝貢の下賜として授かったものの一部と考えられる。唐とのこのような国家的レベルでの国際交流を、日本はあくまでも対等の関係と見なして重視したのだった。

大唐帝国を中心に創出された以上の冊封体制、朝貢体制は、しかしまたもや高句麗をはじめとする半島三国の抗争激化を通じて、その一角を崩されてしまう。つまり、六四二年に高句麗が百済と結んで新羅を攻撃し、それが一因となって唐の太宗（李世民、位六二六〜六四九）による高句麗討伐が始まったのである。ここで重要な点は、隋の煬帝同様、唐の太宗もまた高句麗に対し、たんなる物欲的侵略をめあてに遠征を決意したのではないことである。隋が国運をかけて敢行した点にみられるように、唐もまた、冊封による東アジアの国際秩序維持を主目的にしてこれを起こしたわけである。太宗の高句麗遠征以後、半島と中国との冊封関係は、主に唐―新羅間でのみ強化されるだけで、あとの二国はこれからはずれていく。そして両国はついに唐の攻撃を受けて滅亡する破目に陥る。まずは六六〇年に新羅と戦う百済に対抗して唐が援軍をまわして新羅を救い、百済を滅ぼした。次いで六六八年には高句麗が唐・新羅連合軍の攻撃を受けて滅亡した。百済・高句麗が滅んだあと、唐は半島の支配権を放棄し、それを新羅に譲った。その結果新羅は半島全体を統一し、また唐との冊封関係をより強固にして秩序の再建にかかった。またこの秩序は、高句麗人大祚栄《だいそえい》（位六九八〜七一九）がまもなく満州東部から朝鮮北部にかけて建国した震国が、七一三年に唐の冊封を授かり渤海と名乗ることによって、いっそう強化された。ここにおいて、七世紀に高句麗・百済・新羅と唐との間で保たれていた国際秩序が、いまや新羅・渤海と唐との間で冊封を軸に再建されることになった。

＊　　＊

このような大陸・半島での動向に対し、日本もこれに沿ったかたちで外交路線を変更していく。すなわち、六六〇年に首都陥落でもって百済が滅ぼされたとき、日本（天智天皇、位六六一〜六七二）は、国内が大化改新（六四五）後、間もないにもかかわらず、救いを求める百済に対してまずは六六二年阿部比羅夫を遣わした。翌年、今度は百済再興を意図して半島に水軍をおくり、六六三年錦江河口の白村江《はくそんこう》（白江）で唐・新羅連合軍と衝突した。これに大敗した日本は、一時唐と不和に陥り、新羅からの朝貢も途絶えたが、しかしまもなく両国との関係を修復した。その後八世紀に入ってからは、遣唐使を続行するほか、渤海からも朝貢を受けることになる。このようにして日本は、唐の冊封体制外にありながら、終始環日本海の国際秩序の中で活路を見いだそうとし、その範囲内において新羅や渤海と小冊封を結ぼうとしたのであった。

なお、中国を中心とするこのような国際秩序は、遣唐使廃止後にも私的なレベルを通じて間接的に維持され、やがて中国で明（一三六八～一六四四）が、日本で室町幕府（一三三八～一五七三）が成立するに及んでふたたび国家レベルで登場する。一四〇一年に将軍足利義満（在職一三六八～一三九四）が明に国書をおくり、翌年明の永楽帝（位一四〇二～一四二四）から返書があって日本国王に封ぜられ、両国がまたもや冊封関係に入ったのが、そのことを象徴している。このようにして見てくれば、日本は古代から中世にかけて歴代の中国王朝が能動的に行なった冊封を軸とする国際秩序の内部におかれ、その体制に大きく規定されながら発展したと結論づけることができる。

ずっとのちに「裏日本」と称される地域は、その間、数世紀にわたり民間レベルにおいて大陸とさまざまな交流を継続していくことになる。

主要参考文献

笠原一男・野呂肖生『史料による日本史』山川出版社、一九八二年
西嶋定生『中国古代国家と東アジア世界』東京大学出版会、一九八三年
笠原一男・安田元久編『史料日本史』上巻、山川出版社、一九八七年
高倉洋彰『金印国家群の時代』青木書店、一九九五年
堀　敏一『東アジアのなかの古代日本』研文出版、一九九八年

西嶋定生・李　成市編『古代東アジア世界と日本』岩波書店、二〇〇〇年
李　成市『東アジア文化圏の形成』山川出版社、二〇〇〇年
高倉洋彰『交流する弥生人』吉川弘文館、二〇〇一年
川勝　守『聖徳太子と東アジア世界』吉川弘文館、二〇〇二年
西嶋定生『東アジア世界と冊封体制』岩波書店、二〇〇二年
小林昌二『古代新潟の歴史を訪ねる』新潟日報事業社、二〇〇四年

第四章　継体天皇の皇位継承と越の重要性

一　はじめに

本稿の目的は、五～六世紀の古代日本において「越《こし》」[1]と呼ばれたいわゆる「北陸地方」が、当時の日本の政治環境、及び国際環境の中でどのような位置と価値を占めており、その後の日本のあり方とどのような関係を持つかを、継体天皇[2]の即位前後の事情を中心として考察するところにある。

古代日本における「裏日本」の重要性を確認するために、継体天皇の皇位継承を対象とした理由は、彼の皇位継承が、近畿地方およびそれ以西を主な勢力基盤としていたと考えられる大和政権の皇位継承例としては、東北地方はもちろん、東海地方や中部日本を含めた北方出身者として唯一の例であることに基づく。同時にその北方とは、六世紀前後はもとよりその後のヤマト政権にとっても「蝦夷」（えぞ・えみし）の呼称において蔑称と征服の対象となっていた地域を含んでいる。特に八世紀以後は、天皇の出身地でありながら、「征夷大将軍」派遣の方角・地域にあたっている。そうした扱いは、明治以後に生じた「裏日本」という呼称の含意と通じる部分がありそうであるが、ともあれ、通常では皇位継承者を探す対象地域となるとは考えられないことなど、彼の皇位継承が特殊事例を想像させる事件であり、それが古代の「裏日本＝越」の重要性を表すことに繋がると想像されることによる。

さらに付け加えれば、後述するようにこの継承に関しては、血縁関係の薄さや血統上の問題を中心に、多くの解釈と議論を生んでいる。しかし、彼以後の皇位継承の系統について異論は存在していない。そのことは、少なくとも継体天皇が現在の皇位・皇室につながる系統の直接の出発点であり、皇統は、彼以後の千五百年は「一系」でつながっていることを意味する。その意味で、継体天皇の即位をめぐる諸事情には、現在の日本の天皇制の原点としての歴史的・社会的・文化的状況を確認する意義も存在しうると思われる。

そうした事情を踏まえて、本稿では、継体天皇を誕生させた様々な背景を考察することを通じて、古代における「裏日本＝越」の重要性を考察してみたい。

二　継体天皇をめぐる諸問題

二〇〇七年は継体天皇即位後千五百年となった年であり、その出身地域であると目される福井市の足羽山には継体天皇像も設置されているが、その福井県を中心にいくつかの記念行事が行われ、前後に多くの関連書物なども出版されていた。そのように継体天皇が注目を集めるのは、彼が日本古代史の中で多くの謎を抱えた存在であると同時に、その謎ゆえに現在の天皇家に至る系統上、多くの議論を呼んでいる存在であるためである。そしてその議論の中で、継体天皇が他の天皇にはない多くの特徴を備え、それが同時に越の価値と密接に連動していることが明らかになっていることが関係してくる。そして、その「謎」の背景には、基本的には史料的な不備と不一致が存在している。

まず、『日本書紀』に記されている継体天皇の即位の事情では、武烈天皇に子供がなく、皇統が途絶えようとしていたため、大伴金村《おおとものかねむら》大連、物部麁鹿火《もののべのあらかひ》大連、許勢男人《こせのおひと》大臣などの大和政権の有力者たちが後継者について話し合い、最初に候補とされた仲哀天皇五世の孫である倭彦《やまとひこ》王の承諾が得られなかったために、継承が可能な者のうち、五七歳という年齢で人格的にも評判の高い男大迹（おおど・おほど）王に皇位継承を依頼することとなり、当初受諾を渋った男大迹王も、その後旧知の河内馬飼首荒籠《かわちのうまかいのおびとあらこ》の仲介によって即位を承諾したとされている。

この男大迹王とは、『日本書紀』では、「男大迹天皇（継体天皇）は、誉田天皇《ほむたのすめらみこと》（応神天皇）五世の孫[3]彦主人王《ひこうし》の子なり。母を振媛《ふるひめ》と曰す。振媛は活目天皇《いくめのすめらみこと》（垂仁天皇）七世の孫なり」とされるように、天皇家との遠い血縁関係は記されている。しかし、直前の武烈天皇とは血縁関係を持たず、さらに父である彦主人王までの中間の祖先の名も記されていないため、皇位継承上および血縁関係上の正統性を疑われる存在である。

『古事記』においても即位事情のあいまいさに変化はなく、「品太《ほむだ》天皇（応神天皇）の五世の孫、袁本杼命《おおどのみこと》（男大迹王＝継体天皇）を近淡海《ちかつおうみ》の国（近江の国＝滋賀県）より上りまさしめて、手白髪命《たしらかのみこと》（『日本書紀』の表記では手白香皇女《たしらかのひめみこ》）に合わせて、天の下を授け奉りき」とされているのみで、中間の祖先の名前のみならず、還暦間近で、当時としては高齢者と思われる継体天皇を選任し、「上りまさしめ」た前後の事情に関する叙述もない。

ただ、応神天皇以後の中間の祖先名については、『釈日本紀』所引『上宮記』において間の五人の名前が示されているゆえに、確定しているとする解釈も存在する。しかし、その「上宮記一云」における記述にしても、継体天皇の五世の先祖にあたる「凡牟都和希王」という名前を「ホムタワケ」と読んで「誉田別尊《ほむたわけのみこと》＝応神天皇」にあてるか「ホムツワケ」と読んで「誉津別王《ほむつわけのみこ》＝垂仁天皇の皇子」にあてるかで該当する人物が異なってくるため、継体天皇から一世紀も隔たった時期に書かれた『上宮記』自体の信憑性とともに疑問は残ることになる。これらのことから、継体天皇の皇位継承の正統性、あるいはより限定的に、応神天皇以来の血統の繋がりについては、現存の資料からは確定不可能な問題として存在していることになる。

同時にその出身地についても、『古事記』では近江の出身、『日本書紀』においては越前（三国）の出身と伝えられるように、二書において継体天皇に関する記述が異なることもその出自に関する疑念を増幅させている。ただし、この相違については、『古事記』では、継体天皇の父である彦主人王が高島郡の三尾（滋賀県湖西地方北部）にいた時に、振媛を三国の坂中井《さかない》（現福井県坂井市三国町：越前に属す）から迎え、振媛はその地で継体天皇を生んだが、継体が幼いうちに彦主人王が亡くなったために振媛は故郷に戻って継体天皇を育てた、という記述は存在する。

文献的評価からは、『帝記』を基礎とする『古事記』の記述が尊重されるべきであり、同時に『日本書紀』が、当然存在しているはずの、近江における振媛の親族関係を無視していることなどから、一般的には、『古事記』の史料的信頼性が高くなるが、『古事記』においては、武烈天皇以後の記述が簡略を極めているため、皇位につく以前の人物についての正確な記録を残す方が不自然といえるかもしれず、文献的な観点だけでは結論を出すことは難しい。

一方考古学的には、五世紀後半までの近江地域には、有力な皇位継承者の支配地域としてふさわしい遺跡などが見当たらないのに対して、「越」においては、後述するような「先進性」に基づく繁栄を指摘することができる。それゆえに、遺跡などの存在の観点からは、越前＝越の出身とみた方が妥当性を持つように思われる。

基本的に本稿では、継体天皇は「越」から大和に入った天皇と捉える立場に立つが、近江地域もその出自・血縁関係などから彼の勢力範囲に含まれる、と把握したい。『記紀』の記述内容の解釈については、生れが近江、成長が越（越前）と分かれていたために、誕生地を「出身地」としたとすれば整合性は保ちうるが、前述の血縁・血統の問題とともに、継体天皇に関する古代資料の記述には、こうした記述の不統一とあいまいさが存在し、一義的な解釈が不可能なのが現状であり、前記の系統関連の問題も含めて、今後もその点に変化はないと思われる。

第二は皇位継承の経過の問題である。『日本書紀』によれば、継体は越前を出たのち、すぐに大和に入らず、即位は北河内の樟葉《くすは》（現大阪府枚方市）で行っている。そこに六年ほどいた後に南山城の筒城《つつしろ》（現京都府京田辺市）に移っているため、この段階では大和入りが間近な状況になっている。しかし、そこに約七年ほどいた後に山城の弟国《おとくに》（現京都府向日市・長岡京市）に移っている。この移動は、大和（奈良）地域に入るという観点からみると数十キロ程度後退したことになり、越前から河内に入ってきた時の迅速さと較べれば、大きな後退を意味する。結局大和の磐余玉穂宮《いわれたまほのみや》（現奈良県桜井市）に入るのはようやく即位後二〇年を経た後になる。こうした経過から、大和政権の頂点の地位を継承しながら、なぜすぐに大和に入らなかったという疑問が生じ、継体が越前から大和に入ることについては大きな反対勢力が存在し、その勢力との抗争が存在したことを指摘する説も多い。

こうした紆余曲折や不明部分の存在が、古代史における王朝交代説などに反映することになる。王朝交代説とは、例えば四世紀ころの古王朝、五世紀ころの中王朝、そして六世紀以後現代にいたる新王朝という、三王朝交代説(4)を代表とし、継体以後を新王朝とする見解であり、現在でも骨格としてはこの立場をとる説も多い。

この説は、江上波夫が一九四八年に主張し始めた騎馬民族征服説（『騎馬民族国家』中公新書、一九六七、参照）の影響のもとに、水野祐が『増訂日本古代王朝史論序説』（小宮山書店、一九五二）で述べた説であり、三王朝のうち古王朝を、その時期の天皇陵と宮とが大和平野東南部の磯城郡一帯、三輪山の麓あたりに集中していることから三輪王朝とか崇神王朝などと呼ばれる段階で、崇神天皇以下仲哀までの五代に設定されている。

そして中王朝とは、神功皇后が受けた住吉三神からの託宣を仲哀天皇が信ぜずに神罰によって死に至り、一方で託宣を実行した神功皇后による朝鮮半島征服後、生まれたばかりの応神天皇が帰国したのちに反対勢力を制して即位するという、ある意味で非常識な『記紀』の記述に基づいて始まる王朝となる。その意味においても大きな断絶が想定できる事件の当事者である応神以下、武烈までの十一代の天皇の期間であり、陵と宮とが河内に多いことから河内王朝と呼ばれる段階である。

水野は、こうした転換を三輪王朝から河内王朝への王朝交代とみなし、血統断絶に基づく同様の断絶を武烈－継体間にも存在したとみなし、継体天皇を越前か近江の豪族と捉えた上で、大和政権から王位を奪い取った存在とみなしている(5)。

こうした王朝交代説のもう一つの側面として、『日本書紀』が、先帝武烈天皇は、妊婦の腹を裂いたり、爪をはいだ人間に山芋を掘らせたり、池に突き落とした人間が流されるところを串刺しにしたりなどする、悪逆非道な天皇であったと記録していることも関連する。すなわち、そうした武烈天皇の行動上の非道さと継体天皇の温厚さ・人格者ぶりとを対照させた記述に、中国の易姓革命的な世直しを示そうとする意図や、大きな変動の存在を示唆しようとした意図を読み取ろうとする試みも存在する。

　第三に、継体天皇の没年とそれにまつわる事情に関しても混乱が存在し、継体天皇没後に後継をめぐって対立があり、安閑－宣化の系統と欽明天皇の系統の「二朝並立説」をめぐる問題に関連することになる。

　まず『日本書紀』が継体天皇の没年について「継体二五年」の辛亥（五三一）年と「継体二八年」の甲寅（五三四）年とを併記し、前者の根拠として、『百済本記』の参照を挙げていることに基づく。一方『古事記』においては、丁未（五二七）年としており、継体の崩御年には三説が併存する。さらに『百済本紀』の記述には、天皇、太子、皇子の三人の同時薨去が記されている点と、『上宮聖徳法王帝説』など他の資料で、継体と手白香皇女との間に生まれた欽明天皇の即位年が壬子（五三二）年となっており、この説をとれば、欽明は安閑－宣化を経ることなく、継体の崩御した翌年に即位したことになるなど、継体の没年とその後継をめぐる記述には不一致が重なっている。一方継体天皇と尾張の目子媛《めのこひめ》との間に生まれた安閑天皇に関しては、「安閑紀」において、継体二五（五三一）年に継体天皇は勾大兄皇子《まがりのおおえおうじ》を立てて天皇とし、その当日に亡くなっ

たと記されているが、即位年は甲寅（五三四）年の記述もあり、確定しえないのが実情である。(6)

こうした混乱に対し、継体の崩御後、安閑－宣化の皇位継承に同意しない勢力が欽明を立て、最終的には欽明に統一されるが、一時安閑－宣化の王朝と対立し、二王朝が併存した、と解釈する説が登場した。これらの説や紀年解釈の当否の決定は筆者の能力に余るが、継体天皇即位事情と同様に、その崩御から後継に関して現実に何らかの変動や混乱が存在していたことは想定できると思われる。

第四に、継体天皇の后妃に地方出身者が多く、特に中部地方との関係の深さがうかがえる点に大きな特徴を見出すことができる。『日本書紀』においては后妃を身分順に記し、皇后手白香皇女（仁賢娘）、目子媛（尾張連草香娘）、雅子媛（三尾君角折君妹）、広媛（坂田大跨王女）、麻績娘子《おみのいらつめ》（息長真手王女）関媛（茨田連小望女）倭媛《やまとひめ》（三尾君堅楲女）荑媛《はえひめ》（和珥臣河内女《わにのおみかわちのむすめ》）、広媛（根王女）の九人の后妃の名前をあげている。一方『古事記』では、妃になった順に七人を示し、荑媛を和珥氏ではなく、「阿部之波延比売《あべのはえひめ》」と表記して、阿部氏と結び付けている点と、関媛と最後の広媛に該当する妃が欠けている点が異なると思われる。このうち大和地域の皇族・豪族関係者としては、おそらく皇后の手白香皇女、茨田連小望娘、和珥臣河内娘が挙げられるだけで、尾張連草香娘の目子媛を筆頭として、近江地方を中心として、中部地方の豪族関係者の方が多い。(7)

こうした地方との関係をどのようにみるかで継体天皇および彼を皇位につかしめた勢力や、その勢力と大和政権との相互関係の把握が変化することになろう。特に目子媛の場合、手白香媛以前に婚姻関係のあった「元后」ともいわれ、安閑－宣化両天皇を産んでいるのに加え、彼女の出身の尾張氏は、その支配領域において六世紀前半に断夫山《だんぷやま》古墳（名古屋市）という、全長一五〇メートルの前方後円墳を築くほどの大勢力を持つ地方豪族である。他の近江・越前地域の豪族と比べると、中部日本の多くの地方豪族の中でも大勢力を持っていたと想定され、継体を推す勢力の中心にあったのでは、という想像が可能である。(8) 以上のような特異性を持ち、その正体が不明確である継体天皇が何ゆえに皇位に就くことができたか、その勢力基盤としての「越」は古代においてどのような地誌的特質をもっていたか、それが皇位継承にどのように作用したかなどが次の問題となる。

三 「越」の特徴

「越」は「高志」とも表記され、「こし」と発音される。一般的には越前、加賀、能登、越中、越後、佐渡などを包括する地域の総称と捉えられるが、律令制が成立する七世紀末以後には、越前・越中・越後の地域に限定されて使用されるようになっている。しかし、例えば古代の土器文様の特徴などからみた場合には、越前・加賀と能登・越中・越後・佐渡の両地域で明確な相違がみられ、自然的・地理的境界からみて「中部日本」を東西に分ける境界としては後者の方が妥当性を持つようである。それゆえに三分された地域設定は、律令制定後の便宜的なものと考えるべきであり、古代においては、越の字を直接含む地域とその周辺を意味する、上記の六地域を含む広範囲な呼び方がふさわしいと思われる。

その越に大和地方から行こうとする場合、淀川をさかのぼり、琵琶湖の北部から、現在の滋賀県北部の琵琶湖東岸を南北につなぐ形をとり、福井の今井町で北陸道につながる北国街道の山間地を通るか、敦賀へ出て海を行くか、これも険しい海岸線をたどりながら三国に出るしかない。北国街道の野坂山地の栃ノ木峠（福井と滋賀の県境に存在）のような峠の狭い道をふさげば、容易に大和と越との陸上での交通は遮断できること[9]を考えれば、敦賀からの海路でのつながりを用いる方がきわめて容易に移動可能である。

大和から越への出入り口にあたる地域のこうした地形的特徴が、越を地盤とする勢力が畿内・大和地方や瀬戸内との交流よりは日本海沿岸の海岸線に沿った交流や、日本海を越えた彼方の大陸との交流に向かわせた要因の一つと考えることができる。後述するように、現実に古代の「裏日本」世界には、北九州から北海道まで、密接なつながりを見て取ることができるのであり、その海岸線を経由する観点から、越の重要性を確認してみたい。

1　海岸線と船による交流

日本は四つの大きな島からなる国であり、その海岸線の延長した総距離は、大陸国である中国などよりもはるかに長い距離になる。同時に山地が海岸線近くまでせり出している地形も多く、そうした陸地から急激に海に落ち込む形の地形の場合には、古代の船では「港」としての利用が困難となる。

古代において舟が出入りする港として使用可能な地域の呼称としては、干潮時に地面や浅瀬が生じる干潟という意味を持つ「潟」、あるいは円形の浅い海の意味で、水上航路の中継所となっていた「湊」、そして海や湖の岸沿いで陸地に入り込んだ地形を意味した「浦」などが存在した。これらに共通するのは、外海に接して内側にくぼみ状に入り込んだ地形を持ち、その内部に浅瀬があるという点である。あるいは、水の流れがやむ浅瀬の意味を持ち、平らに伸びた海岸の浅瀬である「灘」や、浅瀬の船着き場を意味した「津」など、舟に関係する場所はすべて浅瀬を持っていた。「越」地域で考えれば江戸時代まで諸物資の集荷港として繁栄した敦賀と、明治以後軍港として繁栄した舞鶴とを比較すれば、日本において、近代以前と以後において要求されていた「港」の地形的条件の違いが分かるはずである。

古代においてそうした地形が必要なのは、古代の船は元来が丸木舟から始まったものであり、海岸線にそって移動する場合であれ、日本海を渡る船であれ、喫水の浅い平底に近い船が一般的であり、直接陸地に乗り上げるような形での船の着出が必要だったからである。したがって、明確な船着き場を持つ「津」においても、喫水の深い大型の船は基本的に沖合に停泊し、鎌垣舟のような川船に類した喫水の浅い艀で沖合の船に乗り移る形式がとられるのが普通であった。

例えば、京都府舞鶴市大浦半島にある浦入《うらにゅう》遺跡(10)から、原型では全長八メートルほどになると思われる六千年前の杉材による丸木舟が発掘されている。この遺跡のある浦入湾などが、北西から南東に伸びる砂嘴と東西から迫る山地を背景として、湾周一キロメートルほどの出入り口がやや狭まった円形の形状をしており、典型的な湊形式を持った地形である。同時に内部の浅瀬部分からは船着き場跡も発掘されている。

太平洋側の沿岸からほとんど発掘されていない大型の丸木舟(11)は、「裏日本」においては縄文時代中・後期を中心に、鳥取県の桂見遺跡、東桂見遺跡や福井県の鳥浜遺跡、ユリ遺跡など多くの地域から発掘されており、「裏日本」の縄文人による広域海上交流の存在が想像される。それは、前記のような地形を生じるのは、川が分流して海に入り、洲を形成しつつ陸地側に浅瀬を残すような場所や、やや遠浅で、陸地に並行して流れる海流が砂浜や洲を形成するような場所であり、そうした場所では、河口地域にある船着き場は、川をさかのぼって内陸に入る入口であると同時に、外海への出発点としての両面の意味を持つことになり、いずれにせよ対外的な開放性につながるためであろう。

そして、太平洋側と異なって「裏日本」側の海岸線は中国地方から少なくとも越地方までは、そうした湊・潟・浦として存在していたと考えられる地形が二、三〇キロメートルごとにつながっている。例えば、島根県から鳥取県にかけての海岸線でみてみると、宍道湖自体も含めて、島根半島西の付け根の神西湖、宍道湖、鳥取県に入って美保湾東端の淀江の潟などが二〇キロメートル前後でつながっている。そして中部の東郷池から東部の湖山池のような汽水池は、かつての湊・潟・浦が、海流が運ぶ土砂で埋まった結果、内陸部に汽水池として取り残されたと考えられるが、この二つの池の間の距離は約三〇キロメートルである。その程度の距離の場合は、数メートルの丸木舟用の船に乗り、乗り組んだ数人が櫓を漕いで一日で移動できる距離であると想定される。松木哲によれば、少人数で漕ぐ場合でも丸木舟は時速三～四キロメートルが可能であり、一日の移動距離は三〇～四〇キロメートルと推定できるからである(12)。

そして、海運の問題を継体天皇と結びつければ、彼の陵墓と推定されている今城塚《いましろづか》古墳(高槻市)からは、それまで銅鐸などに描かれていた舟とは異なり、二本のマストを持つ船の絵を上段に描いた円筒埴輪が出土している。こうした絵と船の記録は、越が継体天皇の時期に勢力を伸ばし、国内政治に積極的に関与する力を得た背景に、運輸、特に水運の重視とそれに基づく勢力の拡大(13)があったことを示唆していると思われる。

2 日本海をめぐる交流

▼環日本海の交流

古代において日本海に面した越がどの地方とどのような交流を行っていたかは、その文化の水準や特質を考える場合重要な点である。

「裏日本」という用語を本書で採用している意図についての詳細は「序章」を参照されたいが、

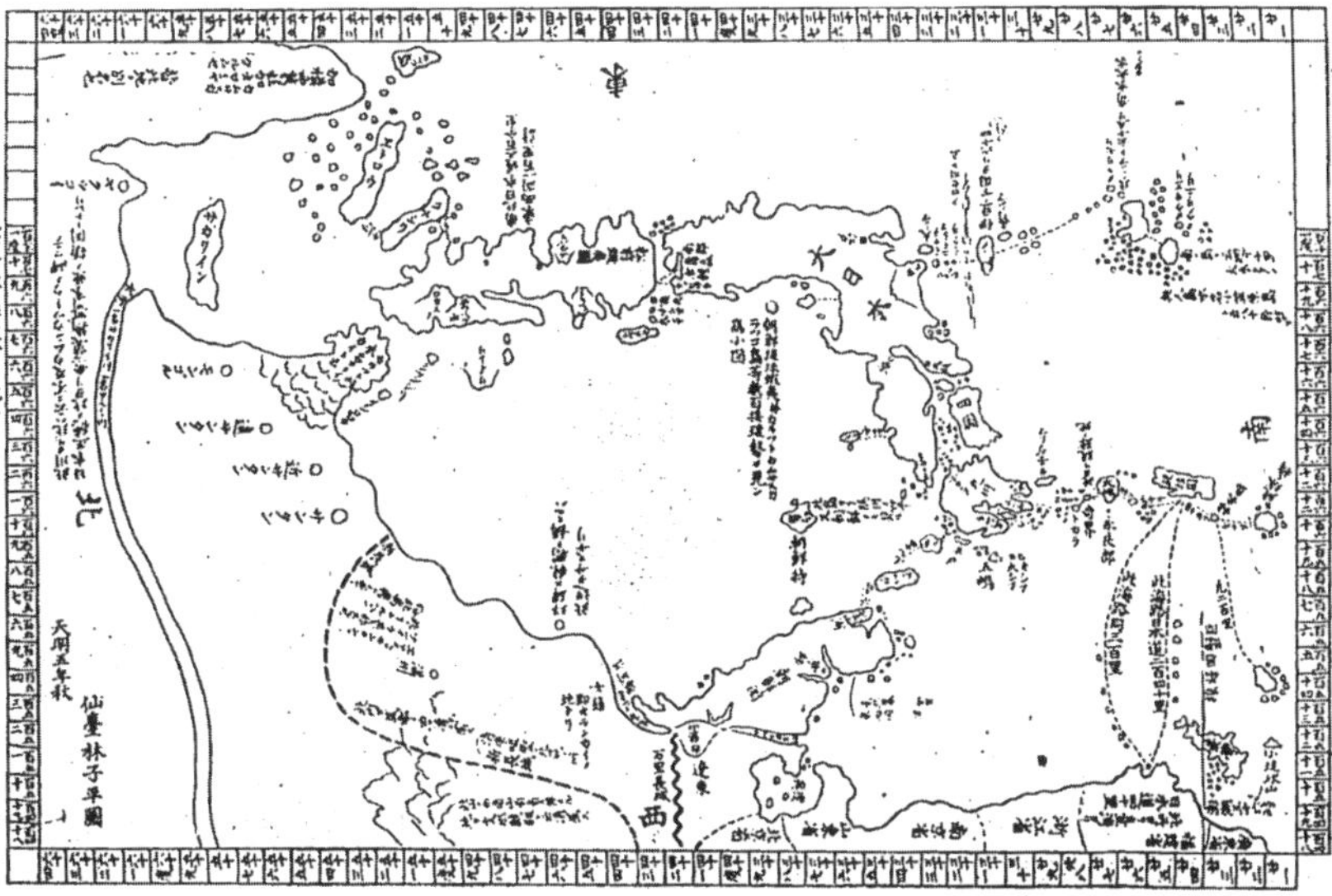

(6)　林子平の東洋全図　（六無斎遺筆所載）

明治以後、欧米との交流が国際社会での交流の主流となり、太平洋側を「表日本」、日本海側を「裏日本」と呼ぶ習慣が形成される以前、すなわち古代から江戸時代までは、日本海は、ちょうど上図のような地理的関係の捉え方において存在し、それはアジアにおいてはヨーロッパと北アフリカ、西アジア・小アジアが取り巻いて存在し、多様な世界の交流の場として存在していた地中海と同様の地位を占めていたと思われる[14]。すなわち、アジア大陸と千島列島から日本列島を経て南西諸島・台湾などに至る世界を媒介する位置を占めていたのであり、さらに黒潮・対馬海流などの暖流の北上する経路を考えれば、はるか南方からの文化の到来も念頭に置くべきである。

古代において日本海をめぐる世界の中心を占めていたのはもちろん中国であるが、その中国が形成していた「朝貢・冊封体制[15]」と呼ばれる国際関係も、決して中国側の圧倒的優位に基づいて形成されていたわけではなく、「世界の中心である我が王朝に朝貢する国が周囲にどれだけ存在するか」が、皇帝の徳やそれに示される王朝の権威を象徴的に示す、という側面もあったはずである。その意味で朝貢・冊封体制とは、朝貢をする側・される側が相互に権威づけを行うシステムとして存在していたと捉えるべきであろう。それは、古代の地中海交易において、海洋交易民族として有名であったフェニキアやギリシャの鋳造貨幣を保有することが、交易者としての権威を証明していたのと同様の効果と把握される。したがって、日本海をめぐる交流は初めから中国王朝をめざして行われたのではなく、石器時代から行われていた交流の活発化を、それぞれの国が利用して展開し、中国王朝中心の関係に落ち着いていったという前後関係において考えるべきであろう。

例えば、旧石器時代においても、日本有数の黒曜石産地である白滝産の黒曜石およびそれを原料とした楔型細石刃は、それを製造したいわゆる「湧別技法」とともに日本の北海道から本州の東半分に分布しているが、同時に四〇〇キロメートル以上離れたサハリンのソコル遺跡からも白滝産と目される黒曜石・石器が発掘されている。また縄文期の石刃鏃文化に属す遺物が北方ロシア・アムール川河口のマラヤ・カーバニ遺跡から発掘されている。こうした分布から、旧石器時代にすでに、東北アジア一帯、すなわち日本とロシア、沿海州、中国東北部等の海を越えたつながりが存在したことが想定できるのである[16]。

これらの地域における伝播は、北方であるため、必ずしも日本海の経由は必要としないが、時代を下って五、六世紀以後の大陸の靺鞨《まっかつ》文化から渤海《ぼっかい》文化との交流を考えてみた場合、稚内オンコロマナイ遺跡、礼文町香深井A遺跡などから出土された、鈴、鐸、帯飾、耳飾などは大陸系の特色を示しているし、特に香深井A遺跡から発掘された壺型陶質土器などは靺鞨・渤海系（中国東北部）の土器の特質をもっている。それらの大陸製遺物の発掘からは、日本海を横断する交流の可能性が示唆されている。さらに、五世紀前半とみられる丹後弥栄町奈具岡北一号墳からは、伽耶系陶質土器が発掘されていることなども、朝鮮半島から北陸地方へのルートが存在していたことを示している。

また、高句麗の好太王碑は、四世紀末ころから倭軍が渡海したことを記しているが、越の五、六世紀ころの古墳の副葬品の中にも朝鮮からの将来品と思われるものが存在する。例えば若狭地方では、福井県遠敷郡の向山一号・西塚・十善の森の三古墳から、そして越前地域では福井市天神山七号墳から、金・銀・金銅製の垂飾付耳飾や帯金具、銅鈴などが出土している(17)。

また、朝鮮半島・中国からの将来物としては、五世紀後半に造営された二本松山古墳（福井県吉田郡永平寺町）から、伽耶系と思われる金銅製の冠二個が出土しており、甲冑などとともに、祭司的支配者としてではなく、武人としての支配者のあり方を明確にしているが、軍事的支配者の地位の象徴といえる冠としては大和地域よりも早く用いられている点が注目される。

大陸と越との交流については、時代はさらに下るが、中国東北部に存在した渤海からは、七二七年から三四回の正使が来日している。その記録の中で、到着した場所が明らかなのは出羽の六回が最も多く、次いで能登、加賀、出雲、隠岐が各三回、越前、伯耆、対馬が各二回、若狭、但馬、佐渡、長門が各一回となっており、「越」への到来が多い。

あるいは、続縄文文化の時期にあたる北海道余市町の大川遺跡からは、渤海と同一のツングース系で、中国東北部から朝鮮半島を支配していた高句麗の産と推定される、透かしのある方形銅鈴が出土されるとともに、佐渡産と推定される管玉が出土している。こうした倭系・大陸系が混在する遺物の存在からは、北海道でいえば、小樽周辺を拠点の一つとする、日本海をめぐる交流の存在を指摘できるのである(18)。

そして同時期の、サハリン島から北海道北部・東部の沿岸地域、そして千島列島南部を中心としたオホーツク文化と呼ばれる海洋性文化では稚内オンコロマナイ遺跡や網走市モヨロ貝塚など倭系遺物も含めて広範囲の出自の遺物が発掘されている。そうした状況をみる場合、縄文後期から弥生期にかけての海洋交通は、かなり広範囲に展開されていたとみるべきであろう。

あるいは、『三国志』「魏書東夷伝」などの記述によれば、朝鮮半島南部の金海・釜山などは、日本海の交易ルートの拠点の一つであったと考えられ、多くの地域からの文物の渡来が確認されている。日本との関係が指摘されるものとしては、玄界灘を挟んだ朝鮮半島において、日本の古墳時代前期にあたる四世紀ころの古墳群である金海大成洞古墳群や釜山市福泉洞古墳群から、石材の産地から日本産とみなされる鏃形石製品、紡錘車形石製品などが出土し、甕、高坏、小型器台、小型丸底鉢などの赤褐色軟質土器は、日本の土師器等を模して半島南部で製作されたか、日本から持ち込まれた可能性が指摘されている。

そして、五世紀から六世紀にかけては、朝鮮半島を経由して、日本に土器・鉄器などの製作技術、土木技術、馬の飼育技術や乗馬技術、さらには墳墓の造築技術などの葬送に至るまでの様々な技術がもたらされることになる。

これらの交流の証拠の存在は、古墳時代には、かつての縄文期頃までの、丸木舟を櫂で漕ぎ、沿岸地帯に点在する潟をたどる沿岸航法からの発展がみられるようになっていることを示唆している。例えば鳥取市（旧青谷町）の阿古山二二号墳では、石室内部の壁に、櫂のほかに帆のようなものを備えているように見える線刻画が存在しており、造船技術の進歩もあったことが想像される。

こうした交流や航海の記録を日本側の資料から探せば、『日本書紀』欽明五（五四四）年の条に、北方海洋系の蝦夷の一部族である粛慎《みしはせ》人が佐渡の御名部の碕に住み着き、春夏に漁をしていた、との記述があり、日本海における移動と漁はこの時期には一般化しているとみなせる。また、同じく欽明三一（五七〇）年の条に、高句麗の使者が佐渡に来航したことが書かれている。その後の敏達天皇二（五七三）年と同三（五七四）年等にも日本海ルートを用いており、朝鮮半島ではなく、中国東北部からは、日本海ルートが一般的であったことが想像される。

これらの事実から想像できることは、日本海を舞台とする交流こそが、少なくとも古代日本の生活関連の様々な技術進歩の大きな要因であったということであり、古代日本の文化は、そうした大陸からの文化の受容と消化によって形成されたものであり、そうした交流による変容を離れた固定的な「日本文化」の存在を想定することは、実態とかけ離れているといわねばならない。

▼「裏日本」沿岸の交流

次に、いわゆる「裏日本」海岸沿いの交流としても、活発なものがみられる。先にあげた越前福井の向山一号墳は、本州では最も早く横穴式石室を備えており、さらに十善の森古墳（若狭町）などでは、その横穴式石室内に石板を立て、その上にさらに石を載せた石屋形と呼ばれる施設を持ち、大和地域の王家の石室形態とは異なる石室や石棺が用いられている。この形式は、越前・坂井市（椀貸山《わんかしやま》古墳）や能登（散田金谷《さんでんかなや》古墳）にも同様のものが存在するが、元来は北部九州系の埋葬施設として知られているものである。

同時に、時期的な差異はあるが、埋葬設備の類似性という点からみれば、出雲式の横口式石棺や陶棺の使用や埴輪の形態など、他地域の特色を備えた遺物を持つ古墳が多く存在することは、この時期の越地方が他の多くの地域とのつながりを持っていたことを示している。これらのことは、冊封体制と同様に、国内においても、その時々に勢力を増している氏族との関係形成が自己の権勢の維持と拡大にとって必要であったことを示していると考えられ、越と他地域との交流が盛んであったことの証でもあろう。

また、これは、墳墓形式としての伝播経路やその順序については確定できないが、出雲が出自と思われる「四隅突出型墳丘墓」[19]と呼ばれる墳墓が存在する。基本的には方形・長方形の四隅に突出部を持ち、斜面部分に石を貼り巡らせる様式を持っている。日本においては出雲を中心として石見・伯耆・因幡などに分布し、越地域でも石川県松任市の旭地区一塚、富山市杉谷四号墳、福井県清水町小羽山三〇号墳など、それに該当する形式の墳墓をみることができる。

そして出雲・山陰地方でいえば、大量に発掘された神将、菩薩、飛天等の壁画片で注目された鳥取県淀江町の上淀廃寺跡には、石人と石馬が存在するが、いうまでもなく石人と石馬は、六世紀の磐井の乱の主である筑紫の君磐井を埋葬したとされる福岡県八女市岩戸山古墳が有名であり、九州以外で発見されているのは淀江町のみである。

そして、項目のみを上げるならば、鳥取・長瀬高浜遺跡の玉造技法と佐渡の新穂との関連や、島根・古浦遺跡の硬玉製勾玉と上越糸魚川の硬玉との関連など、北陸と山陰との関係を示唆する遺物は多く存在する。[20]

こうした地域間の相互関係は、越が他地域との連携とともに朝鮮半島とも交流の独自のルートを持っていたことを示していると理解できる。それではこうした関係の存在は六世紀前後の日本ないし大和政権の在り方とどのような関係を持っていたのであろうか。

3　大和政権の国際的遅れと越の優越性

六世紀前後頃の東アジア国際関係からみた場合、三世紀の魏と邪馬台国との通交後、大和政権としては、『宋書』「倭国伝」にみられる「倭の五王」の記述に示されるように、五世紀には南朝との通交を選択することになる。こうした記述は、日本が中国の冊封体制の中に入っていたことを示しており、同時に認められてはいないが、五王のうち珍・済・武などは南朝鮮諸国・地域の軍事権の承認をも要求したことを伝えている。そうした要求の内容は、日本と朝鮮半島との関係のうち、朝鮮半島の『三国史記』が、五世紀に初めに百済や新羅が日本に対して王子を人質に送ったことなどを伝えていることに示されるように、日本の半島への軍事行動とその成果の、少なくとも一端を伝えていると思われる。例えば軍派遣の経験は「好太王碑文」の記述に明らかであるし、伽耶地域との同盟に類した関係の存在なども、同様に日本の朝鮮半島への進出意欲を示したものであると言えよう。

しかし、六世紀になると南朝との関係は五〇二年に記事があるのを最後に途絶える。一方高句麗は南北両朝に遣使していたが、この頃北朝との通交頻度が高まっている。百済・新羅も六世紀後半には北朝を重視するようになり、北朝に通交するようになる。

南北朝時代の後中国を統一する隋・唐は、もちろん北朝側の地域を地盤とする王朝であり、そうした南朝側の衰退と北朝側の台頭という、中国における南北朝時代の国際情勢の変化についていけなくなっているのが大和政権であるのに対して、朝鮮半島・高句麗との交流維持を背景にそうした変化にも対応可能だったのが、南朝鮮とも密接な関係を保っていた、越を含む「裏日本」＝日本海沿岸地域ではなかったかと思われる。そうした点にこの時期の「越」＝「裏日本」の優位性の背景が存在している(21)。

そうした国際関係分野を含む、古代における「越の優位性」について、以下では主として、古代においては持ち主の地位や権威を象徴する「威信財」として存在した、鉄と玉を中心に考察してみたい。

▼鉄の利用

古代、石器から青銅などの金属器への移行、そして鉄器の登場は大きな文明の発展を意味し、古墳への副葬品を見ても、「鉄」が富と地位の大きな象徴であったことは疑いない。継体天皇の時代前後、あるいは越地方を含む彼の周辺でその「鉄」が存在した根拠の一つに、福井市天神山七号墳から大量の鉄製刀剣が出土していることが挙げられる。あるいは、近江高島郡も継体天皇と関係が深いが、この地域の代表的な古墳である鴨稲荷山古墳から、金銅製の冠や金製の垂飾付耳飾などとともに、環頭大刀、鹿角拵大刀などが出土している。これらの鉄製品が日本において制作されたものならば、五世紀末には日本で製鉄の実績があったことになる。もちろん通説では、古代の鉄は、第一に朝鮮半島からの将来物というものであり、出土品にしても必ずしも越で生産されたものとは限らないが、少なくともこれらの地域が墳墓に副葬しても惜しくはないほどの多くの鉄および鉄製品を入手可能な立場にあったことは確実である。

そして、上記の高島郡には、近畿地方最古の製鉄遺跡とされるマキノ製鉄遺跡群が存在する(22)。それらを含めて、継体天皇の出自と関連がある地方では、鉄の存在や製鉄技術などの関連を見て取ることができる。

そして、近江からさらに南下した丹波地方の日本海側になるが、弥生前期末から中期初めと考えられている京都府中郡峰山町の高地性大環濠集落である扇谷遺跡では、近畿・山陰地方最古とされる板状鉄製品や鍛冶滓が出土している。さらにここで出土した鉄製品は砂鉄を原料としたものであることも判明している。そうだとすれば、弥生前期の終りには日本海側では零細な規模ではあるが製鉄がおこなわれていた可能性が出てくるし、小規模であればあるだけ、貴重品である鉄滓なども残さなかったと想像され、製鉄遺跡として残らなかったのではないかという想像も成立する。

日本における製鉄技術の確立過程としては、砂鉄を用いる踏鞴《たたら》製法と、後に朝鮮半島から伝来したと思われる鉄鉱石を用いる製法とが存在し、それぞれ西日本、東日本を中心に行われ、五世紀後半から六世紀ころに、それらの製法が近畿地方において交差し、両者が並立しながら製鉄技術が確立されていく、といった理解が一般的ではないかと思われる(23)。しかし、例えば兵庫県豊岡市出石町の入佐山三号墳の木棺の中から大量の砂鉄が見つかるなど、鉄関連の遺物はそれ以前から残されている。したがって、扇谷遺跡の環濠施設を、鉄製品をつくる製鉄所（や玉作施設）を守るための環濠と理解すれば、定説の想定する時期よりはるかに早い段階で、踏鞴製法による製鉄が「裏日本」沿岸の各地で行われていたと想定することが可能であろう。

さらに前述の鴨稲荷山古墳に関連して言えば、この地域は賀茂一族の支配地域である。彼らは倭鍛冶《やまとかぬち》と呼ばれる製鉄を生業としていた一族であり、その原料も近くを流れる鴨川から採取される砂鉄であったと想定されている。

このように、踏鞴製法関連の製鉄技術が弥生時代にさかのぼって存在しており、継体天皇自身がその製鉄技術や鉄製品と密接な関連を持っていたとすれば、近江地域の製鉄施設なども、越においても日本海を北上する形で伝播していた製鉄技術が、継体天皇の近江との関係の再形成や大和への進出過程でもたらされたものとの解釈も成立するように思われる。

以上のことを継体天皇期以後の国際関係と関連付けるならば、古代において日本への鉄供給の中心は朝鮮半島であり、特に大伽耶地域（現慶尚北道高霊）地域が日本との関係上からも中心であったと思われる。そして五六二年に新羅はこの地域を併合するが、それは新羅が鉄資源のほとんどを確保したことになると同時に、半島進出への足掛かりを失っていた当時の日本の立場からは、鉄の供給が断たれることを意味した。日本において、大々的に製鉄が試みられるようになるのはこの頃からであり、上でみたように、当時すでに製鉄技術を確保していたと思われる継体天皇とそれに連なる勢力の基盤は、鉄に関連する技術などにも存在していたのではないかということが指摘できるのである。

その意味で継体天皇以後の王朝を形成した「越」の政治勢力とは、鉄の力を背景としたものであったと言えそうである。

▼タマの生産

鉄のように武具・武器、あるいは農具の素材として富国強兵の基礎となるわけではないが、古代において重要な交易物として価値を持っていた「宝」に「タマ」がある。タマには、「玉」の字と「珠」の字があてられる場合があるが、両者の区別は一般的には陸上で入手されるものに対しては「玉」が当てられ、碧玉、瑪瑙、蛇紋岩、琥珀、そして翡翠等を加工して作られたものになる。一方、「珠」の字は主に海中から入手されるものに当てられ、真珠、珊瑚、貝類などを加工して作られたものを指すといわれる。

この玉を生産する場としての「玉作」は、縄文時代のものとしては「攻玉」などとも称されていたが、その遺跡は、縄文期のものとしては佐賀唐津の菜畑遺跡など少数しか見つかっていない。それが弥生時代から古墳時代にかけて急増している。「裏日本」沿岸でみても、弥生前期から主に碧玉などを加工したとみられる玉作遺跡が出現し、島根県松江の西川津遺跡、鳥取県羽合町の長瀬高浜遺跡などで見つかっている。その後北上が進み、弥生中期頃からは、滋賀県烏丸崎遺跡、野州市市三宅東遺跡と進み、越地方では福井県下屋敷遺跡、新潟県佐渡の新穂玉作遺跡などが存在している。

しかし、越地方の玉作遺跡として最も注目されるのは、新潟県糸魚川市の縄文中期とみなされる長者ヶ原遺跡である。しかもこの遺跡において特徴的なことは、縄文期から弥生期にかけて「玉」の一般的素材として用いられていた滑石、蝋石、蛇紋石、あるいは碧玉などとは異なり、翡翠の加工による玉生産がおこなわれていたことである。

翡翠（jade）は、古代の中国においては「玉」の代表とされ、金以上に珍重された宝物であったが、それは日本においても同様であり、三種の神器とされた「八咫鏡《やたのかがみ》・天叢雲剣《あまのむらくものつるぎ》・八尺瓊之曲玉《やさかにのまがたま》」のうち、曲玉（勾玉）の「瓊」は玉の代表としての翡翠を意味する。あるいは、『日本書紀』によれば、豊浦宮に滞在中の神功皇后は、海神から潮の干満を操る玉を得ており、『古事記』では潮涸瓊・潮満瓊と表記されているが、この瓊も同様である。(24)

本来の翡翠とは、硬度六・五から七度で硬玉（jadeite）といわれるものであり、緑がかったその色から生命の再生を促す力を持つ宝物とされ、秦の始皇帝の遺体もこれで覆われたとされている。しかし、それがいわゆる硬玉であったかどうかは確かではない。翡翠の名称は、もともとは鳥の「かわせみ」の雌雄それ自体を指していたが、その羽の色に類似した玉という意味で石の名称に用いられるようになったといわれる。外見上はほとんど見分けがつかない軟玉（nephrite）は透閃石・緑閃石であり、元来は別の鉱物となる。また、翡翠自体は蛇紋岩中に存在するが、蛇紋岩自体も緑がかった色をしており、コリアンジェイドなどと呼ばれて翡翠の代用品とされることもある。

日本においては縄文時代前期末ころから硬玉製の大珠が登場している。戦前においては、日本産の翡翠は存在しない、というのが定説であったため、それらはすべて海外からの将来品と解釈され、朝鮮半島や世界的な硬玉の産地として有名な北ビルマ（ミャンマー）のカチン高原などから渡来したもの、などの説も流されていた。(25)

しかし、一九三九年に、新潟県西頸城郡小滝村（現糸魚川市）の姫川の支流である小滝川中流地域で塊状転石の形の翡翠原石が発見（鉱物学雑誌に発見の発表がなされたのは一九四一年）されて以後、近くの青海町橋立地区でも発見され、現在では国の重要文化財に指定されている[26]。日本の他の地域でも、富山県の宮崎・堺海岸（いわゆるヒスイ海岸）、岡山県新見市の大佐山、兵庫県養父市、熊本県八代市泉町などで翡翠原石発見が相次ぎ、現在では約十ヶ所を数えている。

だが、これらの中で翡翠の加工施設を設けたのは、現在までのところ長者ヶ原遺跡と新潟青海町の寺地遺跡以外には発見されていない。この長者ヶ原遺跡は、全体が十三万平方メートルほどになる広大な遺跡であり、縄文式火炎土器の出土などでも有名であるが、縄文中期の玉作遺跡と考えられ、ペンダント様の装飾品にあたる大珠をはじめとする硬玉製の玉類、原石、加工具などが出土している。この地域での翡翠生産の最盛期は縄文中期以後であり、古墳時代中期まで継続されたと考えられる。翡翠自体はその時期に、長者ヶ原遺跡を中心とした半径三〇〇キロメートル地域の東日本を中心として全国で見つかっている。そして、その原石の分析によれば、ほとんどがこの地で生産されたものと考えられる。

このことは、この時期すでに糸魚川を中心として、陸路の長野－山梨－関東というルートや日本海沿岸を北上して北海道などに至る海上交易ルートが確立していたことを意味する。また、『魏志』「倭人伝」に記載されている、邪馬台国の女王壹與からの貢納物として「白珠五千孔、青大句珠二枚」が献上され、そのうち後者は翡翠のこととされていることなどから、国を代表する宝物としての扱いも確立していたことが想像される(27)。

以上のことから、縄文時代から古墳時代にかけて、越は翡翠の生産と交易によって、経済的に相当豊かな地域であり、威信財の供給地として、外交的にも重要な位置を占めていたことが想像されるのである。

しかし、六世紀以降になると越における翡翠生産は急速に衰える。ちょうど継体天皇が大和に入る前後から越地方では玉作自体が急速に衰え、玉作は、一時近畿地方へと移ることになる。その典型が五世紀末から六世紀前半にかけて短期間ながら大規模な玉作りを行った奈良県橿原市の曽我遺跡である。ここにはおそらく大和政権の意図に基づいて、全国から玉の各種原石が持ち込まれ、集中的に勾玉、管玉、丸玉その他の玉が加工生産されたと思われる。しかし、六世紀の後半から末頃には生産自体がかなり急速な形で停止されたと思われる。それは、発掘によって曽我遺跡からは、勾玉・管玉類の完成品、未完成品、原石を含めて数百万個を超える膨大な埋蔵量が確認されていることから想定できる。そして理由は不明であるが、この後、曽我遺跡ほどの大々的な玉作工房は姿を消し、翡翠自体も歴史の表舞台から姿を消すことになる(28)。

四　おわりに

これまでみてきた『記紀』の内容、あるいは考古学が伝える縄文後期以後の日本海をめぐる成果からみて、継体天皇という人物は、基本的には近江から越前に至る、越としては大和に比較的近い地域を地盤として登場し、その婚姻関係などからみて、尾張や美濃などの中部地方の地域首長・豪族との連携によって形成された勢力の代表という性格を持っていると捉えられる。

その勢力は、海運としては北九州から北海道を含む日本海沿岸の広域ネットワークを持ち、さらには日本海を越えた朝鮮半島・中国東北部とも直接の交流を持っていた可能性が存在する。そして内陸部に関しても、琵琶湖から淀川をつなぐ水上交通に関連するつながりを拡大し、陸上においても山越えで関東地域に至るルートを確保し、内外における交易に大きく関与していたものと考えられる。

さらにその勢力基盤には、当時の「威信財」として不可欠な、「鉄」と「タマ」という二つの重要資源を確保・管理できる立場にあったとともに、製鉄などの先進技術を確保するために大伽耶を中心とする朝鮮半島とのつながりも確保し、渡来人集団の受け入れや管理にあたっていた可能性も想定できる。

五世紀後半の日本における大和政権と各地の勢力との関係という点からみれば、稲荷山鉄剣銘や江田船山古墳出土の太刀銘が示すように、五世紀における日本各地の地域勢力の中には、『宋書』が記録する「倭王」らによる政権に対して、ちょうど倭の五王が南朝への冊封体制に入ったと同様に、「倭」政権への奉仕・貢納によって地域首長としての地位を確立しようとした例がみられる。しかし、大和政権と越・東海を中心とした中部日本の首長連合との関係については、後者が協力して継体天皇を送り出し、即位させたと理解するならば、継体天皇輩出の六世紀前後には、大和の氏族連合体と中部日本の広域首長連合体とは、ほぼ拮抗した勢力を持っていたと考えるのが妥当ではなかろうか。そしてその勢力基盤の大きな部分を「越」の航海術、製鉄技術、玉、特に翡翠の生産と供給が占めていたと考えられるのである。(29)

しかしその後、越から入った政権が安定した後、特に八世紀からは、東国は、越や関東をも含めて大和政権にとっては敵対勢力であり、征服の対象となっていく感が強い。これは、そもそも大和政権を形成した勢力が北九州や出雲、吉備地方など、強大な地方勢力と対峙する場合に、いったんその勢力を受容し、融合したのちに支配下に納めていくという手法をとっていたと解釈できることに関連するのではないかと思われる。同時に、結果としてそれが政治勢力の交代に繋がるにせよ繋がらないにせよ、大和に入った勢力に同行せずに地元に残った勢力との対立関係の発生、あるいはかつての首長連合の崩壊や、連合の組み替えに基づく新たな抗争関係の発生などの要因も考えられよう。

継体天皇以後の政権の場合は、朝鮮半島との国際関係の変化に基づく国内勢力の組み換えなどが、その後の磐井の乱などに繋がっていったと考えられるが、乱の鎮圧や欽明朝の直轄地（屯倉）の拡大などの経過からは、対抗勢力を服属させていく経過が読み取れる。しかし継体政権成立後の動向については本稿の趣旨とは異なるため、稿を改めたい。

皇位継承に関して、血統上、優位性どころかつながりの存在すら疑問視される継体天皇が、紆余曲折はあっても最終的に大和入りに至る六世紀初めからの大和政権をめぐる動向は、少なくとも当時の「越＝裏日本」（および中部日本の連合勢力）が、瀬戸内・北九州を含む大和政権と拮抗する社会・経済的勢力を持っていたことを示している。それがその後「中央政権」である大和勢力に従属、あるいは無視される形になっていく経過には、地域独自の特徴を放棄して中央政権へと同化していった結果としての、地域のアイデンティティの喪失、という問題を見て取ることはできないであろうか。例えば、かつてその優位性の根拠であり、六世紀まで神宝として珍重されていた翡翠が急激に顧みられなくなる状況や、威信財としての鉄生産が中央管理のもとにおかれていく状況に、その問題の兆候を見て取ることができる。

「裏日本」文化ルネッサンスを掲げることの意味は、そうした、中央集権体制の形成とともに生じる画一性を脱し、地域独自の存在意義を再発見することの意義を提示するとともに、明確な国境が存在しなかった古代において、現在とは比較にならないほどの劣悪な交通手段と技術のもとでも、日本海をめぐる世界が、その文化・文明に関して密接に関連を持つ世界を形成していたことの再認識にある。

序章でみたように、「裏日本」という用語が登場する経緯自体の中に、中央集権化に伴う中央－辺境の設定の意識が見え隠れし、それが表－裏の格差の再生産に繋がっていったことは無視できない。継体天皇即位前後の事情は、当時の越＝「裏日本」の重要性を再確認させるとともに、表－裏関係は恣意的な政策的意図によって形成される関係でしかないことを示唆している。地域の主体性の回復という意味での地域主権の再認識は、表－裏関係の再認識であり、表裏の再度の一体化としての全体性の回復可能性の認識にもつながるはずである。

現代はグローバル化を避けては通れない時代になっているが、経済的な世界の一体化をめざしたグローバル化は世界の経済的格差の拡大や金融危機などの問題を生じさせているのが現状である。単なる経済的グローバル化にとどまることなく、多様性を維持しつつ、世界の交流の拡大に至るという、理想的な文化的グローバル化の実現のためには、ローカルな文化や価値を維持したままで世界の他地域の文化に向き合い、ローカルな視点を保ちつつグローバルな世界と関係しうるという意味での「グローカル」な視点と志向を持つ必要があろう。「裏日本」文化ルネッサンスは、そうしたローカルな視点の回復にもつながるはずである。

注

（1）「越」あるいは後述するように「高志」は、地域的には越前、加賀、能登、越中、越後、佐渡などから構成される現在の北陸地方全体を意味していたが、七世紀末ころから整理され、八世紀初めの大宝律令制定後は、越前、越中、越後という行政区分上の地域区分が定着したとされる。一般的には中部地方の日本海沿岸地域の総称として通用していたと思われ、明治以後半ば蔑称的に「裏日本」と呼ばれた地域の一部にあたるが、もちろん当時にそうした含意はない。なお、「裏日本」の持つ意味と、その呼称を使用する含意については、序章を参照されたい。

（2）「天皇」の呼称は一般的には推古天皇ないし天武天皇以後、すなわち七世紀以後から用いられるようになったというのが定説であり、六世紀後半の人物に場合は大王（おおきみ・おほきみ）を用いるべきで、天皇の用語を用いるのはふさわしくないと考えられるが、「男大迹大王（『日本書紀』の記述で「おおど・おほどのおおきみ」の発音）・袁本杼命《おおどのみこと》（同『古事記』）・乎富《おほ》等大公王（同『上宮記』）などのなじみのない用語を用いることを避け、「継体天皇」の用語で統一する。

（3）五世の孫といえば、年数にして百年から百五十年という隔たりが想定され、その血縁関係の遠さから天皇家の「万世一系」を疑う場合、継体天皇の継承例は必ず持ちだされ、疑問の根拠とされる事例であるが、それだけではなく、『古事記』における「手白髪命（手白香皇女）に合わせて、天の下を授け奉りき」とされている部分も大きな問題を孕んでいる。それは、この手白髪命とは、前々代の仁賢天皇の娘であり、系統上は武烈天皇の姉か妹にあたる。したがって、もし皇位継承が、血縁関係の薄い男大迹大王と、女性ではあっても血縁の濃い手白髪命との婚姻成就が条件であったとすれば、それは系図作成上の原則からいって男系継承でなく女系継承への転換を意味することになる。そうである場合、血縁関係の薄さだけでなく女系への転換という点においても、天皇家の権威の根拠となっている神武天皇以来の「万世一系」は崩れてしまうことになる。明治時代に確立された「統治権を総覧する」天皇の権威の根拠は、「天壌無窮の神勅」に基づいて、神武天皇以来男系の万世一系として存在する系統の神聖性に存在していたのであるが、継体以来の系統形成に関して「女系への転換」を認めるとそうした権威は成立しなくなるのであり、その観点の是非の方が天皇制の系譜問題に関してはより重要な問題であると思われる。

さらに付け加えれば、皇位後継者は大伴金村ら、有力豪族の合議において選任されていることである。血統上の有資格者のうちだれを天皇とするかは、皇族らの意志ではなく有力豪族の合意によるという事実は、少なくともこの時期の天皇の権威が何に由来しているかを再考察させることにつながるように思われる。（拙稿「天皇制の変遷と現状－天皇の地位規定を中心に－」『仏教経済研究』三七号、駒澤大学仏教経済研究所、二〇〇八年、参照）

（4）三王朝交代説は、崇神天皇以前の九代までの天皇については、『古事記』に崩御年の干支を示していないゆえに、実在性が疑われ、崇神天皇こそが初代の大和政権の支配者であるとする把握に基づく。

（5）こうした水野祐の説に加え、一九五八年に発表された直木孝次郎の説によれば、継体即位関連の記述と神武天皇東征関連の記述との類似性に着目し、継体天皇を、（即位に至るまでの二〇年間に及ぶとされている）動乱を制し、新王朝を創始した、と論じているのも王朝交代という点からは同一の立場に立つと言える。（『日本古代国家の構造』青木書店、一九五八、参照）また、山尾幸久のように、水野説では具体化されていなかった継体の出自を、岡田精司の指摘を受け継ぎ、近江の息長一族に設定した上で、継体が中部日本の諸豪族連合の盟主として存在しており、その勢力と大和政権の一部勢力とが同盟・吸収した結果の即位であると主張し、権力体制の変化は認めるものの、大和政権内部での勢力分裂による王朝の性格の変化という観点を強調している。（『日本古代王権形成史論』岩波書店、一九八三、参照）このように、継体新王朝説に関連する議論は、戦後長く展開され続けているが、それが明確な王朝交代であるか否かはともかく、そこに大和王権の大きな性格の転換を見て取ることは可能であろう。その転換と「越」との関係については後に考察する。

（6）継体が安閑に譲位したのちに亡くなり、当日に即位したという記述は、一般に先帝の崩じた翌年を即位年とする慣例からは、ありえない経過となり、信頼性を欠くことになり、そうした「混乱」を想像させる記述の存在が王朝並立説につながることになる。

（7）三尾氏からは、雅子媛、倭媛の二人が存在するが、この三尾氏を近江出身とするか越前出身とするかで論争があり、現在決着がついていないが、「中部地方」というくくりは可能である。（米澤康『北陸古代の政治と社会』法政大学出版局、一九八九、参照）

（8）赤塚次郎は、濃尾平野の古墳群の造営の広がりや規模が、継体天皇の他の妃らの出身地（近江・越前など）と比較して、圧倒的優位にあることから、継体天皇を擁立した中心的人物を尾張連草香と断じている。（「尾張の土器と埴輪」、『継体天皇と尾張の目子媛』網野善彦・門脇禎二・森浩一編、小学館、一九九四、参照）また、『記紀』によればヤマトタケルの妃となった美夜受比売《みやずひめ》（『日本書紀』）や応神天皇の二人の妃（『古事記』）などを代表として、尾張氏が多くの后妃を出しており、大和政権とのつながりも想像される。

（9）前述したように、六世紀にその地域出身の天皇を迎えたにもかかわらず、八世紀以後の大和朝廷は、なぜか中部地方以北を敵視する政策に出て、蝦夷とみなして征伐の対象とする。その時、滋賀・福井県境の愛発《あらち》の関などは、畿内と北方とを分つ要衝として効果的な存在となる。

（10）この浦入遺跡からは、火力発電所建設計画に伴って発掘が行われた結果、湾周約一キロメートルの約五分の一を占める大規模な製塩施設も発掘されている。この遺跡は時代的には奈良時代から平安時代のものと考えられるが、若狭湾沿岸地域は一般に、瀬戸内地方と並んで塩づくりの盛んな地であったことが知られている。同時に、塩の輸送は製塩に用いた土器ごと輸送されたと考えられており、輸送効率から考えても「湊」と場所を接しているのが当然であろう。また、生活上の塩の重要性は非常に高く、戦国時代の上杉謙信－武田信玄間の戦いと、謙信側からの塩の贈与の伝承等を待つまでもなく、内陸部・山間地域にとって塩の確保は重大な意味を持つ課題であった。内陸にある大和地方においてもそうした事情に変わりはなかったはずであり、瀬戸内とともに塩の供給源として越の重要性は古代から存在したはずである。

（11）丸木舟は、楠、タブノキ、樅、杉、松などの原木を、鉄器のない時代には、延焼させたくない部分にはあらかじめ泥などを塗った上で、横倒しにした木の上でたき火をし、炭化して柔らかくなった部分を石斧などで削り取って作ったと考えられる。大きさは全長数メートルから最大で一〇メートル程度のものが考えられている。

サンスクリット語で丸木舟を「カノー」と言い、それがカヌーの語源とされるが、日本の地名で狩野、叶野、軽野、枯野等の名称が残る地域では楠が多くみられたという。『日本書紀』には素戔嗚命《すさのおのみこと》の子の五十猛命《いさたけるのみこと》が舟材にするための楠や杉の木の種を熊野に伝えたことが記されているが、一本の楠をくりぬいて造った熊野諸手舟は、朝鮮遠征や蝦夷征伐等の際の海洋航海用とされており、丸木舟が日本海横断航海などにも用いられていたことが推定できる。楠は、杉などと較べて重いが堅く、海水に浸かっても腐りにくく、水が入ってもそれ自身の浮力で沈むことはなく、外海を乗り切る船には適していたとされる。

そしてその楠は南方原産とされるように、丸木舟も南方から製造法が伝わったと考えられている。沖縄の伝説では海から流れ着いた三日月形の物体をまねて舟を造り、それで海上を移動していたが、それが大波に流されて隣の島に流れ着き、それをまねて作った船により相互の交流が始まる、という形で丸木舟製造法の伝播や海上交通の発生が語られている。現在でも沖縄ではサバニと呼ばれる喫水の浅い小舟が使用されているが、二〇年ほど前までは、丸木舟の伝統を継承した木製のサバニが製造されていたと聞く。そしてその製造過程では、原木の伐採から始まってひとつひとつの工程ごとに神事が行われ、しかもそれがポリネシアの習俗との類似性を持っていたとも伝えられている。海を通じての文化伝播の幅広さを物語る伝承である。同時に、そうした小型の船では海洋資源の大量の獲得は不可能であり、「持続可能」な資源利用という点でも重要な意味を持っていたと考えられる。

(12) 朝鮮半島から対馬までは約六〇キロメートルの距離であり、晴天の夜漕ぎだせば翌日の夕方には到着できる距離にあたる。比較的波が穏やかな夏の日本海では、海流の流れを加味すれば、朝鮮半島から対馬、越地方までの渡海は決して不可能ではないと想定できる。(『日本の古代3　海をこえての交流』中央公論社、一九八六、参照)そして、『日本書紀』の垂仁天皇紀の中に、「一に云はく」として、敦賀の地名の起源であり、大伽耶国の皇子とされる都怒我阿羅斯等《つぬがあらしと》が長門を経由したのち、「嶋浦につたよひつつ、北海より廻りて、出雲国を経て此間に至れり」という伝承が書かれている。日本海(北海《きたつうみ》)を島伝いに渡り、日本海岸の潟・湊を伝う航法がよく示されていると言える。

なお、ここで北海と記されている海に対する「日本海」という呼称は、一般にロシアのクルーゼルシュテルンが文化二（一八〇四）年に長崎から帰国したのちに執筆した『世界周航記』に始まるとされているが、上田正昭は、『論究・古代史と東アジア』（岩波書店、一九九八）の中で、延享年間（一七四四〜四八）に蘭学者の山本才助が執筆した『訂正増訳采覧異言』で、太平洋を東日本海と呼びつつ、日本海という呼称を採用していることを指摘している。

(13) 継体天皇即位受諾に際して仲介の労を取ったとされる河内馬飼首荒籠は、戦闘能力の要としての騎馬との関係から、軍事力との関連が想定されるが、当時淀川のような大きな川では、馬が、川沿いに上流に向かって舟を引く「引き舟」にも使用されていたことなどを考えれば、その勢力地盤や「馬飼」という名前から、馬の飼育や使用によって淀川水系の運輸関連に従事していた人間であり、そうした関係から継体と旧知であったとも考えられる。さらに付け加えれば、大和を中心とする畿内が勢力を伸ばしたのも、古代から商都として栄えた難波の津を背後に持ち、瀬戸内海の水運を管理・掌握しえたことが関連しているはずである。

(14) 林子平による「東洋全図」は、日本列島、朝鮮半島、沿海州によって日本海を取り囲む状況を明確に示しているが、富山県の企画に基づいて日本地図センターが編集して作成した、日本列島を大陸の上部に置き、富山を中心に二五〇キロ、五〇〇キロ、千五百キロの同心円を描いた「環日本海諸国図／富山中心正距方位図」も、そうした地理的関係に対する独自の視点を念頭に置いて作られたと捉えられる。そして、この地図は、日本列島によって形成される日本が孤立した島国ではないことを深く印象付ける点において、大きな意味を持つものである。

(15) 冊封体制に関して詳しくは、第三章の内容を参照されたいが、朝貢・冊封体制とは、歴史的・概念的には前漢時代に導入された郡国制によって、周辺諸国（の国王）も中国皇帝に従う存在として扱うことが、中国王朝の中央集権体制と矛盾しなくなったことで成立した国際体制であり、一九世紀にアジア諸国が欧米列強の植民地となり、清朝の権威が相対的に低下した時期まで継続された中国を中心とした国際体制である。三章にあるように、日本なども後漢の光武帝から「漢委奴国王」の称号を受け（五七年）、その後も卑弥呼による「親魏倭王」（二三九年）の時期や、南北朝期の南朝宋・斉・梁から王の称号を得た讃・珍・済・興・武の「倭の五王」などが冊封体制に入っていた初期の形であるとみなせる。近代以後でも、清朝に対しては、インド・ムガール帝国と日本以外の周辺アジア諸国は冊封体制に組み入れられていたとされている。また、「朝貢」とは、概念的には、冊封体制に入らない国との交易を原則として認めなかった中国王朝との交易をおこなうための貿易形態として、貢物とその返礼としての下賜物の交換という形式で物品の交換が行われていたのであり、その点で冊封体制と一体である。

（16）藤本強『もう二つの日本文化』ＵＰ考古学選書、東京大学出版会、一九八八、加藤晋平『日本人はどこから来たか』岩波新書、一九八八、等を参照。

（17）このうち、西塚古墳は、若狭地域の首長級のものとされるが、『日本書紀』雄略天皇紀には、膳臣斑鳩、吉備臣小梨、難波吉士赤目子らが高句麗に攻められた新羅を救援するために派遣されたことが記されているが、膳臣が若狭の大首長であるとする定説に従えば、そうした倭の軍事行動に関する経緯と朝鮮からの将来品の存在とが合致することになる。（中司照世「古墳時代」『図説発掘が語る日本史（東海・北陸編）』新人物往来社、一九八六を参照）

（18）大場利夫・大井晴男編『香深井遺跡下』東京大学出版会、一九八一、木村英明『文化のクロスロード』、小嶋芳孝「蝦夷とユーラシア大陸」『古代王権と交流1　古代蝦夷の世界と交流』名著出版、一九九六、若月義小「北東アジア国際関係史における列島北部地域の実像－七、八世紀を中心に－」『京都経済短期大学論集』３－２、一九九六等を参照。

(19) 上田正昭は、この「四隅突出型」と呼ばれる墳丘墓の形態のルーツについて朝鮮半島・高句麗にあると示唆している。(『日本古代文化の接点を探る』小学館、一九八二) その説に従うなら、大陸ないしは朝鮮半島から出雲へと伝わり、そこから日本海岸沿いに伝播していく流れを想定できる。

(20) もちろん越は日本海沿いの他地域とのみ関連を持っていたわけではない。例えば、継体天皇の妃の目子媛の出身である尾張とは、弥生時代に東海系の土器が越に伝わっていたり、六世紀前半の古墳から尾張系の埴輪が出土されたりしている。さらに継体天皇陵と目されている今城塚古墳の後円部の形は、尾張の断夫山古墳などと同様に、先端が剣菱状になっている。その他、越と他地域との関係を語るものは多く存在するが、本稿では、「裏日本」＝日本海側との関連に限定して取り上げている。

(21) しかし、こうした越の優位性は、継体天皇の即位後はなぜか失われ、その後継体から欽明にかけて、伽耶地域が衰退に向かう時期には、国内においては磐井の乱などの混乱が生じ、そうした混乱の中で半島においては伽耶の滅亡（新羅による征服）以後、半島での足掛かりを全く失う方向に展開していく。ただし、そのことが大陸・朝鮮文化との断絶を意味していたわけではなく、短期的にはむしろ、滅亡した百済などからの渡来人の増加などにより、大陸の技術・文化の影響は増大したことが考えられる。

(22) 森浩一「鉄と稲の渡来をめぐって」『日本民族文化体系３　稲と鉄』小学館、一九八三、参照。
また、継体天皇は男大迹王と呼ばれ、その「おほど」という名前の中にある「ほと」に対して

「火処・火床」をあて、鍛冶の炉の意味を付与し、継体天皇自身が鍛冶＝製鉄王であったという解釈も存在する。その背景には、例えば尾張氏は火明命《ほのあかりのみこと》という製鉄の神を祖先としており、息長氏にしても、その名の由来はふいごなどで強く長い風を送ることを「息が長い」と表現したとされている。そしてその地盤も『続日本紀』に八世紀のこととして示されている「近江の国の鉄穴（鉄鉱山）」の勢力範囲に属しているなど、継体天皇と婚姻関係を結んだ氏族の多くが、何らかの形で「鉄」と関係を想像できることにある。

(23) 真弓常忠『日本古代祭祀と鉄』学生社、一九八一、参照。

また、朝鮮半島で製鉄が盛んだったのはかつて辰韓と呼ばれた慶尚北道一帯の山地であるといわれ、後の新羅にあたるが、『日本書紀』の補足では、素戔嗚命が高天原から根の国に降りた最初の地が辰韓の地だとされている。そののち、素戔嗚命は出雲に落ち着き、その地が踏鞴製法の中心となる、という点を重視すれば、踏鞴製法も「韓鍛冶《からかちぬ》」がもたらしたものと捉えられる。

(24) 海神は女神の場合もあり、海幸彦山幸彦伝説の山幸彦も潮の干満を操る珠を豊玉姫から与えられている。これらの伝承から、豊は海の幸を象徴し、同時に翡翠は海神とそれがもたらす豊穣を意味する神宝と捉えられていたと考えられる。その際、陸上で産する翡翠が海神の宝とされたのは、ヒスイの原石が陸上で掘り出されて入手されたのではなく、上流から川を運ばれた転石が海に流れ込み、標石となって海中から採取される宝石であったからと推測される。その意味で翡翠は、玉であると同時に珠でもあったのである。なお、「豊浦宮」とは、豊御食炊屋姫《とよみけかしきやひめ》である推古天皇の宮と同名であり、彼女の周辺の皇族や、蘇我氏を含む関係者の中には「豊」の名を用いているものが多い。海のない飛鳥でこうした名前を付けたのは、彼らが翡翠とともにヤマトにやってきた継体天皇の系統であることの表れであろうか。

(25) 朝鮮半島は軟玉の産地ではあるが硬玉の産地はなく、カチン高原の翡翠は硬玉ではあるが、一七〇〇年頃に中国人が発見して清朝に持ち込んだものとされ、いうまでもなく古代のものとは時代的な齟齬があるし、それ以前のものでは軟玉が多いとされている。

(26) 糸魚川市に流れ込む姫川は『万葉集』などの歌でも翡翠と関連のあるものを見出すことができ、「沼名川」などの名称で登場するが、この「ヌナカハ」はもちろん糸魚川市一宮の奴奈川神社の祭神奴奈川姫に由来している。この女性は、『古事記』には名前が登場しないが、『先代旧事本紀』には、出雲の国譲りに際して最後まで抵抗し、日本海側を敗走した後に長野の諏訪大社に祭られることになった建御名方神《たてみなかたのかみ》の母、すなわち八千矛神《やちほこのかみ》（大国主神）と高志の国で結ばれた女性として登場しており、高志（越）と出雲との関係の深さを想像させるが、そのヌナカハ姫については、詳しくは第一章を参照されたい。

(27) 藤田亮策・清水潤三『長者ヶ原』糸魚川市教育委員会、一九六四、木島勉・山岸洋一・寺崎祐助『長者ヶ原遺跡―縄文時代北陸の玉作集落―』同成社、二〇〇七、等参照

(28) 翡翠に限らず、勾玉も、曽我遺跡から完成品が出土していることからもわかるように、その後使用される頻度は低下していく。その理由は、例えば仏教伝来以後、それ以前の祭祀的意味合いを持つ装飾品が使用されなくなり、例えば数珠などに用いられる丸玉などは別として、勾玉などの需要が減ったことや、国際関係の変化を反映して、六世紀以後は新たな渡来系技術者が従来とは異なる装飾品技術などを伝えるようになったことなどが指摘されているが、定説は存在しない。

(29) このほか、例えば越前地域では、九頭竜川下流域の洲地域を中心に、イネの栽培などが盛んに行

われていた可能性や、越地域全体として、同様の洲を備えうる大河が多かったことなどを背景に、五、六世紀以後に米の生産が拡大したと想定されること、加えて、前記した浦入遺跡の塩生産に代表されるように、鉄や翡翠等の威信財だけでなく日常生活における米・塩などの必需品の供給においても越が発展する余地を持っていたことなども、古代における「越＝裏日本」の優越性の根拠に含みうるはずである。

参考文献（本文・注において触れなかった主な参照文献を以下に記す）

『日本思想体系　古事記』岩波書店、一九八二
『日本古典文学大系　日本書紀』上下、岩波書店、一九六五、一九六七
井上光貞『天皇と古代王権』岩波書店、
まつおか古代フェスティバル実行委員会『継体天皇と越の国』福井新聞社、一九九八
森浩一・門脇禎二『継体王朝』大朽社、二〇〇〇
枚方市文化財研究調査会編『継体天皇と渡来人』和泉書店、二〇〇〇
水谷千秋『継体天皇と古代の王権』和泉書店、一九九九、『謎の大王　継体天皇』文春新書、二〇〇一
白崎昭一郎『継体天皇の実像』雄山閣、二〇〇七
佐々木孝明・大林太良『日本文化の源流―北からの道・南からの道―』小学館、一九九一
門田誠『海からみた日本の古代』新人物往来社、一九九二
小林昌二編『古代王権と交流３　越と古代の北陸』名著出版、一九九六

鈴木靖民編『日本の古代史2　倭国と東アジア』吉川弘文館、二〇〇二
山尾幸久『古代の日朝関係』塙書房、一九八九
鈴木真夫『古代の倭国と朝鮮諸国』青木書店、一九九六
田中史生『倭国と渡来人 - 交錯する「内」と「外」』吉川弘文館、二〇〇五
奥野正男『鉄の古代史 - 弥生時代』『鉄の古代史2 - 古墳時代』白水社、一九九一、一九九四
藤田富士夫『玉とヒスイ - 環日本海の交流をめぐって』同朋社出版、一九九二
寺村光晴『日本の翡翠 - その謎を探る』吉川弘文館、一九九五
小林達男編『古代翡翠文化の謎を探る』学生社、二〇〇六

第五章　「裏日本」と韓神信仰

一　「裏日本」と「表日本」

「裏日本」の範囲の詳細については、本書・序章に譲る。ここではあくまで本稿を進めていく上での予備知識として、まずは軽く「裏日本」の地理的範囲を概観しておきたい。そして次に、本稿の大まかな内容と流れを述べたいと思う。

広辞苑では「裏日本」について以下のように説明されている。

うら－にほん【裏日本】
本州の、日本海に臨む一帯の地。冬季降雪が多い。明治以降、近代化の進んだ表日本に対して用いられ始めた語。

（広辞苑　第六版）

この説明からも分かるように、「裏日本」とは、「表日本」に対する、いわゆる「近代化」の遅れを含む語と言うことができる。その地理的範囲は、新潟県・富山県・石川県・福井県・鳥取県・島根県とされ、場合によっては青森県・秋田県・山形県が含まれる。また日本海に面する地域を有している京都府北部・兵庫県北部・山口県北部も「裏日本」に含まれることがある。

「裏日本」という言葉は、この「裏」という表現が侮蔑的な響きをもつということから最近ではほとんど使われることはなくなった。「裏日本」という表現は、テレビでは放送禁止用語になっており、「日本海側」と言わなければならないらしい。しかし、本来、この「裏日本」という言葉は、決して差別的な意味を含むものではなかった。

「裏日本」という言葉は、地理学者の矢《や》津《づ》昌永《まさなが》（一八六三〜一九二二年）が、その著作『中学日本地誌』（一八九五年）において初めて用いたと言われている。その「地體構造《ちたいこうぞう》」の項に、以下のように記されている。

我日本全躰の地形は西北なる日本海を抱て弓形に彎曲《わんきょく》し南東なる太平洋に向て擴出《かくしゅつ》せり故、又日本海に濱する方を内面或は裏日本と云ひ太平洋に面する方を外面或は表日本と云ふ。表日本は地躰の表面に屬《ぞく》し多く水成岩を以て組織し裏日本は交錯せる地層より成り著しく火山に富めり是れ内外面に於て相異なる所なり。(1)

ここで矢津は、太平洋側と日本海側の地形の相違を述べている。矢津は「裏日本」という語を、純粋に地理的用語として用いていたのである――つまり、首都である東京を玄関口であるとして「表」とした場合、自然と日本海側が「裏」となる――その程度の意味であった。決して最初に見た（広辞苑に見られる）「近代化の進んだ表日本に対して用いられた語」、特に「近代化」の遅れを含む差別語として用い始めたのではなかったのである。

しかし、それが次第に「近代化」の遅れを表す言葉として定着していく。その理由として、明治時代に行われた殖産興業や鉄道・港湾などの設備投資が太平洋側に集中し、日本海側にはあまり行われなかったということが挙げられる。なぜ、日本海側にはあまり投資が行われなかったのか。その最も大きな理由として、幕末の開国以降、特に欧米との貿易が盛んになり、太平洋側に大型船が入港できる港を整備する必要性が急激に高まったことが考えられる。一方、日本海側の港では、土砂の堆積が起りやすい河口の港が多く、港湾の拡張や維持に多額の費用がかかるため、太平洋側に比べて非常に不利な条件にあった。また、太平洋側に比べ、日本海側の港は海底が浅いため、大型船が入港しづらかったことも理由として挙げられる。

「裏日本」は港湾だけではなく、軍事整備、教育機関整備なども「表日本」に対し、遅れをとった。

近代の軍制は、明治時代初期（一八七一〜一八八八年）、東京・仙台・名古屋・大阪・広島・熊本の六つの鎮台が設置されることによって形成された。鎮台はその後、師団へと改組される。「裏日本」に最初に置かれた師団は、金沢の第九師団（一八九八年）のみであった。また、各種の軍事工場は「表日本」を中心に整備されていった。その後、新潟の高田に第十三師団が置かれたのは、日露戦争後の一九〇八年のことであった。

一八八六〜一八八七年にかけて、東京に帝国大学と高等師範学校が設置された。高等中学校は東京・仙台・京都・金沢・熊本に設置されている。日清戦争後・日露戦争前には特に欧米諸国に追いつけ、追い越せといったムードが高まる中、官立の高等教育機関が、太平洋側に二〇校あまり設置されることになる。一方、「裏日本」には金沢に二校設置されたのみだった。新潟は、一九〇〇年の第六高等学校の誘致では岡山と争い敗れ、続く第七、八高等学校の誘致にも失敗した。新潟に初めて官立の高等教育機関として新潟医学専門学校（後の新潟大学医学部・同付属病院）が設置されたのは一九一〇年のことであった。

欧米志向の「近代化」に伴う港湾・軍事・教育・交通整備などが、「表日本」を中心に進むにつれて、日露戦争後には「裏日本」という言葉は次第に様々な設備投資の遅れ、「地域格差」を含むものとして定着していくことになった。

太平洋戦争後、日本の最大の貿易国がアメリカになったことで、日本の「表玄関」は完全にアメリカ側、つまり太平洋側になった。一方、日本海側は、ソ連・北朝鮮といった日本海に面した国々の「脅威」のため、特に「対立」と「緊張」の場として認識されるようになっていった。もう一つ挙げるとすれば、「迷惑施設」などと揶揄されることもある「原子力発電所」の乱立が、日本海側、特に若狭湾を中心に見られることなども、「裏日本」を危険な場としてイメージさせる要因になっているように思われる。このようにして「裏日本」は、完全に「暗いイメージ」を付されてしまったのだ。ここに、「表日本／裏日本」の構造が確立されたのである。

日本の欧米化が進む前、明治時代に入るまでは、「表日本」文化と「裏日本」文化は、それぞれの別の役割を担いながらも、つながっていた。それは船、特に近世以降は「廻船（沿岸航路で旅客または貨物を輸送する船）」の活躍によるところが大きい。「北前船」などの「廻船」が「西廻り」あるいは「東廻り」に航海し、各地に寄港することで、それこそ日本全体を包み込むように、「表日本」文化そして「裏日本」文化をバランスよく成り立たせていた。つまり、両者間には現在ほど大きな断絶や優位・劣位概念経済格差はなかった。

現在は、東京や横浜、大阪など、いわゆる「表日本」が海外からの玄関口であることは間違いない事実である。しかし、古代においては、「裏日本」こそが日本の「表玄関」であった。出雲、あるいは能登・越後を中心とした北陸地方には、大陸からさまざまな文物（例えば、金銅製の冠帽、角杯土器、環頭大刀など）が入ってきた。日本海を渡ってきた渡来人たちは、「裏日本」地域に様々な最新技術や情報をもたらした。「裏日本」は、大陸の技術や情報などを直に受け入れていた最先端地域だったのだ。逆に、大陸から直線距離にして最も遠かった現在の東京辺りは、古代においては特に鄙びた地域であったと考えられる。「裏日本」文化は、大陸からの渡来人の影響を濃厚に受けてきたことは自明である。故に、渡来人との関係なしに「裏日本」文化を語ることは決してできない。

二 「韓神信仰」とは

最新の技術や情報と共に、大陸からは、それまでの日本には無かった「信仰」がもたらされた。いわば、渡来人と共に「神」も日本に渡ってきたのだ。渡来人が信仰した神を総称して「韓《から》神《かみ》」と言い、その「信仰」を「韓神信仰」(2)と言う。事実、「裏日本」の各地には「韓神神社」と称する神社が多く存在する。例えば出雲には、その名も「韓神新羅神社」(島根県太田市五十猛町)がある。因みに出雲《いずも》という地名は、古代朝鮮語の「アザム(親戚)」が由来であると言われている。

では「韓神信仰」とは、具体的にどのようなものなのか――これを明確に定義するのは非常に難しいことである。仏教なども広い意味では「韓神信仰」になるのかもしれない。しかし、仏教のように国家レベルで受け入れ、広まった宗教・信仰とは別に、民衆レベルで根強く信仰されたもの、特に「裏日本」地域において、人々の生活に密接にかかわり合いをもったもの、しかも明らかに大陸・半島（中国・朝鮮）における信仰と類似しているものを、ここでは「韓神信仰」と呼びたい。現在の日本においても、朝鮮半島、中国においても、「韓神信仰」そのものとしての信仰は存在しない。しかし、現在の日本において、その片鱗・面影を残す信仰は存在する。信仰に伴う踊りや音楽（舞楽）にもそれらを見ることができる。

「韓神信仰」の影響が色濃く認められるものとして、例えば「白山信仰」が挙げられる。「白山信仰」と言えば、我々はまず泰澄大師（六八二〜七六七年）を思い浮かべるが、泰澄大師は渡来系氏族・秦氏の出と言われている。因みに秦氏の「ハタ」は朝鮮語の「海」を意味する「パタ」と通じ、このことから秦氏が海の向こうの大陸・半島から渡来した氏族であると考えることができるとも言われている。

また『万葉集』においても『古今和歌集』においても「白山」は、「ハクサン」ではなく「シラヤマ」と読まれている。勿論「シラ」とは、朝鮮の「新羅」を語源とする。

栲衾《たくぶすま》白山《シラヤマ》風の　寝なへども　子ろが襲着《おそぎ》の　有ろこそ良《え》しも

（『万葉集』第十四巻三五〇九）

きえはつる　時しなければ　こしじなる　白山《シラヤマ》の名は　雪にぞありける

（『古今和歌集』四一四）

両方とも「越」の「白山」を詠んだものである。「栲衾《たくぶすま》」とは、「白」あるいは「新羅」の枕詞である。また「こしじ」とは、「高志路」つまり「越の路」である。

「白山神社」は全国に広く分布しているが、特に北陸地方に多く見られる。また「白山」の本地仏である「十一面観音像」も、越後・若狭を中心に「裏日本」地域に多く分布している。

「白山信仰」以外にも、例えば雨乞いの為の「殺牛馬」の儀式や、新羅建国の始祖の伝説に基づく「鶏の神聖視」などは、「韓神信仰」に深く関係しているものである。

本稿では、「韓神信仰」に端を発する「信仰」（具体的には「鶏の神聖視」、「殺牛馬」、「白山信仰」）について考察する。また試論として、「熊野信仰」（黒の宗教＝鬱蒼とした黒い森、補陀落渡海《ふだらくとかい》を果たすべき海＝黒潮、神使の黒い鳥＝八咫烏《やたがらす》など）と「白山信仰」（白の宗教＝雪をいただく山容、「天空信仰」に支えられた太陽の白光に対する畏怖の念など）の比較も試みたい。

三　鶏の神聖視と殺牛馬

1　鶏・白い鳥の神聖視

「裏日本」には、「鶏を神聖視する風習」がしばしば見られた。例えば、越前の白木地区（敦賀半島の先端）には、鶏を神聖視して、食べず、飼育もしない風習があった。鶏の卵さえ食べなかったという。白木《しらき》という地名からも想像できるが、この地域は「新羅」と密接な関係がある。橋本犀《せい》之助は『日本神話と近江』において以下のように述べている。

村人は鶏を神聖視して食わず、従って之を飼育しない奇習があり、白木村は全く卵のない村である。村人の神仏に対する念の篤いことは、全く想像以上で、各戸の字長は毎朝必ず産土神社（白城神社）に参拝し、夫れから村の寺院に参詣し、祖先の霊を慰めることになっている。家族の者も亦神仏の礼拝を済して家長の帰りを待ち、一家揃って楽しく希望に充ちた朝食の箸をとることになっている。而して神仏に対する礼拝は朝鮮の夫れの如く平伏である。(3)

橋本がその地を調査した、はっきりとした時期は不明であるが（上記著作が出版されたのは一九四九年）、この風習は人々の間に長く残っていたようだ。産土神社の名は「白城《しらき》神社」である。またこの地区には、「自分たちの先祖は朝鮮（新羅）王朝の者で、この地に渡来して土着するようになった」という口承・伝承が残っている。

新羅には、「その王族の始祖（金氏始祖・金閼智《あっち》）は、白い鶏が場所を知らせた金色の柩から生まれた」、という建国神話がある。『三国史記』の「新羅本記」によると、新羅には、朴氏、昔氏、金氏の三姓の王系があり、またそれぞれに「始祖伝説」があるという。金氏の始祖以外の、残り二氏の建国神話においても、その始祖は「卵」から誕生したことになっている。「卵」と聞いて、我々がまず連想するものは、やはり「鶏」ではないだろうか（因みに、高句麗の始祖・朱蒙《ちゅもん》も、卵から生まれたという(4)）。

また新羅では、国号を「鶏林」としたこともあり、このような点からも、新羅では鶏が非常に神聖視されていたことが分かる。この信仰が、新羅からこの地（現在の福井県敦賀市白木）に渡来してきた人々によって、長い間語り継がれてきたものと思われる。このような「鶏の神聖視」の信仰は、この白木地区の他にも、越中や出雲などにも見られるという。

他の国でも古代から、鶏は「東天の朝陽を告げる聖鳥(5)」などとみなされることは多かったが、白木地区の「鶏の神聖視」はやはり、新羅の信仰を受け継いだものだと思われる。なぜなら、この地方は敦賀湾を中心として、古代の朝鮮半島とは非常に深い関係にあったからである。敦賀は、もともと角鹿《つぬが》と呼ばれていた。崇神天皇の時代（紀元三二一年頃）、伽耶（加羅）の王子・ツヌ

図1　張増棋 1998年『晋寧石寨山』雲南美術出版社 p.249

ガアラシト（ウシキアリシチカンキ）が越国の笥飯浦《けひのうら》（現在の敦賀湾）にやってきた。だからそこをツヌガ→角鹿→敦賀と呼ぶようになったと言われている。因みにツヌガアラシトとは「角状の装飾のある冠帽をかぶった伽耶（加羅）の貴人」という意味である。

さて、鶏に限らず、鳥という動物は古来、非常に神聖視されていたようだ。鳥の羽を冠に装飾した人々を「羽人《うじん》」という。図1[6]は、「貯貝器《ちょばいき》（当時のお金であった貝を入れる青銅製の容器）」に描かれている「羽人」である。「羽人」が船を漕いでいる画である。この画の描かれた「貯貝器」は、中国雲南省の、石寨山遺跡（紀元前二世紀頃～紀元前後）で見つかったものである。そして図2[7]は、鳥取県米子市淀江町の角田遺跡（弥生時代中期）で見つかった弥生土器に描かれた画である。図2は、図1と比較して何とも稚拙な感じを受けるが、両者の構図は非常によく似ている。図2の船を漕ぐ人々もやはり頭に羽らしきものをつけている。図1と決定的に異なる点は、船を漕ぐ「羽人」たちの頭上に大きく「太陽」が描かれ

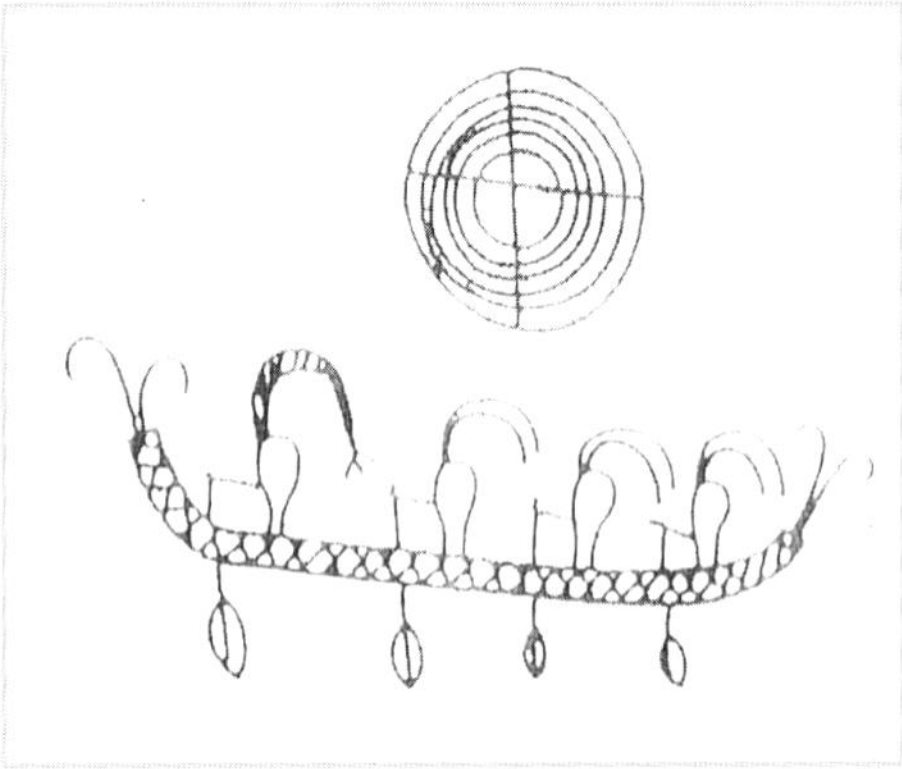

図2　佐原真・春成秀爾 1998 年『歴史発掘⑤原始絵画』講談社 p.81

ている点である。

　中国の揚子江辺りや朝鮮半島には「天空信仰」、つまり太陽の白光を神聖視する信仰があった。そして、大陸から日本に向う方位は、太陽の出る方角であって、いわばそれは「太陽への道」だった。大陸から船を漕いでやってきた人々は、「日―太陽にかぎりなく近づく道を辿った。その終着地が日本[8]」だったと考えることができる。つまり、図2の船を漕ぐ人々は、太陽の方向＝日本を目指す雲南省の「羽人」という推測が成り立つ。

　鳥の羽飾りを頭につけ、そして「太陽信仰（天空信仰）」を持った人々が、かつて揚子江周辺に住んでいたのだ。彼らは特に「越人」と呼ばれていた。

……たとえば雲南省にいる越人のことは滇越《てんえつ》、福建省は閩越《びんえつ》、浙江省は呉越、広東省は南越、広西省は欧越と呼ばれていた。かつて長江流域には、

羽飾りの帽子を持って、鳥を舳先に置いて、太陽を神として崇めるような人々がいた。そういう人々が越人なのである。(9)

この「越人」が船を漕いで、東シナ海、日本海を経由して「裏日本」にやって来ていた可能性は極めて高い。(10)あるいは、陸路朝鮮半島を経由して、その後船で「裏日本」へやって来たのかもしれない。それは図1と図2の画からも推測できる。「越の国」と「越人」の「越」という漢字が同じなのは、単なる偶然の一致であろうか。否、北陸の「越の国」が「越人」と深くかかわっている可能性を十分指摘できるものである。図1、図2ともに、羽飾りに殆ど彩色はされていないようだ。つまり「白色」である可能性が高い。カラスの羽などではなさそうだ。「裏日本」では「白色」が特に神聖な色として崇められているように思われる。後述するが、これは「白山信仰」とよく対比される「熊野信仰」において「八咫烏《やたがらす》」、つまり黒い鳥が神聖視されているのと好対照である。

2　殺牛馬の習俗

白木地区などで、鶏がいわば「神聖獣」として神聖視され、その卵さえ食されなかった一方、雨乞いなどのために、「犠牲獣」として殺され、神に捧げられた動物もいた。それが「牛」である。

「神聖獣」と「犠牲獣」は表裏一体である。神聖だからこそ犠牲にするのだ。神聖な獣を殺すことは畏れ多いことである。しかし、畏れ多いからこそ、人々は畏怖の念を感じ、神に近づけると考えたのである。牛は、決して忌み嫌われて殺されていたのではないのである。

日本には元々、牛肉を食べる習慣はなかった。牛は神聖視さえされていなかった。一方、朝鮮半島では、牛を殺してその肉を食べ、「マナ」（神秘的な力の源）を身につける「呪術的食肉」儀礼が古来より存在し、「鬼淫」と呼ばれていた。つまり牛は、神秘的な力が宿る動物だと考えられていたのだ。また、鈴木政崇は、この「呪術的食肉」儀礼に関して、以下のように述べている。

> この【殺牛とその肉を食べるという儀礼の】由来としてかつては死者がでるとその肉を子孫たちが共食する習慣があったが、後にこの慣行を改めて、水牛を殺してその肉を皆で食べることにしたのだという(11)。
> （【】内—筆者）

古代では、祭祀において「人肉食《カニバリズム》」が行われることがあったようだ。それは「人肉食」によって、自らの体内に祖先の肉と共に「魂」を取り入れて一体化し、それを伝えていくという死生観による。そして、後にこの慣習は改められ、人肉の代わりとなったのが、牛肉であった。

旱魃が続けば、人々は死んでしまう。雨という「命の恵み」を請うには、それなりの代償が必要であった。その等価に値するのが牛だったのであろう。牛を犠牲にすることで、神に雨を乞うたのだ。牛は雨（命の恵み）にも匹敵するほど神聖な（「力」を持つ）動物であったということである。人々は、神に、牛と雨の「等価交換」を申し出ていたのである。

因みに、素戔嗚命は「牛頭《ごず》大王」あるいは「牛頭天皇」という別名を持っている。その姿は、頭に牛の角を持ち、形相は夜叉のようでもあるが、根本的には人間に似ていると考えられていた。

古代、越地方でも、雨乞いのために「牛」を犠牲に捧げる風習「殺牛馬」が盛んに行われていた。この風習は、日本では五世紀頃から見られると言われている。朝廷はこの風習をたびたび禁止しているが、そう簡単にはなくならなかったようだ。特に越地方では、平安時代に入ってからも根強く続いていた。

ここで問題としたい事柄はまず、なぜ「牛」を殺すのに「殺牛馬」と言うのか、ということである。次に考察すべき事柄は、朝廷はなぜしばしばこの「殺牛馬」を禁じたのか、ということである。

まず、なぜ「殺牛馬」と呼ぶのかについて見てみたい。

延喜一〇（七九一）年の「殺牛用祭漢神（からかみをまつるにうしをころしてもちいる）」の禁令（①）においても、延喜二〇（八〇一）年の「屠牛祭神（かみをまつるためにうしをほふる）」の禁令（②）（ここに言われている「神」とはやはり「韓神」である）においても、「馬」という文字は見られない。しかしそうかといって「殺馬」を禁止する記録が全くないわけではない。例えば天武四（六七五）年には「莫食牛馬犬猨鶏之宍（うし・うま・いぬ・さる・にわとりのにくをくうなかれ）」〔③〕、あるいは天平一三（七四一）年「馬牛代人（うし・うまはひとにかわる）……不許屠殺（ほふりころすことゆるさず）」〔④〕などが記録として残っている。

しかし、①②と③④は様相が異なる。①②では「殺牛」のみを禁止している。そしてそこには必ず「漢神（韓神）」が併記されているのである。ここには、仏教統制と共に神祇以外の思想体系を排除する意図が認められると言われている。[12] 一方、③④は「殺牛」と「殺馬」などを併せて禁止しており、それはまず、軍事及び農業において貴重な「牛馬」を殺すことを防ぐ目的[13]があったことに加え、仏教の放生思想《ほうじょうしそう》（生命を尊重する思想）によるところが大きい[14]と言われている。つまり、「韓神信仰」においては「殺馬」という考えは本来なく、いつの頃からか「殺牛」と混同されてしまったと考えられる。本来「殺牛」のみが「韓神信仰」と深い結びつきがあったのだ。中国・貴州省では、苗族《みゃおぞく》によって今でも「殺牛祭」がおこなわれているという。韓国でも、「殺牛祭」は儀式化され、シャーマンたちによって行われているという。

では、「殺馬」の習俗とはどこを起源とするものなのか。これは北ユーラシアの遊牧騎馬民族、例えば、アルタイ人の習俗と関係があると考えられている。この民族には、馬を殺して天に捧げる風習、あるいは主人の死に際して、馬を殉殺する風習があった。それが、北ユーラシアから直接、もしくは朝鮮半島を経由して日本に入ってきたと考えられる。馬も「犠牲獣」であると共に、「神聖獣」であった。古来、人間と常に共にあり、また陸上の最速の交通手段であった馬は、やはり我々人間にとって特別な存在だったのだ。特別な存在でなければ、天に捧げるようなことはない。人間にとって有益な、そしてそれを殺すことによって人々が畏怖の念を感じる動物でなければ、神も反応してくれないのだ。

次に、なぜ朝廷がこの「殺牛馬」を禁じたのかについてだが、それはまず、先に挙げた「仏教統制と共に神祇以外の思想体系を排除する」という目的があった。大和朝廷は、日本を仏教と神道で統制しようとした。それ以外の民間信仰などは禁止しようとしたのである。それらの信仰が勢力を持ち、結束し、国家に対し反乱を企てるのを恐れたためであろう。「殺牛は、当時の疫、旱、貧などの社会不安の中で怨霊思想とも深く結びついていたと考えられ、反政府結集となり律令国家を脅かす可能性をもっていた(15)」とも考えられていたという。なぜ反政府結集となり律令国家を脅かす可能性」があるのかについて、笠井敏光は以下のように説明している。

中国における諸例について概観してみると、後漢時代、殺牛をして祭られる神は城陽景王であり、彼が反乱の勇者であることから、農民反乱などにおいては反乱の思想的側面を支え、農民相互の連帯と村落結合を助けた。これら祀廟《しびょう》に殺牛を行って祀ることが多くなり、ついには、項羽神を信仰するようになる。祀る神が反国家的な神であることからもこれらの祭を通して、巫覡《ふげき》などが指導者となり、民衆の反国家的行動となり得たために、禁止したのである(16)。

つまり、「殺牛」に伴う祭神は、城陽景王（紀元前二〇〇～紀元前一七七年）[17]や項羽（紀元前二三二～紀元前二〇二年）といった反国家勢力の英雄であったことから、両者を（あるいは片方でも）崇拝する民衆が国家に対して反乱を起こしかねないと、朝廷は考えたのである。

もう一つ朝廷が「殺牛馬」を禁止した理由には、「疫病神としての韓神」を祀ることを禁じる目的があったと言われている。古代においては「疫神は『北海《きたつうみ》』から来るとする意識[18]」が強かった。「北海」とは畿内からして北にある海、つまり日本海のことである。そして畿内の貴族たちは、疫病をもたらす神は「蕃客」、つまり対岸から来る渡来人と共に日本海を経由してやってくると認識していた。渡来人がもたらした「韓神信仰」に基づく「殺牛馬」の禁止は、このような意識の反映であるとも言えるであろう。

以上、「殺牛馬」の禁止に見られるように、畿内の人々の間には、特に朝廷においては「反乱の可能性としての韓神信仰」、あるいは「疫病をもたらす人々による韓神信仰」という認識があったと言える。

しかし一方で、有史以前からの土着の山岳信仰に「韓神信仰」が習合し、「白山信仰」のような多くの民衆を惹き付ける、独特な信仰の世界も形成されていった。「白山」の本地仏は「十一面観音」である。この「十一面観音」は、対岸から人々と共に海を渡ってやって来た「渡来神」である。「日本海の対岸諸地域から直接北陸道に招来された韓神信仰のなかに十一面観音信仰が含まれ[19]」ていたと言われている。（「白山信仰」と「十一面観音」については、本書・第二章を参照にされたい。）

四　秦氏と養蚕信仰

1　秦氏の渡来ルート

「白山」を公式に開山したと言われる泰澄大師は、渡来人・秦氏の出である。「裏日本」には、多くの渡来人がやってきたが、その中でも特に、秦氏は大きな勢力となった。この秦氏は、養蚕による機織技術を発展させ、朝廷との結びつきを強め、日本有数の渡来人集団となったことは、よく知られた事実である。また、北陸から近江の琵琶湖北地域に秦氏の分布が多いことも良く知られている。特に、近江や越前に多いようである。そして、もちろん畿内にも多い。では、この渡来人・秦氏はどのようなルートで日本にやって来て、分布していったのだろうか。浅香年木は以下のように述べている。

　畿内中心のみかたにとらわれれば、近江や越前に多いハタ氏は、畿内から押し出された勢力とみなされてしまう。だが、ハタ氏のふるさとの新羅が、潮流と季節風によってコシに直結していたことに目をつければ、むしろ、逆に、かれらは、まず最初にコシに渡来し、コシから南に下って、畿内に入ったとみることも可能であろう[20]。

このルートに関しては諸説あるが、浅香が述べるように、やはり、対岸諸地域→北陸（越）→近江→畿内という「方向性」が、筆者には、最も説得力があるように思われる。それは、前述した通り、地理上の位置故に、古代の北陸・越地方は、対岸諸地域からの「表玄関」だったからである。勿論、大陸から九州へ船で渡り、その後、陸路畿内へ向かう方法もある。あるいは瀬戸内海を船で渡り向かう方法もある。これらのルートを用いた渡来人も少なからずいたはずである。しかし、それらの方法より、季節風と潮流を利用して湖北あるいは越地域へ着岸し、畿内へ向かうルートの方が、はるかに効率が良かったのではないだろうか。そもそも、渡来人たち全てが、最初から畿内を目指して海を渡ってきたのかは疑問である。越を中心に「裏日本」へたまたま流れつき、住みついた人々の多く（いわゆる「ボートピープル」）が、朝廷の要請（例えば最新技術の伝授のため、あるいは実際の現場における労働力のため）によって、畿内へ召喚されたのではないだろうか[21]。

2　養蚕信仰

秦氏が養蚕による機織技術を発展させたことは先に述べた。京都の太秦は文字どおり秦氏が拓いた土地である。興味深いことに、太秦駅の一つ手前の駅は、「蚕の社《かいこのやしろ》駅」という。これは、この地域で秦氏による養蚕が盛んに行われていたこと、あるいは養蚕に対する信仰があったことを、まさに端的に示していると言える。蚕の社の正式名称は、木島坐天照御魂神社《このしまにますあまてるみたま》である。しかし境内摂社に蚕養《こがい》神社があるので、一般には蚕の社と言われている。『続日本紀』によると、大宝元（七〇一）年以前に秦氏が水と御魂の神を祀ったことから蚕の社は始まったようだが、詳細は不明である。この蚕の社には非常に珍しい「三角鳥居」がある。「三つ鳥居」あるいは「三柱鳥居」などとも呼ばれている。二辺が冬至・夏至の線に一致していて、対する一面は秦氏の古墳に面しているという。しかしこれも、いつ建てられ、何を意味するのかといった詳細は不明である。

群馬県や福島県などは、養蚕業の地として良く知られているが、「裏日本」、特に新潟県小千谷や五泉、富山県八尾、島根県江津などでも養蚕は伝統として今に伝えられている。小林道憲は、以下のように述べている。

考古学的遺物からみるなら、筑紫や出雲、伯耆や丹後、若狭や越《こし》など、日本海沿岸部での高度な絹文化の開花のほうが大和地方より先駆けており、注目される。例えば、鳥取県・青谷《あおや》上寺地《かみじち》遺跡出土の絹織物は、最古級の縫製技術を示すもので、すでに弥生時代中期後葉（紀元前後）に山陰地方で絹織が始まっていたことを伝えている。また、富山県の呉羽山丘陵にある杉谷A遺跡出土の素環頭大刀《そかんとう》付着の絹も、古墳前期初頭のものである。弥生中期後葉から古墳前期にかけては、日本海沿岸部に急速に絹織物の技術が普及したと思われる。これら日本海沿岸の絹は、他から移入されたものではなく、その地で生産された蚕糸《さんし》を用いて、その土地で織られたものであると推定されている(22)。

「裏日本」における絹織は、大和地方に先駆けていたという。また蚕糸はその地のものを用いていたという。ということは当然、養蚕も行っていたということになるであろう。

「養蚕信仰」とは、簡単に言うと、豊蚕を願う民間信仰である。この信仰は各地に見られるが、「裏日本」・新潟の「高田瞽女《たかだごぜ》」と、この「養蚕信仰」との密接な関係は、あまり知られていない。

瞽女とは、明治・大正時代から昭和の初め頃まで、新潟県や北陸地方を中心に活躍した盲目の女旅芸人である。彼女らは一座を組み、唄や三味線、語りを生業として地方の山村を巡演していたと言われている。瞽女組織の中でも新潟県の「高田瞽女」が特に大きな集団だったようだ。興味深いことに、養蚕の盛んな地域では、瞽女の唄を聞くと、蚕が良く育つと言われていたという。また、よい繭がとれるようにと、瞽女の三味線の切れた糸をもらって、それを蚕棚に結んでおいたり、瞽女の食べた箸で蚕を拾ったりもしていたという。つまり人々は、瞽女に「養蚕信仰」の重要な役割を担わせていたのだ。

実は、この「養蚕信仰」は、朝鮮半島あるいは中国大陸の「太陽信仰」、「鶏の神聖視」とも深いつながりがある。

長江流域の人々は、鳥が太陽を抱えて東の空から西の空へ、毎日運行していると考えたのである。太陽は朝、東の空で生まれるが、それは鳥によって運ばれてくる。鳥が太陽を運んでいると考えたのである。そして太陽は夕方に死んでしまうが、また次の日、新しい太陽が東の空から生まれてくるのである。その証拠に鶏は朝、時を告げる。

では、太陽はどこを通って生まれてくるのかというと、桑の木である。蚕を飼うときの桑の木を伝って太陽が生まれてくるというのだ。(23)（傍点―筆者）

引用文を読んでも分かる通り、やはり古来、鶏は神聖視されていたと言える（本稿・三、（1）参照）。ここで安田喜憲が述べるように、鶏は、東の空から太陽が生まれる時を告げる神聖な鳥だったのだ。そして面白いことに、太陽は桑の木を伝って生まれるという（引用文の傍点箇所）。勿論、蚕を飼うときの桑の木である。長江流域のこの信仰からは、太陽は言うまでもなく、鶏、桑の木そして蚕が非常に神聖なものであったことがわかる。そして、それぞれはつながっていながら、また別個にも信仰されていた。

日本において蚕神は、「オシラサマ」と呼ばれている。また二月の初午《はつうま》を、この蚕神である「オシラサマ」の祭日として、前の晩にオシラマチを行う信仰が各地に見ることができる。そしてこの「オシラサマ」の御神体は、桑の木で作られるのである。また御神体の頭部は馬の顔が彫られているか、馬の顔が墨で描かれている。

蚕と馬は、これまた非常に深い関係があるようだ。蚕の背の模様は、馬の蹄の跡だと言われている。「オシラサマ」の起源として語られている「馬娘婚姻譚」も、馬と人間の娘の話である。そしてそこにはやはり蚕と関係の深い「桑」も登場する。

> 昔ある処に貧しき百姓あり。妻は無くて美しき娘あり。又一匹の馬を養ふ。娘此馬を愛して夜になれば廐舎に行きて寝《い》ね、終に馬と夫婦に成れり。或夜父は此事を知りて、其次の日に娘には知らせず、馬を連れ出して桑の木につり下げて殺したり。その夜娘は馬の居らぬより父に尋ねて此事を知り、驚き悲しみて桑の木の下に行き、死したる馬の首に縋りて泣きゐたりしを、父は之を悪《にく》みて斧を以て後より馬の首を切り落せしに、忽ち娘は其首に乗りたるまゝ天に昇り去れり。オシラサマと云ふは此時より成りたる神なり。馬をつり下げたる桑の枝にて其神の像を作る。[24]（傍点—筆者）

このいわゆる「馬娘婚姻譚」は、イタコによって「オシラ祭文（語り物の歌謡）」において唱えられていたのが起源だという。また、同一内容の話が、中国・呉の張儼《ちょうげん》の作と伝えられる『太古蚕馬記』や、晋代の説話集『捜神記』にも見られる。

イタコは、瞽女同様、先天的もしくは後天的に目が見えないか、弱視の女性の職業であった。また、このイタコは、「裏日本」を中心に、特に青森県を終着地、あるいは出発地として、「白山信仰」を伝播させたとも言われている。以下の文章は、民俗学者・宮本常一（一九〇七〜一九八一）によるものである。

この白山神社の御祭神というのは菊理姫命《くくりひめのみこと》といっているんですが、他に白山姫命《しらやまひめのみこと》という呼び方もありまして、白山姫命ということになりますとそのまま「おしら」の「しら」に通ずることになるわけなんです。白山姫命をまつったのがおしら様である。ちょっとこじつけのように聞こえますが、それを立証するようなものがあるんです。それはイタコたちが必ず筒になったものを肩へかけています。それをイタコたちは「お大事」といっています。大事なものといった意味なのでしょうがそういっています。昔は竹の筒であったそうです。そして栓をして、ひもでくくって肩へかけるようになっていた。私の見たものは木のうるし塗りの筒で両端が真鍮になっていて、それを肩へ掛ける。時には袋へ入れて肩へ掛ける。そのお大事というものを、われわれのような者は開けて見てはいかんということになっているのですが、開けてみせてもらいました。すると中に紙が入っていて白山姫命と書いてあるんです。(25)

イタコが肩からかけている筒（お大事）の中には「白山姫命」と書いた紙が入っていたとい

う。これはつまりイタコが「白山信仰」の伝播に一役買っていたことを意味する。また「オシラサマ」とは、「白山神社」の御祭神「白山姫命」と同義なのである。

ここまで述べてきて、やっとそれぞれの話題はリンクしてくる。「秦氏―養蚕技術―養蚕信仰―高田瞽女―イタコ―白山姫命―オシラサマ―蚕・馬―X」、「X」には「渡来人」を入れたい。養蚕をもたらしたのも、馬術をもたらしたのも渡来人であった。そしてその代表格とも言うべき氏族が「秦氏」であった。結局、「X」は最初の「秦氏」へつながる。始めを「養蚕信仰」にしても同じである。つまり、そこには多大に渡来人の影響が見られるのである。このようなことからも、「養蚕信仰」は「韓神信仰」の一つであると言ってよいであろう。

五　白と黒の信仰―熊野信仰との比較―

ここまで、「裏日本」における「鶏の神聖視」と「殺牛馬」、「白山信仰」などを「韓神信仰」との関係から見てきた。本節では、少し趣向を変え、「白山信仰」と「熊野信仰」を、特に「色」の視点から比較してみたい（因みに筆者の専門は、紀伊出身の大博物学者・南方熊楠《みなかたくまぐす》の思想研究であり、しばしば熊楠ゆかりの地、及び熊野古道のフィールドワークを行っている）。

「熊野信仰」とは、和歌山県の熊野三山つまり本宮（熊野本宮大社）、新宮（熊野速玉大社）、那智山（熊野那智大社）それぞれに対する信仰である。「白山」同様「熊野」も、古代より神秘的な聖地とされ、今に至っている。「熊野古道（紀伊山地の霊場と参詣道）」は世界遺産にも登録されている。

「白山信仰」を白の宗教だとすると、「熊野信仰」は黒の宗教になる――これは、よく言われることである。「白山信仰」は白の神秘を宿している。夏季を除いてほぼ一年中雪をいただくその山容はもはや言うまでもないであろう。また「白山信仰」は、朝鮮半島あるいは中国揚子江辺りに伝わる「天空信仰」、つまり太陽の白光を神聖視する信仰に由来するという説もある。大陸から日本に向う方位は、太陽の出る方角であって、いわばそれは「太陽への道」(26)であった。先にも述べたが、大陸からの漂泊民たちは、日―太陽にかぎりなく近づく道を辿り、その終着地が日本だったと考えることができる。そして長く危険な航海を経て、海から見えた雪に覆われた山々は、神々しく光り輝いて見えたに違いない。太陽（白光）を目指して辿り着いた地に見えた「白山」は、信仰の対象になるべくしてなったと言えるであろう(27)。

それに対して、「熊野信仰」とは黒の宗教と言える。「熊野」の「クマ」は「隅」という意味があることはよく知られている。その他にも「クマ」は「陰」の意味で、「闇《くら》」から出た言葉とも言われている(28)。熊野古道を歩いたことがある方はご存じかと思うが、原生林に覆われたその道は鬱蒼としており昼間でも暗い。まさに黒い森なのだ。さらに「熊野信仰」と切り離すことのできない「補陀落渡海」を果たすべき海は、黒い海つまり「黒潮」である(29)。また「韓神信仰」で

「鶏」が神聖視されるのに対して、「熊野信仰」では「八咫烏《やたがらす》」が神聖視されている。「八咫烏」とは、『古事記』『日本書紀』の伝承で、神武天皇東征のとき、熊野から大和に入る険路の先導となったという三本足の大カラスである。カラスだから色は当然「黒」である。また熊野では「那智黒石」という鉱石が採れる。古来、熊野詣を行った人々はその証として、川からその黒石をすくい、あるいは岩肌から掘り出し持ち帰ったという。その光沢のある黒石の美しさは人々の口から口へと伝わり、いつのまにか「那智黒石」と呼ばれるようになったという。このように「熊野信仰」はやはり、黒の神秘を宿したものだと考えられる。

そして、この「白の宗教」と「黒の宗教」に共通する点は、「死」と「再生」の神秘に、密接に関連しているということである。『世界シンボル大事典』によると「白」は以下のように説明されている。

この白は、ある場合は色彩の欠如、ある場合はあらゆる色彩の総和を意味する。昼間の生活と顕現した世界では、ある場合には出発、ある場合には結末に白が置かれる。……東の白は、回帰の色である。夜明けの白である。まだ色ではないが、すべてのエネルギーの源である夜の腹を通過する。……儀式で白色を使うことの象徴的意味は、全体としてこの自然観察から生まれる。……すべて象徴的に考えると、死は、生に先行し、誕生は、すべて、再生である。このため、白は、もともと、死と悲観の色である。(30)（傍点―筆者）

つまり「白」とは結末（死）の色であるとともに、出発（再生）の色でもあるのだ。その色は、全てが欠如した色、死と悲観の色である。しかし一方で太陽の、特に夜明けの白光色は新たな活力を表すものでもある。

では「黒の宗教・熊野信仰」はどうであろうか。熊野、特に那智山・妙法山などには「死」の影が付きまとっている。妙法山の阿弥陀寺は、まさに死者が詣でる山とされており、本堂の正面には「死出の山路」の額が高々と掲げられていたと言われている。その一方で、熊野は「再生の地」でもある。例えば、一度死んで餓鬼と化した小栗判官は、熊野本宮近くの湯ノ峰温泉につかって、もとの姿に戻ったという伝説などが残っている。「黒」という色について、ここでも『世界シンボル大事典』から引いておこう。

> 黒は、否認の色、この世の虚栄に決別する色である。……冥界、現象下の世界は、大地の腹わたである。日中の世界の、再生が進行するところでもある。……深い水のように、黒は、潜在的な生命を宿しているからである。あらゆるものの、大きな貯蔵庫である。……黒は、世界の腹わたを覆っている。真っ暗闇の中で、ものは生産されるし、生命力のシンボルである。[31]（傍点―筆者）

「黒」とは冥界、つまり死の世界をイメージさせるが、同時に潜在的な生命を宿す色、再生の進行を表す色でもあるのだ。

つまり「白」と「黒」は、ともに対極（正反対の色彩）にありながらも、「死と再生」をイメージさせ、或いは人々に畏怖の念を呼び覚ます色という点で共通していると言えるのではないだろうか。

実は「白山信仰」は、「謎に包まれた宗教」であると言われている。「白山信仰」の成立と由緒に関する資料は非常に少ない。それは一向一揆で神社側の史料が焼失したからだとも言われている。一方で「熊野信仰」に関する伝承などは史料として十分に残っているという。

「白山信仰」も「熊野信仰」も山岳信仰という点では同じであるが、各々が持つ「色」は正反対である。しかし、その正反対の色は「死と再生」というキーワードでつながっている。ここで両者を比較したことによって、よりその特徴が明らかになったと言えるであろう。本節では、この謎に包まれた「白山信仰」を理解するアプローチの一つとして「熊野信仰」を比較対象として持ってくる方法を一つの試みとして行ってみた。しかし、まだまだ両者を比較・考察すべき点、そこから新たに見えてくる点などは多々あると思われる。

六　「裏日本」に含まれる諸要素

本稿では、「裏日本」に見られる「韓神信仰」にまつわる様々な事柄を見てきた。「裏日本」文化には、多大に大陸からの文化・信仰・習俗などが影響している。長い間、語り継がれている越前・白木地区の、「自分たちの祖先は新羅の王族だった」という口承・伝承、あるいは史料において見ることが可能な「鶏の神聖視」や「殺牛馬」の習俗。現在も信仰として残っているものとしては「白山信仰」がある。どれもやはり対岸の信仰と深く関連している。つまり「裏日本」文化と「韓神信仰」は密接につながっており、切り離すことはできないのだ。ということは、「裏日本」文化を知るためには、もっと対岸諸地域の文化・信仰・習俗に目を開く必要があるということでもある。

また前節で、「白山信仰」と「熊野信仰」の比較を試みたが、これはもしかしたら、これまでとはまた少し違った視点で「裏日本」文化と「表日本」文化の比較・考察を展開していく可能性があるものと言えるかもしれない。つまり、「近代化が進んだ地域」と「遅れた地域」、あるいは「大陸系渡来人文化」と「欧米的キリスト教系文化」などの視点とは異なる、気候・風土に伴う「色」という視点である（因みに青森県の「恐山」は、「白山」、「熊野」と同様に日本屈指の聖地であるが、そこは「青の仙境」などと呼ばれている）。「白山信仰」と「熊野信仰」の比較によって、「白」

と「黒」は区別されながらも、つながっていることが分かった。つまり、両者とも「死と再生」をイメージさせ、或いは「畏怖の念」を呼び覚ます色という点で共通しているということである。「白」があるから「黒」があり、「黒」があるから「白」がある。このように区別されつつも、その「イメージ」においては、両者は融合しているのだ。つまり「白—黒」ということになる。これは「表日本—裏日本」文化を端的に表しているものなのかもしれない（第二章・一参照）。

※

本稿において、筆者は「裏日本」文化に、清新な風を送り込むことができたであろうか。「表日本」文化から「裏日本」文化へ、視点を少しでも「転換」させることができたであろうか——もし読者が、本稿を読み、「裏日本」文化に何かしらの関心を抱くことができたならば幸いである。しかし、それはまだ始まりにすぎない。本稿では、いわば、「無意識」の中に、「影」、「アニマ」、「アニムス」、「老賢者」や「大母」などが存在することを示し、それらがどのような役割を果たすものかを説明したままでである。だが、現在の日本に最も足りないものとは何か、筆者が示した「諸要素」にも、それらはきっとあるはずである。

本稿では、「裏日本」文化の、特に「信仰」を中心に論を進めてきた。「裏日本」に含まれる要素（日本文化の「内なる他者・異者」）を見つめ直す作業を行ってきた。読者が本書をすべて読み終えたとき、新しい日本文化の在り方の、端緒が掴めることを切に願う。

注

（1）矢津昌永『中学日本地誌』丸善、一九八五年、一二三頁

（2）「韓神信仰」と聞くと、その字から朝鮮（韓国）における信仰を想像するかもしれない。しかし「韓」とは「漢」、「唐」とも通ずる。したがって「韓」とは朝鮮半島のみならず、中国大陸をも含む地域のことを指すと言える。

（3）橋本犀之助『日本神話と近江』古代近江研究會、一九四九年、八五頁

（4）韓国では「卵」に関する地名が多いという。「ソウルを貫く漢江の昔の名は阿利水《アリス》であって、慶州では閼川《アルチョン》がある。水路とともにあるこれらの『卵（アル）』は、光が生まれ出たこと」を意味するという。（金容雲「日・韓、祝祭の意義―言の葉で考える日・韓の祝祭」：小倉紀藏・金容雲『お祭りと祝祭が出会うとき―日韓のまつり文化を比較して』河出書房新社、二〇〇八年、一七三頁）

（5）谷川健一編『日本の神々―神社と聖地―第8巻　北陸』白水社、二〇〇〇年、一三四頁

（6）張增棋『晋寧石寨山』雲南美術出版社、一九九八年、二四九頁

（7）佐原真・春成秀爾『歴史発掘⑤ 原始絵画』講談社、一九九八年、八一頁

（8）前田速夫『白の民俗学へ―白山信仰の謎を追って―』河出書房新社、二〇〇六年、五五頁

（9）安田喜憲「『越国』の起源―龍蛇と鳥は語る―」：日本海学推進機構編『日本海学の新世紀8　総集編　日本海・過去から未来へ』、角川学芸出版、二〇〇八年、八五頁

（10）筆者は、中国の「越人」は北陸の「越」には通ずるものがあるのではないかということを先述した。しかし、「越」という名義の由来には諸説あるのも確かである。険しい山を越えてたどり着く

ことから「越」と呼ばれるようになったという説、あるいは、アイヌ語の「クシ」からきたという説（「クシ」も河や海を越えるという意味がある）などである。因みに、出雲に古志郷という所があるが、ここは、古志（越）の人々が、その昔、この地に堤防を作って、その後そのまま住みついたため、そのような名称になったという。

（11）鈴木正崇「銅鼓についての断章」：財団法人観光資源保護財団・日本ナショナルトラスト編『季刊・自然と文化』二四号、財団法人観光資源保護財団・日本ナショナルトラスト、一九八九年、二二頁

（12）笠井敏光「祈雨祭祀と殺牛馬」：二葉憲香編『国家と仏教 日本仏教史研究1』、永田文昌堂、一九七九年、二〇七頁

（13）同右、二〇六頁

（14）（15）同右、二〇七頁

（16）同右、二〇四頁

（17）城陽景王とは、劉章《りゅうしょう》の諡号《しごう》（死後、その人の業績等をたたえて贈る称号）である。劉章は、紀元前一八〇年、クーデターを起こし、対立関係にあった呂氏一門を尽く殺したという。この功績により彼の没後、領地であった城陽近辺に廟が多く建立された。後の人々によってこのクーデターが再評価され、次第に反乱の象徴的な存在となっていったという。

（18）浅香年木「古代の北陸道における韓神信仰」：中井真孝編『奈良仏教と東アジア』、雄山閣出版、一九九五年、二四四頁

（19）同右、二五一頁

（20）浅香年木『風土と歴史4　北陸の風土と歴史』山川出版社、一九七七年、三八頁
（21）高句麗が唐・新羅の連合軍によって滅亡したのは、六六八年（百済陥落は六六〇年）である。おそらく相当な数の亡命者が、越地方には流れ込んだはずである。それ以前からも大量の移住があったようだ。一説によると、紀元前三、四世紀から六世紀までの約千年間に、少なくとも数十万、最大百五十万の人々が朝鮮半島や中国大陸から日本へ流入したと言われている（前田速夫『白の民俗学へ―白山信仰の謎を追って―』河出書房新社、二〇〇六年、四三頁）。そして、能登、越前、若狭など、上陸地点に近い地域はもとより、大和への経路である近江一帯に、点々と渡来人の里が連なっている。さらに、そこでは多くの「十一面観音」が祀られているのである。つまり、渡来人（特に秦氏）と「十一面観音」の分布は濃密に重なり合っているということである。そして「十一面観音」は本文で述べた通り、「白山信仰」にも深く係わっている。このような理由から、「十一面観音」は「渡来人」、「白山信仰」、「韓神信仰」、つまり「裏日本」文化を考える上で非常に重要なものだと考えられるのである。因みに、上田正昭の調査によると、秦氏の本貫地は韓国・慶尚北道蔚珍郡《けいしょうぶつとうるちんぐん》だという。蔚珍郡の古地名は波旦《はた》であり、この地には今でも秦姓が多いという。
（22）小林道憲『古代日本海文明交流圏』世界思想社、二〇〇六年、八四頁
（23）安田喜憲「越国」の起源―龍蛇と鳥は語る―」、前掲編書、九〇～九一頁
（24）柳田国男「遠野物語」：『定本　柳田國男集　第四巻』筑摩書房、一九六八年、三一頁
（25）宮本常一『菅江真澄―旅人たちの歴史2』未来社、一九八〇年、一九五頁
（26）前田速夫、前掲書、五五頁
（27）「白山」を公式に開山した泰澄大師の母は、懐中に「白玉」が入る夢を見て懐妊したという伝説

もある。また「白山信仰」そのものではないが、それに関連する「韓神信仰」における習俗で神聖視された鶏もその卵も「通常」我々がイメージする色はやはり「白」である。出雲に伝わる「因幡の白ウサギ伝説」も忘れることはできない。因みに、「養蚕信仰」に関連するが、蚕の糸（繭）もやはり、「白」である。

（28）田中優子「熊野の森を渉猟する」：荒又宏・田中優子・中沢新一・中瀬喜陽著『奇想天外の巨人南方熊楠』、平凡社、一九九五年、五二頁

（29）「補陀落渡海」とは、南方浄土を目指し、渡海船と呼ばれる小型船に行者が乗り込み、そのまま沖に出る捨身行の一つである。

（30）金光仁三郎訳『世界シンボル大事典』大修館書店、一九九六年、五二一～五二二頁

（31）同右、三六〇頁

参考文献

金達寿『日本の中の朝鮮文化5』講談社、一九七五年
出羽弘明『新羅の神々と古代日本―新羅神社の語る世界―』同成社、二〇〇四年
前田憲二『渡来の祭り　渡来の芸能』岩波書店、二〇〇三年
宮榮二『雪国の宗教風土』名著刊行会、一九八六年

付記　本稿に引用した図版に関しては、著作権情報センターのアドバイスを参考にして、原著作から転載している。

第六章　頸城野にのこる木彫狛犬像について

一　シルクロード獅子型

日本各地の神社において社殿前ないし参道に左右にわかれて鎮座する狛犬石像は、その多くが江戸時代以降に造られた一対の石造狛犬である。向かって右側で口をあけている方が阿形、左側で閉じている方が吽形である。狛犬と称するほか獅子とも称する。阿形が獅子で吽形（角を生やす）が狛犬ともいわれる。いずれにせよ神社の守護獣あるいは神使、眷属と一般に解釈される。(1)

わが国における最古の石造狛犬は、奈良の東大寺南大門仁王像の北側におかれた石造獅子二体である。いまだ「狛犬」という呼称がなかったであろう一二世紀末の造立とされるこの像は、中国浙江省産の凝灰岩「梅園石」で造られている。(2)ただし、平安時代から鎌倉時代にかけて、狛犬

東大寺南大門仁王像の北側におかれた石造獅子二体

は木彫のものが一般的だったのであり、社殿内におかれ、移動可能であった。姿態は、木彫も石造も大概は座っており、中には蹲踞《そんきょ》姿勢で胸を突き出しているものもある。上記の石造獅子二体のほか、奈良の薬師寺（鎮守八幡宮）におかれた木彫一対(3)などがその代表である。

ところで、狛犬・獅子像とその信仰は、仏教伝来とともに朝鮮半島などを経由してインド・中国からもたらされたとされる。神仏習合の過程で神社にもおかれるようになった。また、インドを経由するしないにかかわらずシルクロードを経由してオリエントからもたらされたともされる。オリエントではエジプトのスフィンクスにその代表が確認される。

その際、一つ注目したい学説がある。わが国では考古学者吉村作治の唱えるものである。氏によると、スフィンクスとは現地語「シェプスアンク」の訛った表現である。それは、像を意味するシェプスと神を意味するアンクの複合語で、「神の像」とか「神の姿」とかを意味する。つまりスフィンクスそれ自体がすでに単独の神であり、他神の守護神や添え物ではなく、ギゼーにピラミッド群ができる紀元前三千年前後よりもはるか以前から同地に存在した。(4)

守護的な神使・眷属に関するこの学説は、私の長年の研究成果と一致する。例えば、秩父のオオカミ信仰で説明しよう。秩父の下層農山村民は、古代から近世にかけて神道の神官や真言・天台の高僧が額突くよう求める不可視の神仏・神霊よりも、時として眼前に出没する猛々しい狼・山犬の方をオオカミ（オオいなるカミそれ自体）として崇拝してきた。周囲すべての生きものを威圧する容貌を有するオオカミは、恐怖の的である分だけまた崇拝の対象でもあったのである。秩父に伊勢神道が入り込むとオオカミは日本武尊という大神の神使と解釈されることにより、以前同様身近な神の座を確保していくのであった。(5) それと似たようにして、先史エジプトの神シェプスアンクは、ピラミッドの建設される文明時代に至るや、太陽神ラーあるいはファラオの王墓を守護す

浦川原区の五十公神社（阿形一体）

る聖獣スフィンクスと解釈されることにより、以前同様身近な神の座を確保していくのであった。

二　頸城野の木彫狛犬たち

さて、それでは本題の頸城野にのこる木彫狛犬について幾つか議論してみよう。私が知りえて調査した事例は以下のものである。

浦川原区の五十公《いぎみ》神社に阿形一体（鎌倉時代）、浦川原区の白山神社に一対（鎌倉後期・低姿勢）、五智の居多《こた》神社に一対（鎌倉時代後期・かなり風化）、十日町市松代の松苧《まつお》神社に一対（室町時代・鏡を背に）、糸魚川市宮平の剣神社に二対（室町時代）上越市飯田の日月神社に一対（室町時代）、安塚区の安塚神社に一対（室町時代・茶褐色の色彩）。上越市本町一丁目の春日神社に一対（江戸時代初期）上越市大和の大和神社に一対（江戸期）、上越市桑取の神明神社に一対（江戸・文政一二年）。

これらの狛犬のうち、鎌倉期のものはおおむね新羅系仏教文化の影響下に誕生した「シルクロード獅子型」のものと推測される。それに対して、角と宝珠を戴いた安塚神社と春日神社のものは日本国内で多少なりの変化を遂げた「狛犬唐獅子型」に属する。とくに春日神社の一対は、

浦川原区の白山神社（一対）

五智の居多神社（一対）

十日町市松代の松苧神社（一対）

糸魚川市宮平の剣神社（二対）

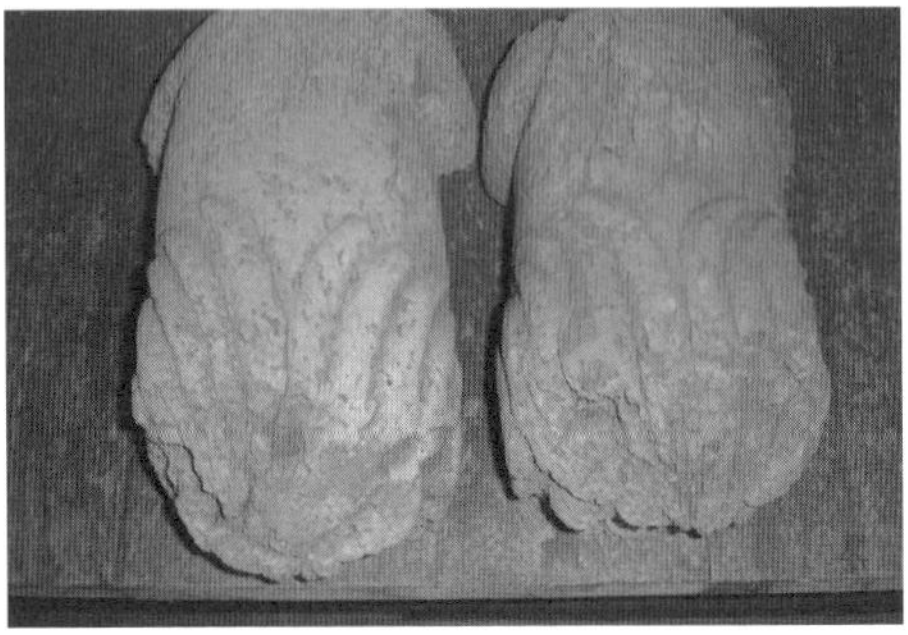

安塚区の安塚神社（一対）

上越市飯田の日月神社（一対）

上越市本町一丁目の春日神社（一対）

上越市桑取の神明社（一対）

重さといい大きさといい、これを限りに木彫がすたれ、狛犬が神社の外に石造となって置かれる最終形態を示している（参道狛犬の先駆）。

三　韓半島と頸城野

金達寿によれば、古代日本は三国時代から統一新羅時代にかけて韓半島から人と文化の流入が盛んだった。(6) また、頸城野の最奥に位置する妙高山麓・関山神社には新羅仏（金銅聖観音菩薩立像）が鎮座する。その近在には新羅様式の石造物（弥勒石仏・亀石・猿石）が残存している。新羅系様式の特徴は、いわゆる「ずんぐりむっくり」の重量感である。たとえば、関山神社の弥勒石仏の一つ「関山一号」は、一九九一年に奈良県葛城市の石光寺で発見された白鳳時代の弥勒坐像石仏（地元産凝灰岩の丸彫り）と同様に、がっしりした体格である。こうしたずんぐりむっくりのかたちは新羅風なのである。(7) それは、韓国慶尚北道《キョンサンプクド》の古都慶州《キョンジュ》石窟庵《ソックラム》および近郊の南山《ナムサン》一帯に残存する石仏群（丸彫り・磨崖仏など）において起原を確認することができる。弥勒石仏の造立という点でも、頸城野への新羅文化の影響を垣間見ることができる。

狛犬それ自体を比較してみても、新羅の影響が頸城野に到達していたことを確認できる。たと

関山一号

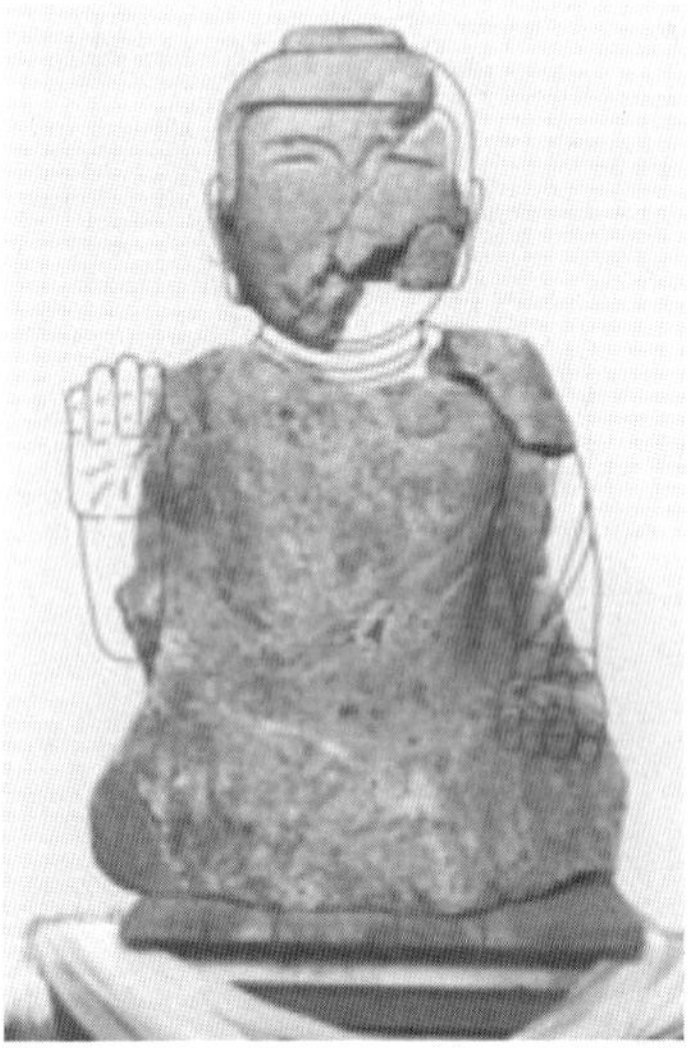

奈良県葛城市の石光寺で発見された白鳳時代の弥勒坐像石仏

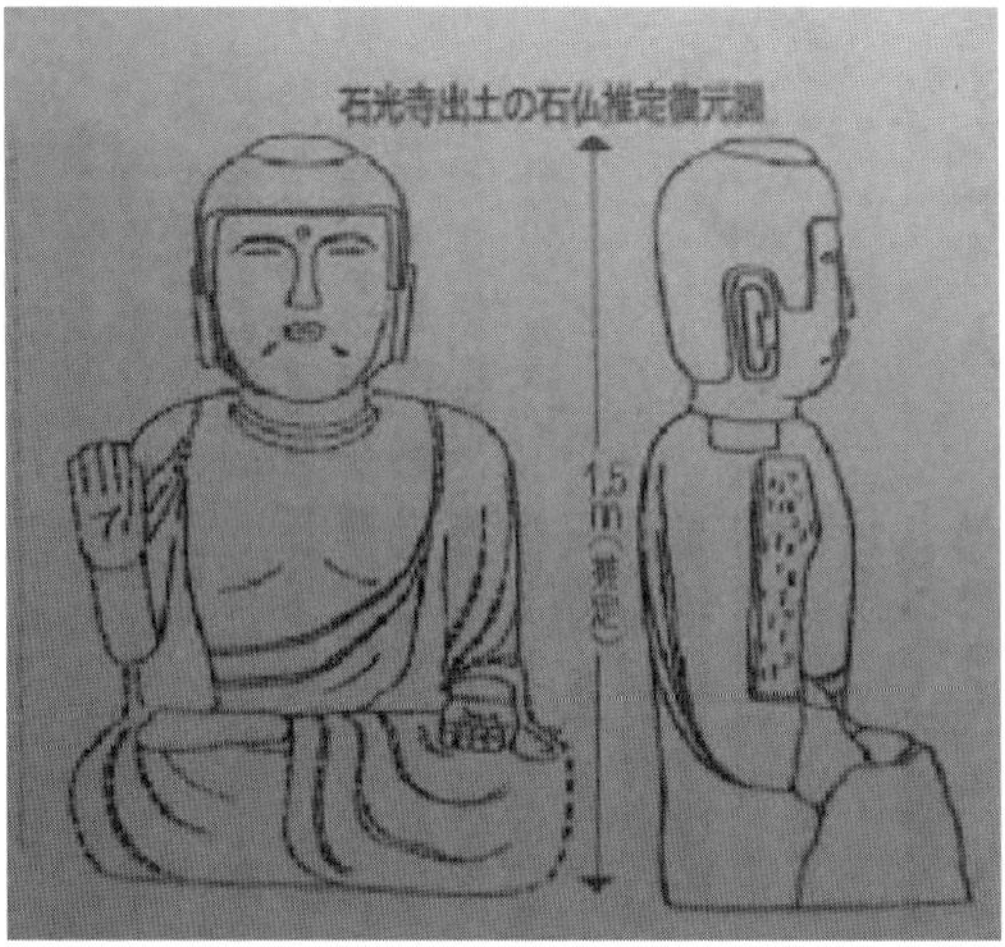

石光寺出土の石仏推定復元図

えば、慶州の仏国寺《ブルグクサ》（七五一年創建）境内にある多宝塔に鎮座する獅子石像一体は、古代東アジアに造立された同類像の代表格である。みごとに突き出た胸、蹲踞《そんきょ》姿勢の前足、威風堂々たるその品格は、単独神の様相を呈してさえいる。かつては多宝塔の四側に四体鎮座していたのだが、三体までが何らかの災難・盗難にあって行方しれずとなったのである。(8)

その石獅子像は、花崗岩の多宝塔と石材が違っている。同じ花崗岩としても別石で造られている。これはたんに多宝塔の守護獣としてあるのではない。かつてシルクロード経由かインド・中国経由で韓半島にもたらされた獅子信仰の系譜にある神像と考えられる。多宝塔が建立されるのでその付属物として造られたのではない。獅子信仰は石獅子像の概観をまとって韓半島東岸から日本海（東海）に船出し、黒潮に流されて能登半島・佐

慶州の仏国寺の獅子石像一体

渡ケ島、そして頸城野の海岸に上陸した模様である。

『日本書紀』持統三年の箇所を読むと、持統天皇は越《こし》の蝦夷《えみし》と南九州の隼人《はやと》に対して仏教による教化政策をとったことがわかる。その頃の高志に倭の勢力は未だ十分には浸透していなかったのである。さらに記述を読み進めると、蝦夷・隼人のうち後者に対しては筑紫太宰の河内王に命じて公伝仏教の僧を派遣して教化政策を推進したが、高志の蝦夷に対しては僧の派遣はしなかった。すでに蝦夷には在地の僧である道信ほかがいたので、仏像一体と仏具を送るにとどめていたのである。隼人と蝦夷とへの対応の相違は、七世紀後半において高志には自前で僧を育成しうるほどに民間仏教・民間信仰が広く深く浸透していたことを物語っているのである[9]。

その高志では、半面、中央のように急速には文化の展開は見られず、土着と化した古代文化が永続した。中央ではすでに寄木造りの仏像が当たり前になっても、依然として桂や檜、欅で一木彫りの仏像が造られていく。狛犬も同様だった。五十公神社の阿形一体、居多神社の一対、剣神社の二対の造形をみると、だれしも江戸期に増産される唐獅子石像を思い浮かべることはない。ここに紹介した高麗犬石像の先駆である仏国寺石獅子に近いと、見る者だれしもが思うであろう。「コマ」とは必ずしも「高麗」のことでなく、たんに外国＝異郷という意味をもつ時代もあった。そのような語意を意識しつつ頸城野における狛犬のルーツを類型にすると、「シルクロード獅子型」あるいは「新羅獅子」ということになろうか。

なお、神像の素材となる石とか樹木とかについて一言付言しておきたい。軽くて持ち運びに適している木彫は屋内で、また堅固で風雪に耐えるのに適している石材は屋外で、という理屈は一面的である。それ以前に、素材それ自身の神性を考えておく必要がある。やがて神像に洗練される石や木は、それぞれ掘り出されたり植えられたりする場所そのものからして、信徒固有の聖なる意味づけをなされている場合が多い[10]。狛犬について、古代には社殿内で祀ったから木彫だった、というのは一面的な理屈である。古代において、樹木が聖なる存在である地域は世界各地にあった[11]。石もまたしかりである。その点を考慮して、今一度頸城野の自然と社会・歴史のかかわりを俯瞰すると、いっそう興味深い研究テーマがみつかることであろう。

注

（1）上杉千郷『狛犬事典』戎光祥出版、二〇〇一年ほか参照、以下同様。
（2）インターネット版『産経新聞』二〇〇八年八月九日付、写真も同記事より。

(3)平安時代、京都国立博物館編『獅子・狛犬』京都国立博物館、一九九五年、参照。
(4)吉村作治『ピラミッドの謎』講談社、一九七九年。同『超古代 ピラミッドとスフィンクス』平凡社、一九九七年。同『痛快!ピラミッド学』集英社インターナショナル、二〇〇一年。ほか多くの吉村作治著作参照。
(5)石塚正英『歴史知とフェティシズム―信仰・歴史・民俗―』理想社二〇〇〇年、第四章「秩父オオカミ信仰の民俗」。
(6)金達寿『日本古代史と朝鮮』講談社学術文庫、一九八五年。金達寿『日本の中の朝鮮文化』全三巻、講談社学術文庫、二〇〇一年、参照。
(7)『東京新聞』一九九一年五月二三日朝刊記事「最古の白鳳石仏出土」、および葛城市観光協会ホームページ、参照。
(8)仏国寺は、例えば豊臣秀吉侵略軍による文禄の役(一五九二~三年)において焼土と化している。
(9)石塚正英『儀礼と神観念の起原』論創社、二〇〇五年、第五章「石の民俗文化誌または神仏虐待儀礼」参照。
(10)石塚正英『信仰・儀礼・神仏虐待』世界書院、一九九五年、参照。
(11)フレイザー著・神成利男訳・石塚正英監修『金枝篇』全九巻、国書刊行会、二〇〇四年以降、参照。
[補足]東京都の靖国神社や北の丸公園におかれている大型の石造狛犬は明治時代になってから造立されたものであり、軍国主義的作風が出ている。社殿に背を向け威風堂々としているのでシルクロード型にみえるが、モダンなものである。

第七章　風の神とその儀礼——越後の風の三郎 VS. 大和の志那都比古命——

一　世界各地の風神崇拝

環境問題が深刻化して久しい今日、人と自然との共生は二一世紀を生きる私たちにとって不可避の課題といえる。そのためにはまた、自然観の再検討を迫られることになる。つまり、自然とは、これまでのように経済収益・収奪の対象でなく、人々の身体や生活圏との間での還流を旨とする存在だ、ということになる。その点を考慮すると、私たちはかつて各地の村々や里山に根付いていた自然崇拝・儀礼民俗・祭礼神事に今一度思いを寄せることになる。これは伝統的な意味では、処々のさまざまな神々とのあいだで執り行われるコミュニケーションであるが、その神々とは大半が自然（神）か庶物（神）である。また、崇拝の目的は、自然の力に対してなにかご利益を祈願するというよりも、災い（祟り）を和らげたり回避したりするための信仰民俗である。

その一代表に風の神がいる。田植え後に生長する稲（風媒花）の受粉に役立つ風は、秋になると農作物に甚大な被害を及ぼす台風ともなる。人々は、どちらかというと後者に供えて風の神を祀った。風の神による祟りを鎮める、あるいはこれを回避するためである。本稿では、風の神に特化して、人と自然との共生のあり方を比較文明論的な視点から過去にさかのぼって検証し、将来におけるその再構築を展望してみることとする。その際、本稿独自の検討課題として、自然を支配する傾向にある神としての大和諸神とりわけ「志那都比古命」と、これを敬して避けることで共生をはかる傾向にある越後諸神とりわけ「風の三郎」の比較を軸にすえる。

その際、新潟県上越市吉川区の石仏研究家である故吉村博氏（一九二四～二〇〇六年）が遺された風の神に関するフィールド調査報告を援用することとしたい。筆者は、吉村先生がお亡くなりになるまで約一五年間、尾神岳ほか頸城野各地における石仏調査、疱瘡儀礼調査などで先生にご指導戴いた。その吉村先生は、ライフワークとして少なくとも二つのテーマを追究された。一つは頸城一帯の道路元標調査である。そしていま一つは同じく頸城一帯の風の神調査である。今回はそのような貴重な調査結果が収められた報告書（B5判ファイル六冊）――ここでは「吉村博ドキュメント」と称することにする[1]――を座右にして本稿を執筆することにする。

＊　＊

頸城野の風神信仰を検討するに先立ち、視野を広くとって古今東西の各地に事例を探してみたい。筆者は長年にわたり地中海の民俗を調査してきたが、風信仰との関係では、同海域で古来交易活動に従事していたフェニキア人の神話をまず揚げることができる。それは古フェニキアの著述家サンコニアトン（前一三世紀頃？）の著述に含まれている。それを読むと、宇宙の始元は「雲と風とをともなった暗闇の大気、いやむしろ曇った大気の突風、およびエレボスのごとき暗闇の、濁ったカオスであった。（中略）風がそれ自身の両親に魅せられると、混合が起こり、その交わりは欲求と呼ばれた。これが万物生成の開始であった」。さらにサンコニアトンによれば「風たちの交わりからモト（Mot）すなわち泥（mud）が生まれ、それが破裂して光、太陽、月、星が生成した。また、風コルピアスとその妻バーウとからいわゆる死すべき人間たるアイオーンとプロトゴノスが生まれた(2)」。

こうして先史のフェニキアでは、まず最初に自然物が文字通り自然に生成したのである。そこに、天地創造のような創造神は介在しない。まずはいろいろな自然物・自然現象が生成し、さらには人間が生まれるのである。フェニキア神話では、神々はそのあとから生まれるのであって、まずは天地《あめつち》がおのずと開ける、つまり天地開闢なのである。そのストーリーは日本神話（古事記）の冒頭と類似している。

「天地初發之時　於高天原成神名　天之御中主神　次高御産巣日神　次神産巣日神　此三柱神者並獨神成坐而　隱身也／次國稚如浮脂而　久羅下那洲多陀用幣琉之時　如葦牙因萌騰之物而　成神名　宇摩志阿斯訶備比古遲神　次天之常立神　此二柱神亦獨神成坐而　隱身也」

ここに記された「天地初發之時」や「國稚如浮脂而　久羅下那洲多陀用幣琉之時」は、時系列では神が生まれる前のことである。また概念的にみても、「如葦牙因萌騰之物」を平田篤胤のように植物の葦と考えるならば[3]、天地開闢に続き、まずは自然の一つである植物がうまれ、ついでそれが「宇摩志阿斯訶備比古遅神」という神になったことになる。その解釈でいくと、日本神話の冒頭は、自然（葦の芽）→自然神（宇摩志阿斯訶備比古遅神）の順番で展開したといえる。そうであれば、本稿で問題にしている風の神は、その本性は自然神の背後にある自然そのものであるともいえる。越後の風の三郎はこちらに近い。

さて、地中海ではフェニキア人はギリシア人によって駆逐され、フェニキア文化はギリシア文化に呑み込まれる。その過程で風の神は自然神から象徴神へと変化し、次のような風の神が登場する。東風の神「エウロス」、西風の神「ゼピュロス、ファウオニウス」、南風の神「ノトス、アウステル」、北風の神「ボレアス、アクィロ」。これらの神々は大神ゼウスをはじめとするオリンポスの神々に順ずるような位置におかれる。大和の志那都比古命はこちらに近い。

そのほか、古代ローマ時代には未だ原初的な自然信仰の世界に住んでいたケルト人やゲルマン人のもとでは、風の神はいかように観念されていたであろうか。初代ローマ皇帝アウグトゥスはガリア地方に滞在するにあたって、先住のガリア人（ケルト人の一派）が信仰していた風の神「シルシウス（北西風）」のために神殿を建立している。このことは、古代ローマ人は北方の辺境地帯を征服するにつけ、先住民の信仰する神々をおろそかにできなかったことを意味していた[4]。こうした辺境の風神は、日本では越後という辺境に出没する風の三郎と類似している。

ちなみに、シルシウスに敬意を示すアウグストゥス皇帝自身は、風との関係でローマの海神をたいそう真剣に信仰していた。その証拠に、次の逸話がいまに残っている。「ローマ人も、アウグストゥス帝が暴風により二度も艦隊を失った時など、彼は海神ネプトゥヌスに対し、神々の聖体行列でネプトゥヌス像の運搬を禁じることで懲罰を与えている。[5]」

さらには南米大陸に目を向けると、例えばメキシコの風神「エヘーカトル・ケッツアルコアトル Ehecatl Quetzakoatl」。写真にみえるこれはメキシコのトルーカ市カリストラクカで発掘された風の石像神で[6]、メキシコでなく南米の別の地域ではあるが、そこの先住民について、民俗学者のジェームズ・フレイザーは次のように記している。「暴風で小屋が倒れると、南アメリカのパヤグア人は燃え木を掴んで風に向かって炎で威嚇し、一方他の人達は拳を振り回して嵐を脅かす[7]」。こちらの風神は風の三郎に似た処遇を受けている。原初的な生活を維持しているところなら世界中どこでも、風はどうやら災いをもたらす悪神か厄神に括られているようである。古今東西の多くの原初的民族・民衆にとって、

風神とは人智を超えたいと高き絶対神であるというよりも、人々の智恵や力でどうにかなるような、ある意味で身近な自然神だったといえる。

二　日本各地の風神崇拝

前節で古事記に言及したが、その中には伊邪那岐・伊邪那美の二神が生んだとされる風の神、級長津彦命（志那都比古命、しなつひこのみこと）と級長戸辺命（志那都比売命、しなとべのみこと）に関する記述が含まれている。この二神を祀る神社に奈良県生駒郡三郷町の龍田大神がある。祭神は天御柱命《あめのみはしらのみこと》、国御柱命《くにのみはしらのみこと》とあるが、それは級長津彦命と級長戸辺命の別名である。ところで、ここに祀られている風神は、前節で事例を挙げたような悪神・厄神とは思われない。同社の「御由緒」には次のように記されている。

第十代崇神天皇の御代に天下の公民が耕作に最も大切なる五穀を始め種々の作物は揮て凶作となり一年や二年にあらずして累年に及び更に悪疫が流行して天下は騒然でありました。天皇が非常に御心を悩ませ給い多くの卜占者に占はしめたが如何なる理由か其の根拠は全く不明に終わりました。茲に於いて御自ら天神地祇を祭らせ給ひて御誓約を行わせられ祈請を込められましたところ御夢に大神が現れ給い吾は天御柱命国御柱命なり天下の国民の作れる物共を暴風洪水に遭いて凶作となり其他災害の起れるは我が心機の平安ならざるものあり、仍て吾宮を朝日の日向う処夕日の日隠る処の龍田の立野の小野に造営して吾前を鄭重に斎き祀らば五穀を始め何れの作物も豊穣ならしめ災禍も自ら終息して天下太平の御代と成るべしとの御神教がありましたので直に御悟しに従い社殿を此の地に造らしめ給い厳粛に奉斎せしめられました。其れ即ち当社の起源でありまして今より凡そ二千百年前の事であります。(8)

この記述によれば、天御柱命・国御柱命あるいは級長津彦命・級長戸辺命は、勝手気ままに吹き荒れる風を封じ込める神である。風神そのものでなくそれを支配する上級の神である。こちらはこちらで、日本各地で信仰をあつめる。例えば伊勢神宮に祀られる「風宮」がそうである。しかし、この事例は宮中の儀礼に発する。いわば上意下達の信仰である。それに対して農民・庶民の信仰する風の神は、どちらかというと忌避の対象である。「悪神、敬して避ける」という性格の神である。風の神とその儀礼に関する比較民俗学的考察としては、むしろ後者の事例を検討してみたい。その第一は「風の三郎」である。

くびき野で風の神を追いかけて多大な業績を残した故吉村博氏は、「風の三郎」に関して次のように記述している。

安塚町須川上山の石像

新潟県十日町市川治の風神像

「風の三郎さま」の語源理由にはならないが、とにかくこの呼称は、神道にも仏教にも染まらない民間信仰に起因していると考えられる。それが近世になって碑や祠を造るようになって、なにか立派な仏名や神名を用いたいという意識が働き、また修験者や僧侶の介入もあって、現在は「風天明王」「風大神」などの祭神名が刻まれるようになった。けれども、「風の三郎」という呼称だけは親しく継承されてきたものではないかと考えられるが、何人とも納得のいかない不可解な神名ではある。(9)

この考察によれば、風の神信仰は、もともとは農耕庶民の営む名もなき儀礼を下敷きにしている。こちらは吹いて欲しくない風（の神）を撃退するか、あるいはせめて村はずれでやり過ごすかするための儀礼である。これは「風の三郎様」の名でよばれていた。けれども、やがて農山村にも人智のおよぶ時代となるや、風の神は仏教や神道の神様と習合し崇高な名称を備え、本来はやってきてほしくない暴風（風の三郎様）を撃退する役を演じるようになる。しかし、もともとの儀礼はそう簡単には廃れない。そこに、風の神・風の三郎の儀礼が不可解な様相を呈する一因があったのである。

そうした不可解な様相を理解する一助として、風の神が大人でなく子供たちにかかわる事例を検討しよう。長文の引用だが、佐久間惇一「風の三郎祭り　新発田市赤谷」から拾う。

市内滝谷（旧赤谷村滝谷）において、風の三郎のお祭りが子供達によつて行われていることは以前から聞いていたが、昨年夏、祭りの準備をしている現場を訪れて詳しく見聞出来たので報告する。

この祭りは『風の三郎の祭り』といわれていて、新の八月六日オヘドの山で、村の子供達によつて行われる。オヘドの山は、村の案内図には伊勢堂と記されているが、オヘドまたはオセドの山と呼ばれている。ここは東の村頭の杉林の小高い丘で、上から三宝荒神、古峯原様、天満天神、風の三郎、川水上様が祀られているというが、小祠のあるのは三宝荒神、古峯原だけで、あとは常には標となるものは何も見られない。

毎年、祭りの前になると、中学三年生を頭とする村の子供達が、寄りより集つて準備を進める。村をまわつて、太い青竹やヨシをもらつて来て、太い青竹で大人がくぐれるような鳥居や、旗を立てる筒をつくる。また子供達は一人二本ずつの旗と小さなカヤの鳥居を幾つかつくる義務がある。旗は紙で五色のものもあれば白紙のものもあるが、それぞれ子供達自身の手によつて神名が墨で書かれる。大人の手を借りないのが、たてまえのようである。

祭りの前日になると宮掃除であつて、子供達は箒や鍬をもつて集まり、木の小祠を安置する場所や、参道の山道を掃除して、そして山の登り口に青竹の鳥居をたて、参道に紙の旗を立てる竹筒を埋める。

木の小祠は丘の中腹の段の粘土質の斜面を僅か削つたところに、向つて左は天下泰平、右は風の三郎様、風の三郎のやや下の右方に川水神の小祠が置かれる。参道をやや下つた山側の大木の根ツコの陰に天満天神が安置される。それぞれの小祠の前には、萱でつくつた鳥居が幾つも飾られ、小祠の前後や、参道には旗が木陰を通る風にはためく。

村人は胡麻やアンコ、クルミ味噌等をつけた団子を重箱につめたりして、賽銭、おあかしをもつて参詣にくる。子供は歓声を上げて迎える。供えられた団子を神前から下げると、年上の子が串にさして皆んなに平等に分けてくれる。御詣りに来ない家重へは子供達が迎えに行つたり、オヘドの山は一日中楽しげな喚声に包まれる。

お祭りが終ると、旗や鳥居など祭具の一切を大川（飯豊川）のノマ（渕）のわきの河原で焼く。川水神の旗一本は別に最後に同処で燃やしている。残つた団子はめいめいでわけて家に持ちかえつている。

木の小祠は小学校四年以上の者がくじを引いて、当たつた四人が来年の祭りまで預つて、自家の神棚に飾り大事にお祀りすることとなつている。賽銭はきめられた会計が帳面とともにそのまま保管している。

この祭りはすべて子供達の自治によつて行われている。女の子は仲間に入れられないし、不幸のある子も入らない。(10)（略）

儀礼を担当するのが子供ということは、風の神という神観念がどこか道祖神のそれと似てくるのではなかろうか。(11)参考に、木村博「冷たい「北風」への怖れ――「風の三郎」の伝承――」から、新潟県外の事例を以下に引用する。

私の郷里山形県では、凧揚げの時など「風の三郎、風ゴウゴウと吹いてこい」などと風を呼ぶし、それでも効果がないと「風の三郎、ヘエ病み（怠け者）だ」などと悪口もいう。だが、その反面「風の三郎」は子供達にとっては怖ろしい存在であった。寒い木枯らしが吹く頃、殊に晩方などヒュウヒュウと風が吹いてきたりすると、「それっ風の三郎が来たぞ！いつまでも遊んでネで（いないで）、早く家さ入れ」とか「風の三郎にさらっていかれるぞ」「風の三郎が袋たがって（抱えて）くるぞ！」などと、大人達から威されたものであった。姿かたちは見えなくても、「風の三郎」の存在に、子供達は身の縮む思いをさせられたのであった。

私の驚きは「風の三郎」が伊豆方面にも濃厚に伝承されてきたという事実であった。竹折直吉氏の「静岡県における正月の民俗」（『あしなか』第一一九号）によると天とうさん（別名風の三九郎）の団子（ボール大）を、長さ一米ほどの竹の先にさして天井にさしこむ。この団子は早くひびが入って落ちる年ほど豊作だとか、また風雨などにかからないとも言う。この団子を県下の東部ではマユ団子を飾る植木の先端につける家も多い。これを正月さんと呼ぶ人もいる、とある。「風の三九郎」というのは、「風の三郎」と、信州地方でよく云われている道祖神祭りの「三九郎」とが習合した結果であろう。道祖神信仰と風神信仰がこのような形で習合していることは面白い(12)。

三　薙鎌と風の神

さて、暴雨を制御する神でなく、暴風そのものにもなる風の神について、かつて農民はどのような儀礼で立ち向かったか、その事例を本節で検討する。一つは鎌で直接対峙する方法、いま一つは敬して避ける方法である。

まずは鎌で対決する事例を挙げる。吉田郁生『越後の性神・風神その他』からの引用である。

この地域（中里村西田尻、現在は十日町市に含まれる―引用者）では、今は風邪祭りをしない。また風神像もない。（中略）私の子供の頃「風が来た」時に家の前に鎌（五〇センチ位）を立て、風の来る方向に刃先をむけ、風を切ると言って風の静まる、お呪いをした（この風習は信州秋山郷では竹竿の先につけて風切りをする風習があるが、それが移って来たのであろうか）[13]。

吉田によるこの記述にはさらに大元の論考、渡辺行一「続西浜の聞書３」があり、そこには次のように記されている。

雷除け―雷除けは屋根のグシの南方に鎌を立てる。然しこれは本来は雷除けでなく、「風除け（…）」でなかったかと思う。風が吹くと草木がざわつく。これを薙げば風の渡る音を静める。従って鎌が風の神に対する威嚇と見られる。風神が疾風をあげて通路の草木を鳴らして馳せ過ぎんとするに対して、人々が鎌を振り上げ、通路の草木を薙ぎ倒せば忽ちにして風神の怒声を静め得る。即ち風神を征服することになる。こうした考えから現れたものでないか。信州諏訪神社の神宝は石器時代のこの薙鎌《なぎがま》である。これも風除けのものである[14]。

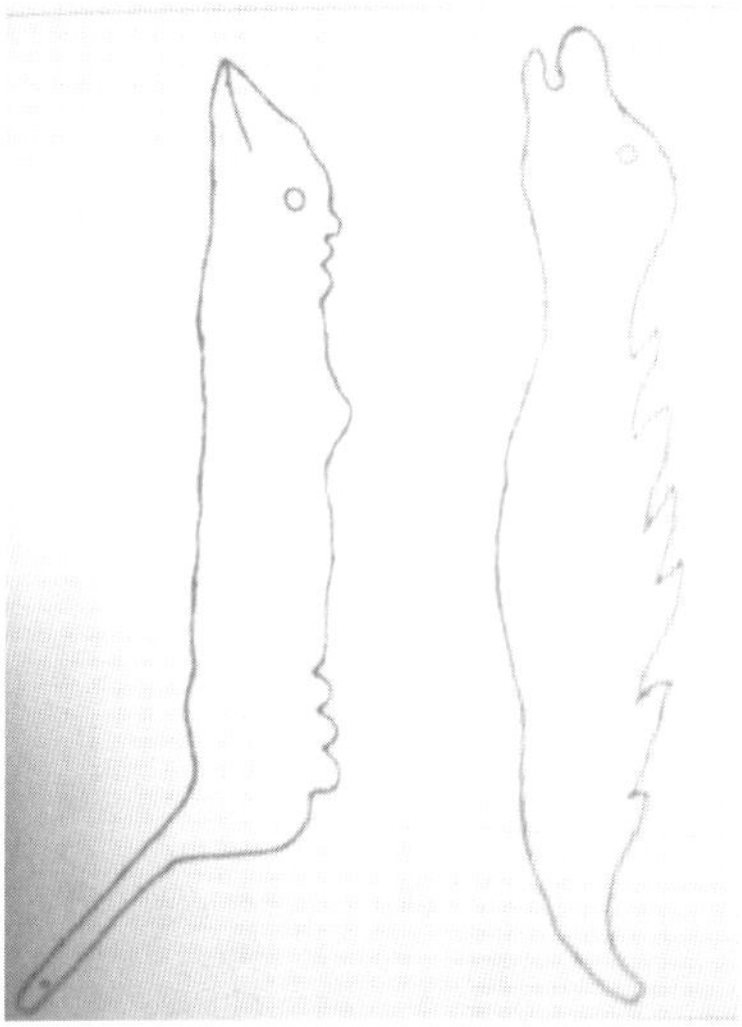

かつて中里村や西浜で行われていたこの風切り儀礼は、神事としては信州諏訪大社の薙鎌儀礼と関連する。薙鎌は、日本神話における奴奈川姫と建御名方命母子に因む儀礼「薙鎌打ち神事」で用いられる神器である。鳥の嘴のような形状（元々は蛇と思える）をし、神木の幹に打ち込んでそのままにしておく。中には表皮に覆われてしまうものもある。この儀礼は、糸魚川から諏訪に向かう姫川上流（信越国境）にある境の宮（長野県北安曇郡小谷村戸土）・小倉明神社（長野県北安曇郡小谷村中股）二箇所で諏訪神社（長野県諏訪市）の御柱祭前年、つまり七年に一度、交互に行われてきた。本儀礼は糸魚川地方では「薙鎌祭」として現在に伝えられている。農民たちの間では草刈鎌を打ち込む事例がある。ようするに「風神の怒声を静め」「風神を征服する」儀礼なのである。自然との共生か対決かといった本稿の問題関心からすると、そこはきわめて重要なポイントである。なお、薙鎌のことをときに内鎌とも記述することもある。[15] 参考までにここに添付する写真だが、右は白馬村峯方の諏訪神社、左は小谷村北小谷の諏訪神社の薙鎌である。ともに鳥の形というよりも、いっそう古い蛇の形をしている。[16]

ここで少し蛇について議論したい。蛇に関する日本神話によると、スサノヲはもともと自らが蛇神でありながら八俣のヲロチ蛇（自然神）を退治してスサノヲ（霊神）になった。もともとは善悪両義性をそなえていた神だったが、善神が悪神を退治するかたちで両義性を断ち切ったのである。その事例を風の神にあてはめると、切り殺された大蛇は風の三郎（悪神）で、切り殺したスサノヲは志那都比古命（善神）であるように類推できるし、志那都比古命は風の三郎（暴風）を切り裂くことで神格（大神）を確立したといえよう。

さて次に、悪神敬して避ける方法の事例をみる。東蒲原郡太田の渡邊桃村氏による風の三郎に関する報告に次のものがある。「旧の六月二十七日とは限りませんがこの辺では風が吹いて来ますと子供たちは一せいに声をそろへて、カゼノサブロサマヨソフイタモレ――タモレ――と山の方を向いてさけび出します」[17]。これは、来て欲しくない暴風に対して婉曲的に拒絶を宣言している事例である。

次の事例はもっと計画的なものである。これも前掲の渡邊桃村氏による報告に含まれる。

「風の三郎様」この神様は旧暦の六月二七日にお通りになる。この日大風が吹き起こされると云ふので私の部落では毎年旧の六月二七日に村人が二、三人で朝早く部落の上下の入口に昔から色々な意味で石の塔婆を立ててありますが、その附近に小さな小屋を立てて小屋の屋根は麦をのせてわづかの風にも吹きとばされやうにして置くのです。小屋の高さと広さは一定しては居りませんが大てい高さ一尺五寸か二尺位間口もそれに相当した形の家を作ります。そのまま作つた人たちが戻りますと通りがかつた人が誰でもその小屋を打ちこわして丁度風に吹き飛ばされたと同じ事にするのです。さうしたことを致しまして風の神様が部落をよけてお通りになつたことを信じて居るのです[18]。

こちらの儀礼は暴風が襲来すること自体は避けられないと諦め、村はずれを少しばかり壊してかえってもらおうというたくらみである。この習俗もまた風の三郎を処するものの代表といえよう。

四　風の三郎 VS. 大和の志那都比古命

本稿冒頭で筆者は次の課題を自らに負わせた。すなわち、風の神に特化して、人と自然との共生のあり方を比較文明論的な視点から過去にさかのぼって検証し、将来におけるその再構築を展望してみること。その際、本稿独自の検討課題として、自然を支配する傾向にある神としての大和諸神とりわけ「志那都比古命」と、これを敬して避けることで共生をはかる傾向にある越後諸神とりわけ「風の三郎」の比較を軸にすえる。

以上の課題は、将来におけるその再構築を展望してみることを除いて、一応検討できた。それを踏まえ、最後にこれを簡単にまとめ、再構築を展望してみるとにしたい。

前近代において人と自然の関係は、たとえば妖怪奇談に示される。自然に対しておかしてはならない領分を一つには神々のすむ聖域（結界）とし、一つには妖怪のすむ異界としておく。ある意味で、どちらも異界ではある。どうしてもそこに分け入らねばならないときは「六根清浄」と清めの祈りを唱えつつ、さもなくば同じ言葉を繰り返せない妖怪に「もしもし、もしもし」と声をかけつつ、足早に抜ける。神々や妖怪は怖いが、祈願の対象にもなる。風の神は、たいがいは災いをもたらす厄介な存在である。しかし、風（の神）なくして田植え後に稲（風媒花）は生長しない。風との付き合い方は双方向であらねばならない。あるときは、鎌で切りつけて撃退する。あるときは村はずれで多少暴れてもらいつつ退散願う。稲穂が実れば、むろん感謝祭を執り行う。対決・妥協・歓迎、これが前近代における人と自然の関係であった。

しかし、知識を蓄えて神を分析したり、自然加工の技術を手に入れたりするようになった近代人は、自然界に神はいない、したがって神にお伺いをたてなくても自然と対決しこれを一方的に支配してかまわないということになり、自然と共生する関係―対決・妥協・歓迎―を拒絶し続けた。その考えと行為のなれの果てが今日の環境破壊である。天変地異をまねく異常気象、人の大量死をまねく鳥インフルエンザ、狂牛病、口蹄疫、新型ウイルスの蔓延、人の生存圏を極小にする大気汚染、海域汚染などなど。

人は衣服を着るようになった結果、寒さに耐えられなくなったといわれる。人は視力補強のため眼鏡をかけだした結果、ますます視力を弱めたともいわれる。さらに人は、軟らかい食べ物を口にするようになった結果、顎の発育不全が顕著になったといわれる。こうした現象は農業国や農村よりも工業国や都会に多くみられる。

農業国・農村と工業国・都会とで、人々の生活様式は異なる。前者において人々は、生活の資は、その多くを自然界から五体を動かしてじかに得ている。これに対し後者において人々は、地域的な繋がりを持たずに生活し、自然界で他と協調してでなく、市場で他と戦って勝ち抜くという競争原理を基本に生活の資を得ているのである。自然環境の只なかにある農村では、自然と地縁に働きかけない生活は不可能である。それに対し都会では、人工環境に生活維持とコミュニケーションの手段を組込んだうえで快適な独居生活を楽しんでいる。

けれども、地球環境の破壊は止まるところを知らない。したがって、現代文明の未来は、農業国・農業地域の歴史性や特殊性を考慮したうえで、都市と農村のほどよい多極分散的共存を実現できるか否かにかかってくるであろう。それが実現されれば、近未来の子どもたちは隣接しあう都市と農村双方の環境に親しみ、不快あっての快適を知り、各々別個の、しかし双方そろって調和のとれる生き方を体験するようになるであろう。そのとき、人々の自然観には、自然を人の対話相手とみなすモメントが復活してくると思われる。その対話相手とは、たとえてみるならば、風の三郎なのである。人にとって親しくもあり怖しくもある存在、それが人との共生関係にある自然界なのである。

　前近代の民間信仰において主役を演じる神々の多くは、七福神に象徴されるように、何らかの慎ましいご利益的機能をもった神様であった。また、だれもが知っている障害神にダルマがいる。もと達磨大師という修行僧だったらしいこの神は、信徒たちにまえもっていじめられる。片目しか開けてもらえないのだ。そうしておいて、もし願い事をかなえてくれたならもう一つの目も開けてあげよう、という仕儀である。人間たちの大願を成就させなければ片目のままどころか、下手をするとどこぞに打捨てられもする。それに対して、まず願い事をし、もしそれをかなえてくれないとわかってからいじめにあう神に、てるてる坊主がいる。このお方は、翌日のお天気しだいでは無残にも首をぶった切られるのだ。童謡唱歌にこうある。「てるてる坊主てる坊主、あした天気にしておくれ。それでも曇って泣いたなら、そなたの首をチョンときるぞ」。

　人間の残酷さはいまに始まったことではない。民間信仰における神々とのインターフェイスにおいて、人々は昔から神様にも体罰を加え、ときに障害者にしてしまうのだった。また、民間信仰における神様には、悟りの境地に達しているとは到底思えないようなレベルのものがいる。えばりん坊や寂しがりや、はては罪を犯す神々までいるではないか。古今東西の民間説話や神話には、人間世界と同じように様々な価値観や性向をもった神がみがたくさんいるのである。それもそのはず、神話の世界はそれを創り出した人々の社会を反映しているからである。人間たちはそうした人間味あふれる神々をしたたかに利用してきたと言えよう(19)。

民間信仰において愛される神、いじめられる分だけ慕われる神、障害をもつゆえに人と共生する神、そうした庶民神は、二一世紀の宗教生活において、外的事物・現象と人間との仲介役にふさわしいといえよう。それは近代化に見舞われて風土的断絶の激しい表日本にいるのでなく、原初性ただよう一木彫の仏像や狛犬がのこる裏日本沿岸の汀線文化圏にこそ住まうのであろう。

＊　＊

上越市の西方、滝寺から下正善寺にかけての小高い丘を吹き抜ける風、あるいはその丘陵地帯の名称として「愛の風」がある。その丘は、現在は「愛の風公園」として上越市民の憩いの場となっていて、モンキアゲハやギフチョウの舞う丘から眼下に高田平野が、北方に春日山、日本海が臨まれる。

ところで、古来、風は「風土」に象徴されるように土と深くかかわってきたが、もう一つ海との関係も強かった。それを象徴する言葉に「あゆのかぜ（東の風）」があり、日本海沿岸で吹く東よりの風を指す。この風は、江戸時代に日本海を航路とした松前船が順風として利用した風で、日本海沿岸で吹く東よりの風をいう。かつて海上輸送の帆船が上りの順風として利用したようである。さらに昔、国守として越中にあった大伴家持は長歌に「東の風《あゆ》いたく吹くらし奈呉《なご》、海人《あま》の釣りする小舟《おぶね》漕ぎ隠る見ゆ」と詠んだ。万葉時代の越の国（現在の北陸地方）では、春に東から吹いてくる風を“あゆの風”と呼び、幸福を運んでくるものと信じられていたそうである。東《あゆ》

の風《かぜ》と愛の風はおそらく同じ語源に発しているのだろう。いずれも伝統と風土の人間文化を醸し出す語句である。（写真は上越市牧区の風巻神社）

風は自然現象の一つである。風とか水とか土とか、それらを肌に接して、たとえば自然観について、文化人と科学者と信仰家では次のように相違するかもしれない。文化人にとって「沃土・清水・涼風」は、科学者にとって「窒素・炭素・水素・気圧」であろうし、信仰家には「地神・聖水・神のいぶき」だったりする。私たちは、そうした多様な価値観・感性のアンサンブルの中で先端技術を革新すべきなのである。これこそ、人と自然のあいだに展望される多様な共生関係なのである。

注

筆者が平成二〇年春に設立したNPO法人頸城野郷土資料室は「天地人」をモットーにしている。天地人とは、天の恵み、地の利、人の智恵である。頸城野における天の恵みとは冬の豪雪と夏の炎天である。これによって人は精神を鍛えられるのだった。苦しみを転じて心地よさとする、そうした発想の柔軟性は、かつて頸城野に「風の三郎」信仰を呼び寄せたのではなかろうか。

（1）吉村 博 編著『風の神信仰フィールド調査―吉村 博ドキュメント第1』特定非営利活動法人頸城野郷土資料室、二〇〇九年。本ドキュメントの原本は、新潟県石仏の会が遺族からお預かりし、事務局員の渡辺三四一氏が勤められる柏崎市立博物館に収蔵されている。本ドキュメントはその原本を本NPOが借用しPDF版電子データに変換したものである。なお、作業に当たって、個人情報保護の観点からみてデータ化を控えた文書（一部の書簡など）がある。さらに吉村雅夫編になる次の文献参照。『吉村博遺稿集　石と語る民族文化』北越出版、二〇一一年。

（2）石塚正英『フェティシズムの信仰圏』世界書院、一九九三年、八二～八三頁、同『歴史知とフェティシズム』理想社、二〇〇〇年、一九七～一九八頁、参照。

（3）石塚『フェティシズムの信仰圏』、一四一頁以降参照。

（4）シャルル・ド・ブロス著・杉本隆司訳・石塚正英解説『フェティシュ諸神の崇拝』法政大学出版局、二〇〇八年、七八頁。

（5）ド・ブロス、同上、四九頁。

（6）写真は一九八〇年にメキシコ州から姉妹都市さいたま市（旧浦和市）に寄贈された複製のブロンズ像で、市内の別所沼公園に置かれている。

（7）フレイザー著・神成利男訳・石塚正英監修『金枝篇―呪術と宗教の研究』第一巻、国書刊行会、二〇〇四年、二一二頁。

（8）http：//www.geocities.jp/engisiki/yamato/html/０３０３０1-01.html

（9）吉村　博「東頸城地方の風祭り（風の三郎さま）について」NPO法人頸城野郷土資料室編『くびきのアーカイブ』第六号、二〇〇九年、五頁。

(10) 佐久間惇一「風の三郎祭り　新発田市赤谷」『高志路』通巻第一九九号、一九六三（昭和三八）年、九頁。
(11) 石塚正英「虐待される道祖神」、同『歴史知とフェティシズム』九一頁以降、参照。
(12) 木村　博「冷たい「北風」への怖れ――「風の三郎」の伝承――」季刊『悠久』第七九号特集「風の神信仰」平成一一年、五四頁、三五頁。
(13) 吉田郁生『越後の性神・風神その他』吉田ふじ（編集発行）、一九八六年、一四〇頁。
(14) 渡辺行一「続西浜の聞書3」『高志路』（第四巻第一一号、通巻四七号、一九三八年、五二頁。
(15) 参考までに内鎌と薙鎌の相違を強調している論考を紹介する。「内鎌とは薙鎌と思います。内鎌とは国境境界の印として境の木に打込み又は掛けた物であつたようです。他の方面の事は後にして信越国境の内鎌から申しますと、現在では国境線の長野県北安曇郡小谷村戸土及中股の神社即ち明神様の杉の大木に打込まれています。昔は七年毎に国境の木に打込んだが、後にはこの両明神様にだけ内鎌を打込み、更に治安が統一されるにつれ儀式化して来まして、今では両社交互に七年毎ですから実際には一四年に一回となるわけです。諏訪社の境内の端に打込むと云うのです。」「信越国境裁判で最初に出て来るのは元禄一四年で元禄一三年越後山口が国境問題を、幕府評定所に提訴し、一四年評定所は小谷郷に返答訴状を出させた。（その史料に「内鎌」が記されている―石塚）」稲田泰策「根知の笹ゆり（上）」『頸城文化』第一八号、昭和三六年、四八頁参照。
(16) 島田潔「諏訪の薙鎌」季刊『悠久』第七九号特集「風の神信仰」平成一一年、三〇頁より引用。
(17) 蒲原郡太田の渡邊桃村氏による風の三郎に関する報告『高志路』通巻五四号民謡特輯号、一九三九年、六八～六九頁。

(18)『高志路』通巻五四号、六八頁。なお、この儀礼については以下の文献を参照。石塚正英「悪神、敬して避ける――秋山郷の庚申信仰と柏崎の疱瘡神塔」、『石仏ふぉーらむ』第一号、新潟県石仏の会、一九九五年。

(19)石塚正英『信仰・儀礼・神仏虐待』世界書院、一九九五年、同『儀礼と神観念の起原』論創社、二〇〇五年、参照。

第八章　鉄道と文学と「裏日本」

一　はじめに

一九二四（大正一三）年八月、與謝野寛（一八七三〜一九三五年）[1]・與謝野晶子（一八七二〜一九四二年）夫妻は『明星』の同人關戸信次を伴って佐渡を訪れた。同じく『明星』の同人で佐渡に住む渡邉湖畔（一八八六〜一九六〇年）の招きに応えたものであった。[2]
渡邉湖畔には、與謝野寛・與謝野晶子夫妻をはじめ、会津八一、北原白秋、高村光太郎らとの間に多くの書簡のやり取りがあった。これらの書簡は甥にあたる渡邉和一郎氏によって整理され、『佐渡びとへの手紙　渡邉湖畔と文人たち』（全三巻）[3]にまとめられている。同書を導きに、佐渡を訪れた人々の旅の記録を調べてみたい。ここからは、明治・大正期の人々が太平洋側と日本海側を移動する際に果たした鉄道の役割が垣間見えてくる。日本海側が「裏日本」となっていく過程もまた、ここから考察できるであろう。(4)

二　佐渡行

1　渡邉湖畔

渡邉湖畔は、一八八六（明治一九）年に佐渡の畑野で生まれている。幼名は林平。一九〇一（明治三四）年から一九〇四（明治三七）年まで、羽茂の佐渡一宮・渡津《わたつ》神社の宮司であった美濃《みの》部楨《べてい》の漢学塾に学ぶ。すでに一八九六（明治二九）年一〇月には佐渡中学（現・新潟県立佐渡高等学校）が開校していた。湖畔は近代化以降の学校制度ではなく、江戸時代以来の学問の伝統の中で学んだことになる。美濃部楨の師は圓山溟北《まるやまめいほく》といい、佐渡を代表する知識人であった。湖畔は圓山門下の一員として漢学に親しんだことになる。(5)

文学者としての湖畔は、漢詩と短歌と俳諧をよくした。漢詩は漢学塾の塾生であるからして当然の教養であったろう。短歌は、一九〇二（明治三五）年に『新潟新聞』(6)を背景に山田穀城《よしき》が創刊した同人誌『若菜舟』に第二号から湖畔の歌が掲載されている。(7)山田穀城らは一九〇二（明治三五）年に與謝野鉄幹を佐渡に招く。(8)湖畔が鉄幹に対面したのはこの折であったと考えられる。

翌一九〇三年、湖畔は新詩社に加わっているからである(9)。

しかし、湖畔にはもう一つの顔があった。一九一二（大正元）年、湖畔は家業であった呉服商を継ぎ、家名である金左衛門を名乗る(10)。一九一一（明治四四）年に東京の川北電気企業によってはじめられた佐渡の電源開発に湖畔も発起人として名を連ねる。一九一四年に会社が営業を開始し、翌年には会社は川北の手を離れて佐渡電灯株式会社となる。初代社長に選出されたのは渡邉湖畔であった(11)。ほかにも、佐渡銀行の経営にも関わっていたようである(12)。もっとも、家業の呉服商には熱心ではなく、呉服店と弟の営む渡邉書店を合体して佐渡商事株式会社とし、経営は弟に任せている(13)。

若い湖畔は佐渡の同人誌『海草』や『微光』、田山花袋の『文章世界』等に寄稿している。この間の作品は與謝野寛に送られ、指導を仰いでいた。一九〇八（明治四一）年には與謝野寛から『明星』への投稿を促される。湖畔の作品が『明星』に登場し始めるのは、第一期『明星』の終刊間際である（終刊は同年一一月の第一〇〇号(14)）。

湖畔と與謝野寛・與謝野晶子夫妻との親交は極めて密であった。一方、第一期『明星』を閉じた寛は、一九一一（明治四四）年、横浜から単身フランスへ渡る。晶子はそのための金策に奔走した。その晶子も翌年には敦賀港からウラジオストックを経てシベリア鉄道経由で寛の後を追った(15)。晶子はその年のうちに帰国。寛も一九一三年には帰国している。

家業を継いでいた湖畔は、頻繁に東京との間を往復している。與謝野夫妻との交流のためもあったであろう。私的にも、長男の東京への進学に際しては與謝野夫妻が保証人にまでなり面倒を見ている。(16)創作も活発で、第一歌集『草の葉』は一九一七(大正六)年五月に與謝野寛・與謝野晶子の序文、藤島武二の装丁で出版され、(17)続く第二歌集『若き日の祈祷』は一九二〇(大正九)年一二月に、寛の序、晶子の「序にかえて」五首の短歌、高村光太郎の装丁と挿絵で出版されている。(18)

2　與謝野寛・與謝野晶子の一九二四年八月の佐渡行

與謝野鉄幹が初めて佐渡を訪れたのは、前述のように一九〇二(明治三五)年のことであった。このころ、北越鉄道(現・信越本線)は直江津で官営鉄道と接続して、沼垂駅(現・日本貨物鉄道株式会社(JR貨物)沼垂駅)まで到達してはいたが、上野―沼垂間の直通列車はない。沼垂―新潟(旧)間が完成するのは一九〇四(明治三七)年、一往復の上野―新潟直通列車が設定されるのは一九〇五年である。この直通列車の上野―新潟間所要時間は一六時間弱であった。それ以外の列車を利用した場合はすべて、直江津で乗り換えとなる。一方、北陸本線は一八九九(明治三二)年には米原から富山までは開通していたが、糸魚川―青海間が開業して全通するには一九一三(大正二年)年を待たなくてはならない。(19)

フランスから帰国して後も、寛は『明星』の復刊を考え続けていたようである。それが湖畔宛て書簡ではっきりしてくるのは一九二〇(大正九)年末である。(20)翌一九二一(大正一〇)年八月一五日、復刊に向けた最後の詰めの会議が「歌会」と称して越後赤倉温泉の香嶽楼で開かれる。湖畔は八月一〇日付の書簡でこの会へ「こっそり」来るよう請われ、参加している[21]。第一期廃刊後に同人の中にもいろいろな考えが生まれていたのであろう。復刊までは内密にことを運ぼうということであったと考えられる。湖畔は資金面でも協力したようだ[22]。第二期『明星』は一九二一（大正一〇）年一一月から刊行が始まる。しかし、一九二三（大正一二）年九月、関東大震災が起こる。書店に並んだばかりの『明星』九月一日号が被災したのであった。以後休刊となり、再刊されるのは一九二四（大正一三）年六月になる[23]。

與謝野寛が與謝野晶子を伴って佐渡を訪れたのは、震災から立ち直って『明星』の再刊なった後の同年八月になる。もっぱら歌を作るためのプライベートな旅であった[24]。この旅の行程をたどってみよう[25]。

八月六日、與謝野夫妻と關戸信次の三人は夜行列車で上野から赤倉温泉へ向かった。最寄駅は田口駅（現・妙高高原駅）である。一九二四（大正一三）年三月改正の列車ダイヤで見ると（【図七】参照[26]）、上野発の夜行列車には、一八時五五分発の急行・七七三列車・金沢行き、二〇時二五分発の急行・一〇一列車・新潟行き、二〇時三五分発の普通・一〇三列車・新潟行き、二一時二四分発の不定期列車・一四七列車・新潟行き、二二時一〇分発の普通・一〇五列車・新潟行きがあった[27]。ここで「急行」というのは急行料金を必要とする急行列車である。それまで急行料金を徴収する急行列車は主要幹線にしか運転されていなかったが、一九二二（大正一一）年九月のダイヤ改正から信越線などの亜幹線にも拡大されることとなり、この時に設定された信越線系統の二往復の急行列車が七七三列車（上りは七七二列車）と一〇一列車（上りは一〇二列車）であった。しかし、これらは田口には停車しない。一〇三列車が田口に到着するのは六時〇〇分、一〇五列車は七時四三分である。おそらく、このどちらかに與謝野夫妻は乗車したのであろう。湖畔は前日から赤倉温泉の香嶽楼に投宿し、一行を出迎えている。一行の宿も香嶽楼であった。一九二一年に『明星』復刊のための歌会をひらいたあの宿である。

翌七日に、『明星』の同人で與謝野夫妻を訪ねて上京していた福岡在住の歌人、白仁秋津《しらにあきつ》が一行を追って上野から到着する。八日は関温泉まで徒歩旅行し、九日は野尻湖に遊び、小林一茶の墓を訪ねたりして、直江津に向かう。直江津では「いか屋旅館」に投宿。一〇日の早朝に新潟行きの汽車に乗った。直江津を午前中に発車する下り列車は、急行・一〇一列車（五時一五分直江津発・八時三〇分新潟着）、直江津始発の六七八列車（五時二五分発・九時四〇分着）、夜行の一〇三列車（七時一二分発・一一時五五分着）、一〇五列車（八時五四分発・一三時三〇分着）、上野—軽井沢間不定期の一〇七列車（一一時三〇分発・一六時四一分着）しかない。もっとも、午後も新潟行きは一〇九列車（一四時一〇分発・一八時五八分着）、一三一列車（一七時〇五分発・二一時五五分着）の二本だけで、最終の一一三列車は長岡止まり（一九時五五分発・二二時五〇分長岡着）である。白仁秋津は直江津から北陸線の列車で福岡に帰った。新潟に到着した與謝野夫妻・關戸信次・渡邉湖畔一行は、信濃川左岸に広がる砂丘の河口近くにある日和山《ひよりやま》から日本海を望み、夜は市内随一の料亭である行形亭《いきなりや》で宴席に連なり、おそらくは湖畔の新潟での定宿であった古川旅館に投宿する。

一一日、新潟港から三時間半の航海で佐渡・夷港に到着すると、一行は途中の景勝地を回りつつ、畑野の湖畔邸に到着、ここで昼食を使う。これから一三日まで、湖畔邸を拠点に真野や小木に足を伸ばしている。一三日、湖畔邸を辞して相川の高田屋に宿をとり、佐渡金山を巡る。一四日に夷港から出帆、佐渡を離れている。移動には、当時一般的であった人力車ではなく、自動車を使ったらしい。一行の佐渡滞在中、湖畔は終始行動を共にし、夷港で一行を見送った。

旅で詠まれた寛と晶子の歌を一首づつ引いておく。

光りつつ沖を行くなり如何ばかり樂しき夢を載する白帆ぞ　寛
野撫子濱撫子とことなれり都の色の眞野のなでしこ　晶子(28)

新潟では一旦宿に立ち寄って風呂を使った後、夜行列車に乗車する。翌一五日朝に軽井沢で下車しているから、二〇時〇〇分新潟発の一〇六列車であろう。この列車は午前六時二六分に軽井沢に到着する。一行はその日軽井沢の千ケ滝に宿泊し、この度の佐渡行で詠んだ歌を整理し、翌一六日、軽井沢・莫哀山荘に尾崎行雄を訪ねている。後に東京市長や衆議院議員、大臣を歴任する愕堂尾崎行雄である。彼もまた與謝野寛・與謝野晶子に師事した『明星』の同人であったが、福沢諭吉の推薦で一八七九（明治一二）年から一八八二（明治一五）年まで『新潟新聞』の主筆を務めてもおり、新潟県内の自由民権運動に言論の立場から関わってもいた[29]。

半日を尾崎のもとで過ごして、一行は午後の汽車で上野に向かう。上野着が夜一〇時というから、乗車したのは軽井沢一七時〇六分発の七七〇列車であったろう。この列車は前日の一六時五〇分に姫路を発って、米原から北陸本線を経由してはるばるやって来た長距離列車であった。

3 與謝野寛・與謝野晶子の一九三四年一〇月の佐渡行

『明星』は一九二四（大正一三）年に震災を克服して再刊されたが、一九二六（大正一五）年には刊行が滞りがちになり、一九二七（昭和二）年の新年号は前年末の二号分と合わせて三巻の合本となった。二月にも三月にも刊行できぬまま、とうとう第三種郵便物の認可を取り消されてしまう。かくてこの年の四月号で終刊を迎えるのである[30]。

この間、寛は森鷗外全集の編集に尽力している。湖畔との書簡のやり取りも夫妻ともに頻繁で、湖畔もまた足しげく上京していた。そうこうするうち、一九三四（昭和九）年八月末、赤倉温泉に滞在中の寛から佐渡の湖畔に書簡が届く。その中で、寛は、連日の霧のため赤倉から佐渡が遠望できないと嘆き、一〇月末には佐渡を訪れたいと述べる。旅の目的は「家計のため、また歌を詠み候ため」という[31]。「家計のため」とは、収入を得るためということであり、すなわち、講演旅行であり、揮毫の旅であるという意味である。一〇年前の佐渡行は、ただ歌を詠むためのプライベートな旅行であったが、今回はそれだけではない。東京の大詩人の文学講演の旅なので

ある。当然、湖畔はお膳立てに奔走する。(32)

かくして、一九三四（昭和九）年一〇月二五日、與謝野寛・與謝野晶子夫妻は上野から上越線経由で新潟に入る。(33)上越線は一九三一年（昭和六）年に清水トンネルの貫通によって全線開通したばかりである。書簡によれば、当初は同日の夜行で長岡に向かう予定であったらしい。実際は湯檜曽で一泊して二六日に長岡に入っている。

長岡では市内を見物した後、夫妻は、長岡の図書館・互尊文庫で講演。翌二七日には晶子が長岡高等女学校（現・新潟県立長岡大手高等学校）で講演。夜は晩餐会が開かれている。二八日は三条、二九日は弥彦を経て新潟に到着する。良寛和尚の旧跡である国上山の五合庵を訪ねる予定であったが、新潟高等女学校（現・新潟県立新潟中央高等学校）での晶子の講演の時刻が迫っていたため、散策を断念している。二九日夜は新潟の室長旅館に投宿、翌三〇日は朝市や砂丘の散策ののち、市内のホテルで座談会に臨む。三一日は再び砂丘を散策し、その夜、行形亭で短歌会と晩餐会を開く。席上、十人がそれぞれ十首の歌を詠み、これを寛が朗読・講評したという。

新潟のサンタマリヤの鐘鳴りぬ心に向ひ海に向ひて　　晶子
十とせ經て萬代橋も石となり山田穀城もいにしへの人　　寛

右に、その席上での二人の歌のうちの二首を引いておく。寛の歌に出てくる「萬代橋」は、信濃川河口近くにかかる御影石貼り鉄筋コンクリート造りのアーチ橋で、二〇〇四年に国の重要文化財に指定されている。先の佐渡行の際にはまだ木造であった。また、山田穀城は、前述の通り一九〇二（明治三五）年に寛を佐渡に招き、一九二四（大正一三）年の寛の佐渡行に際しても湖畔とともに出迎えた歌人であったが、一九三三（昭和八）年に死去している。晶子の歌の「鐘」は新潟カトリック教会の鐘であろう。この教会で、湖畔は一九二三（大正一二）年一一月二八日にプロテスタントからカトリックに帰正している。(34) この日の歌会には湖畔は出席していない。佐渡で歓迎の準備をしていたのであろう。海に向かって響く鐘は、海の向こうで待つ湖畔に向かっても鳴っているというのが晶子の歌の含意ではあるまいか。

一一月一日、いよいよ一行は佐渡へ渡る。湖畔は陶芸家の三浦常山とともに両津の港で出迎える。両津の当時唯一といってもよかった高層建築である貯蓄銀行（現在の第四銀行支店）の屋上に登って遠望し、加茂湖に沿って畑野に向かい、湖畔邸に入る。寛は深更まで歌を詠んだという。湖畔は漢詩を詠み、寛がそれに次韻している。

一一月二日は激しい嵐であった。河原田の佐渡電灯会社に立ち寄ってから河原田高等女学校（旧制佐渡中学と合同して一九五〇（昭和二五）年に新制佐渡高校となり現在に至る）で晶子が講演するが、強風のため声はかき消されたという。講演の後、相川へ回り、一九二四年と同じ高田屋に宿泊する。旧制相川中学（現在は廃校）や佐渡鉱山のクラブでも講演し、一一月三日には外海府へと足を延ばす。同行する人々も湖畔を含めて多数おり、強風と驟雨のため役場では警報を発するほどであったが、これをおして出発する。自動車の行けるところまでは行ったが、その先を徒歩で回ることは断念し、引き返す。ところが、帰路で断崖が崩壊して立ち往生してしまう。結局、相川から迎えの車を呼ぶ事態となった。一行は崩れた断崖を徒歩で越えたという。夜は料亭で晩餐会。翌四日は陶芸家・三浦常山のアトリエを訪れ、小木へと向かう。小木では講演の予定であったが、常山のアトリエで遊び過ぎたため、講演開始時刻に遅刻。ために、その夜、夫妻はお詫びの講演を別途開催することになる。小木では喜八屋に一泊。明けて五日は風も鎮まったためか、舟を雇って小木の海で遊んでいる。その晩は畑野に戻り、湖畔邸で一泊。翌六日、朝八時半、湖畔に送られて両津港まで来ると、佐渡の知人が遠くは相川からも見送りに来てくれていて、夫妻は感激する。九時出港。新潟で汽車に乗り、その日の夕刻には上野駅に帰着している。

帰京後、寛は漢学者・吉田学軒の古稀の祝のために奔走する。学軒吉田増蔵は鷗外に見出された漢学者で、「昭和」という年号の撰文に関わり、寛も湖畔も師弟ともに敬愛していた。明けて一九三五（昭和一〇）年二月、その祝のために佐渡から呼び寄せた湖畔ともども、東京・新宿でたびたび打ち合わせの集まりを開くうちに、寛は発熱。しかし、熱が引くと吟行に出かけた。吟行と発熱を繰り返す寛を見かねて、家族は三月一三日に寛を慶応病院に入院させるが、寛は二六日に病院で息を引き取った。学軒の古稀の祝に寛は出席することができなかったのである(35)。

4　吉井勇、高村光太郎、会津八一

與謝野寛の三度の佐渡行、與謝野晶子の二度の佐渡行を見るならば、佐渡・新潟に多くの歌詠み・詩人がおり、雑誌の発行も行われ、文学界といってもよいサークルが形成されていたことは疑いない。ひとり渡邉湖畔が突出していたわけではないことがはっきりとわかる。こうしたサークルの中で独自の文化・文学が生み出されていたのである。

それはまた、招かれた與謝野寛・與謝野晶子夫妻のみが特別に佐渡・新潟と縁が深かったわけではない、ということをも意味しよう。事実、湖畔は與謝野夫妻以外にも何人もの著名人を新潟に招いている。今に知られている人物を挙げれば、たとえば、吉井勇であり、高村光太郎であり、北原白秋であり、会津八一であった。

吉井勇は一九一七（大正六）年に湖畔の招きで、佐渡を訪れている。この時のことは、後年発表された随筆「佐渡ヶ島」に詳しい。『佐渡新聞』は吉井の来訪を伝えるばかりではなく、真野に宿泊して歌を詠んだ際の作品を、同席した佐渡の歌詠みたちの作品とともども掲載している。(36) 地方新聞が地元の文化・芸術に大きな役割を果たしているのが見て取れよう。

高村光太郎は、すでに述べたが、湖畔の第二歌集『若き日の祈祷』の装丁・挿絵を担当している。湖畔は実父の肖像画を光太郎に依頼し、一九一八（大正七）年一〇月に佐渡に招いている。光太郎は一〇月四日に東京を発ち、新潟で一泊して、五日に佐渡に渡ったらしい。この件に関しては與謝野寛から事前に湖畔に手紙があり、光太郎は席上にて歌を詠むことを好まないから、くれぐれも歌会など開かぬように、とのアドバイスを受けている。そのためもあって、光太郎の来島についての記録はわずかしかない[37]。結局、実父の肖像画は完成されることなく、かわりに、同年四月に三歳半で他界した湖畔の娘道子の肖像が残されることとなった。

北原白秋からは一九二二（大正一一）年五月に、新潟に行くついでに佐渡に立ち寄りたいとの手紙が湖畔に届く。しかし、白秋は体調を崩して、新潟来訪が六月一〇日にずれ込んだ。新潟師範学校（現・新潟大学教育学部）講堂で白秋作品ばかりを集めた童謡の音楽会が開かれ、白秋はたいそう喜んだというが、結局、佐渡への来訪は実現しなかった。音楽会の後砂丘を散策して「海は荒海　向こうは佐渡よ」の「砂山」の詩が生まれることとなる。この新潟での行事に湖畔がどのくらい関わっていたかは分からない。一四日の夕方、山田穀城が主催する新潟の詩の同人「路人社」の人々に見送られて、白秋は新潟を後にする[38]。

会津八一は新潟の生まれであったから、これらの人々とは若干事情が異なるだろう。一八八一（明治一四）年に新潟市古町に生まれた八一は、早稲田大学卒業後の一九〇六（明治三九）年、英語教師として新潟県中頸城郡板倉村（現・上越市板倉区針）の有恒学舎（現・新潟県立有恒高等学校[39]）に赴任している。有恒学舎在職中に二度、修学旅行の引率で佐渡を訪れている[40]。その後早稲田高等学院に移り、のち早稲田大学教授となる。しかし、一九四五年四月一三日の空襲で蔵書も含めて一切を焼失し、同月三〇日、毎日新聞社の飛行機で郷里へ戻ってくる[41]。一九四六年六月、八一は坂口安吾の兄で当時新潟日報社長であった坂口献吉に請われて、新たに創刊される『夕刊ニイガタ』の社長に就任する。一方早稲田大学は教授会決議を以て八一を早稲田に呼び戻そうとするが、八一はこれを断っている。この年の九月、新潟のバス会社である新潟交通の仕立てたバスをタクシー代わりに、八一は佐渡を巡っている。畑野の湖畔邸も訪問した(42)。

三　鉄道と近代化

1　明治初期の北陸・新潟地域の鉄道

これらの人士の移動を見ると、鉄道をはじめとする交通機関の発達によって、行動が大きく左右されていたことがわかる。鉄道国有化による北越鉄道の信越線への編入と直通列車の運行、北陸本線全通、上越線全通と続く鉄道の開通が、東京と佐渡の間を結ぶルートを変える。初めは人力車で佐渡島内を巡っていたであろう文士たちが、次第に自動車を用いるようになり、会津八一の帰省に至っては飛行機であった。

ところで、古厩忠夫氏の『裏日本――近代日本を問いなおす――』は、一八九二（明治二五）年度末と一九〇六（明治三九）年三月末の鉄道線路を日本地図で示して、鉄道網の建設が太平洋側に偏っていることを指摘する(43)。そして、この偏りはひとり鉄道に留まるものではなく、社会資本整備全般に言えるとする。「鉄道は日本近代化の文字どおり機関車の役割を果たした社会資本の象徴であるが、日本海側はその整備のそとにあった(44)」というのである。確かに、これは事実であろう。これが日本海側を「裏」日本とし、「表」の日本に蓄積される資本の供給源たらしめてきたというのである。しかし、事態はそれほど単純ではあるまい。なぜなら、一八八六年の段階では、信越線は部分開業していたが、東海道本線は影も形もないからである。[45]それゆえ、まずは日本の鉄道の草創期までさかのぼってみる必要がある。

一八七二（明治五）年、新橋（旧・汐留）駅—横浜（現・桜木町）駅間に日本最初の鉄道が開業した。しかし、この路線は、安政の五カ国条約で開港した五港のうちのひとつで東京から最も近い横浜港を、帝都東京と結ぶのが目的であった。大動脈となることを予定したものではない。東京と大阪を鉄道で結ぶ計画を政府が公式決定したのは、一八六九（明治二）年一二月一二日（旧暦一一月一〇日）であるが、その時、ルートは未定であった。新橋—横浜間に続いて大阪—神戸間が開業した一八七四（明治七）年の段階でも、やはり未定であった。[46]

ルート未定のまま、一八七七（明治一〇）年には京都—大阪間が開業、一八八〇（明治一三）年には京都—大津間が開業する。一方、一八七一（明治四）年には京都から琵琶湖西岸を経由して敦賀へ至る路線の測量が開始される。測量の結果はお雇い外国人技師長ボイル（R. K. Boyle）によって、「西京敦賀間並中仙道及尾張線ノ明細測量ニ基キタル上告書」（一八七六年四月）と、「中仙道調査上告書」（同年九月）にまとめられる。この段階では、敦賀への最短ルートである現在の湖西線ルートが選ばれているが、実際に着工されたのは、まずは柳ケ瀬—長浜間（一八八二年三月完成）であり、長浜—春照《しゅんじょう》—関ヶ原間（一八八三年五月完成。関ヶ原以西を米原へ向かう新線に付け替えたため、一九〇〇年に廃止）であった[47]。

両路線の開業時点で井上勝鉄道局長官は、

1　関ヶ原以東は大垣、加納を経由して中仙道へ線路を延長すべきこと

2　加納と名古屋を結ぶ尾張線を建設すべきこと

3　大垣と四日市は水路で結ぶべきこと

との意見書を提出する。井上の建議を受けて政府が東京―大阪間の本線ルートを中仙道経由に決定するのは、一八八三（明治一六）年一〇月である。この時すでに東京方では上野―熊谷間が日本鉄道の手で同年七月に完成、翌年五月には高崎まで延伸・開通していた[48]。一方、京都方では、柳ケ瀬トンネルの難工事が終わって長浜―金ケ崎《かねがさき》（後の敦賀港《つるがみなと》駅。二〇〇九年三月廃止）間が全通したのは一八八四（明治一七）年である。

中仙道ルートが選ばれたのにはいくつかの理由が指摘されている。まず、東海道経由だと大井川、木曽川等に長大な橋梁を架設しなくてはならないことが挙げられる。中仙道ルートを推奨したイギリス人技師には、長大な橋梁の架設が大変な技術と経費を要する大事業であることはよくわかっていたであろう。ベッセマー製鋼法の発明によって鋼鉄が大量に生産できるようになるまで、鉄橋の強度には不安が付き物だったからである[49]。さらに、東海道筋はすでに海運が盛んであるため、交通の便の悪い中仙道に投資すべきだとする考え方があった。徳川慶喜が戊辰戦争の折に大阪城から江戸まで軍艦で逃げ出してしまったことは、人々の記憶に新しかったはずである。

江戸時代から明治初期にかけて、江戸で消費されていた陶磁器は九州有田のものが大半であった。陶磁器が東京で「瀬戸物」と呼ばれるようになるのは、東海道線の全通で愛知県瀬戸の陶磁器が東京に入るようになってからである。その意味でも、海運の果たしてきた役割が大きいのは首肯できることである。そしてまた、沿岸部からの侵略に備えて、幹線は内陸を走らせるべきだという軍部の意向もあった。

しかし、このルートには碓氷峠が立ちはだかっている。しかも内陸の山岳地帯を縦断しなくてはならない。急勾配路線を建設する困難さは、橋梁にも匹敵するし、運転に要する経費も問題とならざるを得ない。この事実に、当時のお雇い外国人技師たちは気づいていなかったのだろうか。

こうして、北陸本線の敦賀―長浜間は、中仙道ルートの幹線工事に先立って建設された工事資材搬入のための鉄道となる。続いて着工される現在の信越本線についても事情は同じであった。一八八三（明治一六）年一〇月に中仙道ルートが決定されると、近々完成予定であった日本鉄道の高崎から先の路線の工事が始まる。また、資材運搬線として日本海に面した直江津から長野を経由して本線に接続する支線が直江津線として着工される。本線着工に先駆けて資材運搬線として建設されたということでは、敦賀―長浜間と直江津―軽井沢間も、武豊線や境港線と同じだが、後者が結局は支線として衰退していったのに引き換え、前者はさらに延長されることで「裏」日本と「表」日本とを結ぶ動脈として生きながらえていくのである。

高崎―横川間は早くも一八八四（明治一七）年一〇月には開通する。ついで直江津―関山間が一八八六（明治一九）年八月一五日に開通。[50] 関山―長野間開通は一八八八（明治二一）年五月。同年八月には上田まで、一二月には軽井沢まで開通する。[51] しかし、横川―軽井沢間の碓氷峠が問題であった。勾配と動力方式をどうするかで複数の案が出されたが、通常の軌条の間に位相をずらした三列のラック軌条を設置して機関車側の歯車とかみ合わせて急勾配を上るアプト式が採用されることとなる。[52] 碓氷峠の全通は一八九三（明治二六）年四月である。[53]

しかし、直江津―関山間が開通する直前の一八八六（明治一九）年七月、東西両京を結ぶ幹線が中仙道から東海道に変更になる。同年に中仙道ルートを再調査した鉄道局三等技師南清の報告によれば、中部山岳地帯を貫く工事には七〜八年、工費は東海道ルートの一．五倍ないし二倍、開通後の所要時間は東海道ルートの一五時間に対して二〇時間はかかるという。政府は一八九〇年の帝国議会開設には幹線鉄道開通を間に合わせる必要があった。海防上の理由から東海道沿いの鉄道に難色を示していた軍部も、日清戦争を間近に控えたこの時期、早期開通のほうに意見は傾いていた。こうして幹線ルートが東海道へと変更されることとなる。ただちに東海道線の建設が始まる。最後に残った大津―長浜間の湖東線が開通して東海道線が全通するのは一八八九（明治二二）年であった。[54]

しかし、ルート変更の結果、中仙道関連の路線が放棄されたわけではない。上述の通り、関山―長野間の開通まで二年弱かかっているけれども、長野―軽井沢間は半年ほどで開業にこぎつけている。これは工事が完了したところから開業していったということであろう。東海道にルートが変更になったからといって、軽井沢―直江津間の重要度が落ちたわけではないのである。(55) 古厩氏が示している一八九二年の状況は、とにかく東西両京を結ぶ幹線が完成し、日本が日清戦争（一八九四～九五年）に突入しようという段階を示すものであると見るべきだろう。同年に成立した「鉄道敷設法」は、この地図の空白区域に亜幹線を建設するための法律であった。問題は、日清戦争後にこれら亜幹線がどのように敷設されたのかである。

2　鉄道敷設法と北越鉄道

一八九二（明治二十五）年の「鉄道敷設法」に記述される北陸・信越・羽越地域にまたがる予定線は、

北陸線　一　福井縣下敦賀ヨリ石川縣下金澤ヲ經テ富山縣下富山ニ至ル鐵道及本線ヨリ分岐シテ石川縣下七尾ニ至ル鐵道
北陸線及北越線ノ連絡線　一　富山縣下富山ヨリ新潟縣下直江津ニ至ル鐵道
北越線　一　新潟縣下直江津又ハ群馬縣下前橋若ハ長野縣下豊野ヨリ新潟縣下新潟及新發田ニ至ル鐵道
北越線及奥羽線ノ連絡線　一　新潟縣下新發田ヨリ山形縣下米澤ニ至ル鐵道若ハ新潟縣下新津ヨリ福島縣下若松ヲ經テ白河、本宮近傍ニ至ル鐵道

奥羽線　一　福島縣下福島近傍ヨリ山形縣下米澤及山形、秋田縣下秋田青森縣下弘前ヲ經テ青森ニ至ル鐵道及本線ヨリ分岐シテ山形縣下酒田ニ至ル鐵道……（以下略）[56]……

となっていた。ここに規定された「北陸線」は現在の北陸線敦賀―富山間と七尾線に相当し、「北陸線及北越線ノ連絡線」は同じく北陸線富山―直江津間に当たる。「北越線及奥羽線ノ連絡線」は米坂線と磐越西線に相当し、「奥羽線」の引用箇所は奥羽本線と陸羽西線に相当する。注意すべきは、「北越線」および「北越線及奥羽線ノ連絡線」のルートが確定していないということと、この段階では羽越線の構想がないということである。[57]

「北越線」の記述は、新潟と太平洋側を結ぶ路線として、既設の日本鉄道高崎線と官営鉄道直江津線の終点ないしは途中駅からの三つの可能性を示しているにすぎない。第一が、直江津線終点の直江津駅から日本海沿いに路線を延長して新発田へ至るルート（北越鉄道、後に現在の信越本線となるルートおよび羽越線新津―新発田間）であり、第二が、すでに日本鉄道によって開業していた前橋から新発田へ至るルート（上越線および信越線長岡以遠）であり、第三が、直江津線の途中駅である豊野から分岐して同じく新発田へ至るルート（飯山線および上越線越後川口・信越線長岡以遠）である。同じく、「北越線及奥羽線ノ連絡線」についても、現在の米坂線ルートと磐越西線ルートが併記されている。これらは、「若ハ《もしくは》」とされていたにもかかわらず、現在では全てが建設されている。

一八九〇（明治二三）年に成立した帝国議会は、所得による制限選挙であったから、結果として資本家の利害を代表するようになる。鉄道建設を国の事業とすることを考えていた鉄道庁長官井上勝は、私鉄の株主らが集う議会と妥協せざるを得ない。こうして成立したのが「鉄道敷設法」であった。しかし、妥協して私鉄の開業の可能性を残したとはいえ、その実態は国有鉄道の敷設を目指したものであったといってよいだろう。なぜなら、民営鉄道の免許申請に関して、官と民との抗争が繰り広げられるからである。結果的には一九〇六（明治三九）年の「鉄道国有法」によって、全国の主要幹線が国有鉄道となり、井上の構想が実現することになる。

たとえば、「北越線」の建設は地元からも強く要請されていたものだった。頸城自由党の創設者の一人でもあった室孝次郎らは一八九一（明治二四）年に有志鉄道大会を開き、熱心に鉄道を誘致するが、ルートについては議論百出であったという。[58] 翌年の「鉄道敷設法」はこうした動きにあわせて三つのルートを併記したともいわれる。一八九四（明治二七）年には、渋沢栄一らが「北越鉄道株式会社」創立発起人となり、直江津―長岡―新津を経て新発田に至る鉄道と、新津―沼垂（新潟市の信濃川右岸）の支線の免許を申請するが、この線区は官営鉄道の予定線に組込まれていたため、却下される。しかし、実際には政府に予算はなかった。日清戦争に大金を投入したため、財政困難に陥っていたのである。結局、政府は官営で建設することを断念し、一八九五（明治二八）年に北越鉄道に免許を交付することになる。[59]

翌年から始まった工事は一八九八（明治三一）年には春日新田（関川を挟んで現・直江津駅の対岸）

―沼垂（現・JR貨物沼垂貨物駅）間が完成し、一八九九（明治三二）年に官営鉄道直江津駅の構内配線を改良することで、官営鉄道と北越鉄道とを直通することが可能となった。当初、北越鉄道では信濃川を鉄橋で渡り、当時の新潟市内にまで乗り入れる計画であったが、信濃川河口付近に架橋することを断念する。すると、一八九七（明治三〇）年には、沼垂を終点としたことに抗議し市内乗り入れを要求する新潟市民十数名によって、部分開通していた沼垂近郊の線路が爆破されるという事件が勃発する（一一月一一日）。首謀者の櫻井市作は人望厚く、後に新潟市長となった人物である。(60)

しかし、鉄道に対する住民の反応は賛成ばかりではなかった。一八九五（明治二八）年から一八九七（明治三〇）年にかけての三年間、新潟地方は「天明以来の大洪水(61)」に見舞われる。復興のために政府は巨額の国庫補助をすることになる。しかし、この時、頸城の保倉川（現上越市・直江津市街地の東）では、すでに部分開通していた北越鉄道黒井駅西側に架かる鉄橋が洪水を引き起こしてていた。それは、河川を鉄道が跨ぐ際に橋梁敷設にかかる経費を節約することが求められた結果だった。高価につく橋梁部分を極力短くし、残りの河川敷部分の大半を築堤で対処することにしたのである。経費節約のためには築堤部分に必要な排水用暗渠も削られた。このため、逃げ場を失った水が上流の村々を襲った。一八九七（明治三〇）年の水害に際して、頸城郡南川村（後、大瀁《おおふけ》村と合併・現在の上越市頸城区西福島）村長関根干城は村民多数と共に築堤を破壊、人家・田畑の冠水を防いだが逮捕され、裁判闘争の末、翌年無罪判決を勝ち取る。(62)

しかし、興味深いのはその後日談である。一九一二（明治三五）年に頸城鉄道が計画されると、関根干城は再び立ち上がる。頸城鉄道は信越線黒井駅に隣接する新黒井駅を起点に浦川原村に向かう軽便鉄道であったが、当初計画は黒井駅からさらに西に向かい、先の築堤破壊闘争の問題となった地点を同様に築堤で越えて、関川の右岸（現在の上越市港町）まで延伸する予定であった。関根は内閣総理大臣宛てに上申書を提出し、築堤による工法を変更するよう求めた。上申書には、一八九七（明治三〇）年の洪水の際、自らが率いる村民が鉄路を破壊したことに言及しつつ、「狼狽セル住民ハ流水ノ唯一方法ナル鉄道線路ヲ決潰排水シテ、僅カニ危急ヲ脱シタリキ。不幸ニシテ事法網抵触ノ嫌疑トナリ、時ノ村長関根干城外三十余名ノ村民、満一ヶ年ノ年月日、鉄窓ノ下ニ苦吟シタルガ如キ悲惨極マル歴史ヲ有スルニ至レリ」と書く。覚悟の鉄道破壊であり、村を守るためであれば、国家権力の弾圧にあっても、今度も入獄覚悟で実力を行使するぞという、凄味の利いた脅しであった。(63)

3　鉄道網の整備

信越線が、私鉄と接続してであったとはいえ一八九九（明治三二）年には上野まで全通していたのに引き換え、官営で敷設が続行された北陸線の完成は、はるかに遅れることになる。一八八二（明治一五）年に長浜—柳ケ瀬間が開通し、難工事にもかかわらず一八八四（明治一七）年には柳ケ瀬トンネルも完成し、長浜—敦賀間が結ばれたにもかかわらず、一八八六（明治一九）

年の幹線ルート変更後は工事が停滞してしまうのである。敦賀以東への工事が再開されるのは、一八八九（明治二二）年七月の東海道線全通からさらに四年遅れる一八九三（明治二六）年になる。[64]敦賀―福井間開通は一八九六（明治二九）年、福井―富山間開通は一八九九（明治三二）年であった。一九〇〇（明治三三）年には東海道線の米原―関ヶ原間に新線が開通して、北陸線の起点が米原に変更される。しかし、富山―直江津間が全通するには一九一三（大正二）年四月まで待たねばならなかった。

「鉄道敷設法」第二条に記された北陸・信越地区のこれ以外の線区は一様に、着工も完成も遅れる。

「北越線」で言及されている上越線に相当する部分のうち、高崎―新前橋間は日本鉄道の手によって既に一八八四（明治一七）年には開通していたが、これは現在の両毛線の一部としてであった。上越線の残りの線区は、新前橋―渋川間が一九二一（大正一〇）年、宮内―東小千谷（現・小千谷）間が一九二〇（大正九）年に開通する。一九二二（大正一一）年に「鉄道敷設法」が改正される直前であった。この後、両端から順次延伸され、最後の清水トンネルの貫通で全線開通に漕ぎつけたのは、やっと一九三一（昭和六）年である。[65]

「北越線及奥羽線ノ連絡線」についても同様で、私鉄の手によって建設が始まった岩越線（現磐越西線）は、郡山方から部分開業を始めるのが一八九八（明治三一）年、郡山―会津若松間開業がその翌年と、かなり早い。一方、新津―馬下間が信越線の支線として開業するのは一九一〇（明治四三）年にずれ込む。全線の開業は一九一四（大正三）年である。米坂線に至っては、米沢側の部分開業が一九二六（大正一五）年、坂町側の部分開業はさらに遅れて一九三一（昭和六）年、全線開通は一九三六（昭和一一）年であった[66]。

一八九一（明治二四）年にはすでに日本鉄道は青森まで全通していた。上野―青森間が既に結ばれていたのである。東海道線の開通が一八八九年であるから、私企業の手でこれよりも長距離に及ぶ鉄道が作られていたのは画期的と言ってよいだろう。この日本鉄道の青森から弘前までが官営で開通するのは、一八九四（明治二七）年である。しかし、「鉄道敷設法」第二条の「奥羽線」の項に記された路線の残存部分については、福島―米沢間が一八九九（明治三二）年、この後両方から延伸開通して、湯沢―横手間開通で全線開業となるのが一九〇五（明治三八）年であった[67]。

この段階では、いわゆる日本海縦貫線＝裏縦貫線は形を現していない。これは、一九一四年にすでに開通していた新発田―村上間と新庄―酒田間、および一九〇二年開業の秋田の三方向からの延長という形で建設された。羽後岩屋―羽後亀田間が一九二四年四月二〇日に開通し、村上―鼠ヶ関間が同年七月三一日に開通して、羽越線新津―秋田間が全通する[68]。最初の「鉄道敷設法」施行から三二年が経過していた。

この間に、それまでの大私鉄は国有化され、幹線網はほぼ完成していた。これを踏まえて、「鉄道敷設法」は一九二二（大正一一）年に大幅に改正される（「改正鉄道敷設法」と略称される）。

この法律の別表に記された膨大な建設予定線が、のちに各地の赤字ローカル線と化し、国有鉄道の分割民営化へとつながっていくのである。

以上を簡単に整理しておこう。第一に、鉄道というインフラストラクチャーの整備が裏日本に関しては一貫して後回しにされていたわけではなく、鉄道草創期においては東海道よりも先行していた。第二に、「鉄道敷設法」制定以後の整備においては、建設に遅れが生ずる。第三に、にもかかわらず、私鉄として建設が開始された区間や、私鉄のターミナルから官営鉄道が延伸工事を始めた区間は、信越線直江津—新潟間や奥羽線弘前—青森間、あるいは岩越線（磐越西線）の福島県側などに見るとおり、全くの官営で工事が始まったところと比べると、着工も開通も早かった。官営で建設されたところは、政府の財政事情のためもあって、工事は大幅に遅れたのであった。第四は、こうして一応の整備が完了するのは一九二四年、すなわち、大正の末期になっていたことである。

4　欧亜連絡列車と貨物輸送

北陸線長浜—敦賀間と信越線軽井沢—直江津間であるが、既に大半の区間が完成していたとはいえ、両京間の幹線が中仙道から東海道に変更になったにもかかわらず、線区の重要度が落ちなかったのには理由がある。北陸線について言えば、それは敦賀—ウラジオストック間航路とシベリア鉄道を介してヨーロッパにつながる最短距離の路線であったからであり、信越線について言えば、この区間の目的が貨物輸送であったからである。

一八八二（明治一五）年に部分開業した際の敦賀駅は、実は終点である金ケ崎駅の一つ手前の駅であった。金ケ崎駅は後に敦賀港駅に名称変更される。北陸線のこの区間が、両京間幹線建設のための資材運搬線でもあったということから考えれば、これは当然のことであった。資材は、国内で調達できるものであっても、陸上運送の手段が人力以外は存在しなかった時代、この限界を超える巨大で重量もある物資を運搬するには、海運に頼るしかない。まして、鉄道に必要な資材はほとんどが輸入品であったから、海運以外に運搬の手段はなかった(69)。一八八四（明治一七）年四月に長浜―金ヶ長崎間が全通し、同年五月に関ヶ原―大垣間が開通すると、すでに完成していた長浜―関ヶ原間を介して、裏日本と表日本が鉄道と水路でつながることになる。大垣は揖斐川水系の河川運輸の拠点であったのである(70)。

一八九三（明治二六）年には敦賀から福井へ向けて北陸線の延伸工事が始められるが、この時のルートは、長浜から来た列車が敦賀駅でスイッチバックするものであった。敦賀駅の位置が、通り抜けて福井方面へ向かうことが不可能な場所にあったからである。このため、福井行きの列車は敦賀駅で方向転換のために三〇分以上ロスすることになる。一九〇六（明治三九）年には、ロシアの東亜汽船株式会社が敦賀―ウラジオストック間に週一便の定期航路を開設する。敦賀―福井間の開通後、金ケ崎駅は「金ケ崎貨物取扱所」と称して敦賀駅の一部とされていたが、一九〇八（明治四一）年に停車場に戻る。また一九〇九（明治四二）年には、敦賀駅が移設され、福井方面への通り抜けができるようになる。そのかわり、金ケ崎停車場へは、敦賀駅を一旦福井方面に発車してから、本線上をスイッチバックして戻ることになってしまった。金ケ崎方向への線路を大きく移設して、どちらにも直通できる現在の配線になるのは、一九一二（明治四五）年である(71)。

同年六月のダイヤ改正で新橋—下関間に特別急行列車が運行されるようになる。敦賀行きの列車は、米原で東海道線の列車から切り離されて金ケ崎に向かう一両の一・二等寝台車であった。米原で切り離された寝台車は別の列車に連結されて金ケ崎へ向かうのである。このために、専用の寝台車が製造された。新橋を二一時〇〇分に発車する急行・九列車は米原に翌朝八時二二分に到着し、寝台車を一両切り離す。切り離された一両は米原発八時三五分の普通・一五列車に併結されて金ケ崎に向かう。金ケ崎着は一一時〇〇分であった。上りは金ケ崎発八時五二分の普通・一六列車に併結されて米原へ向かい、一〇時五〇分に米原着。切り離しの上、米原を一一時〇五分に発車する上り特急・二列車に併結されて新橋へ向かう。新橋着は二〇時二五分であった。所要時間は下りが一三時間、上りが一一時間三三分である。上り下りとも週三回、下りは火・日・木の各曜日、上りは土・月・木の各曜日であった。しかし、第一次世界大戦が勃発し、一九一七年のロシア革命に際しては日本はシベリア出兵を強行し、革命に干渉する。一九二〇（大正九）年三月末日をもって、敦賀港を経由する欧亜連絡列車の取り扱いは廃止される(72)。

その後、一九二七（昭和二）年に日ソ国交回復が成ると、同年八月から欧亜連絡列車が復活する。当初週一往復だった連絡車輌併結の便は、利用客の増加とともに二往復に増便され、神戸―敦賀港間の列車も新設される。スピードアップも図られる。しかし、世界は再度大戦へと突き進んで行く。一九四〇（昭和一五）年四月を最後に時刻表から欧亜連絡列車の記載が消える。一九四五（昭和二〇）年七月一二日の空襲で、敦賀駅・敦賀港駅・敦賀機関区が被災している。[73]

前述の通り、与謝野寛の後を追って一九一二（明治四五）年五月に与謝野晶子が単身パリに渡ったのは、敦賀港・ウラジオストック・シベリア鉄道経由でであった。[74] これは新橋―下関間の特急・急行に一・二等寝台車が併結されるようになる直前のことである。駐リトアニア日本代理領事であった杉原千畝が発行した日本通過のビザを持ってポーランド系ユダヤ人たちが日本に入ったのも、このルートである。[75]

北陸・信越両線の古いダイヤグラム（【図二】～【図六】参照）を見ていると、旅客列車の本数が極めて少ないことに驚く。これはひとり裏日本だけの事情ではなかっただろうと思われるが、鉄道が何のために敷設されたかを考える上で、避けては通れない重要な事実であろう。一九二四（大正一三）年の與謝野寛・與謝野晶子夫妻の佐渡行のところで詳述したが、旅客列車はあれしかないのである。[76] それ以前のダイヤグラムで見ても、貨物列車の本数は旅客列車とほぼ同数かそれ以上と考えてよいであろう（図版と図版解説を参照のこと）。

貨物が重要だったということは、官営鉄道直江津駅と北越鉄道春日新田駅との接続についても言えよう。前述したように、ごく近傍に接して建設された春日新田駅と直江津駅の間の連絡線は開業後に作られ、まずは貨物の連絡に使われ、直後に旅客列車が直江津駅に乗り入れたのである。

貨物列車の積み荷は、信越線では米であり、石油であった。とりわけ新潟県下には油田が密集していたが、自動車の発達以前はガソリンとしての用途はほとんどなく、重油が燃料として用いられたり、灯油が用いられたりした。柏崎や新津に製油所が建設され、ここから石油はタンク車に積まれて信越線を貨車輸送された。軽井沢に到着すると、石油は一旦タンク車から降ろされ、軽井沢―横川間の碓氷峠に沿って敷設されたパイプラインを経由して、関東地方に送られたのである。(77)

貨物輸送の大動脈であったがゆえに、一九一二(明治四五)年には横川―軽井沢間の碓氷峠が官営鉄道としては最初に電化されたのであり、翌一九一三(大正二)年には直江津機関区にドイツ・ヘンシェル社製のマレー式大型蒸気機関車九八五〇型九両が配置されたのであった。(78)

四　裏日本と表日本

1 「表」と「裏」の格差を含む固定化

古厩氏は、ヒト・モノ・カネの移動システムが成立することで、中央と地方の地位が固定化し、裏日本と表日本の格差が成立すると説く。「表」があるから、その対極が「裏」になるのではなく、「表」の成立には「裏」が不可欠であり、「裏」からの収奪なしには「表」は成立しないというのである。しかも、こうして格差が成立することでそれに対応した裏日本イデオロギーが成立する。これは、国外の植民地（朝鮮半島・中国）との差別的関係と、国内植民地である北海道との関係を巻き込んで、強化されていく。[79] きわめて当を得た見解であろう。

だが、こうした固定化が生じるのははたして裏日本のインフラストラクチャーに対する中央からの投資が少ないことが原因なのだろうか？　既に紹介したが、古厩氏の著書が挙げている一八九二年の鉄道網を示す日本地図も、一九〇六年の鉄道網を示す日本地図も、ともに一八九二年の「鉄道敷設法」以後のものである。そして、氏が指摘する通り、この段階での鉄道への投資は東海道側に偏っているのであり、またその後の投資もまた東海道側に偏り続けたことは、裏日本を縦貫する幹線の完成が大正時代末にまでずれ込むことを見れば、明らかであろう。しかし、このことは、近代化の初めから一貫して日本海側への投資が過少であったことを示すものではない。むしろ最初の投資は信越・北陸線に対して行われていて、東海道は後回しだったという事実は重要である。

実際、格差を固定したのは、少なくとも鉄道に関しては、それも、明治の初期に関しては、投資の額ではなかった。むしろ、投資額は多かったというべきであろう。問題なのは、額それ自体ではなく、投資がヒト・モノ・カネの一方向的な動きを固定するように行われたことである。そして、投資がその土地に住む人間の役に立つようにはなされなかったからである。

2「裏」縦貫線

一九五九(昭和三四)年の『鉄道ピクトリアル』七月号には、附録として「裏縦貫線列車ダイヤ」が掲載されている。「裏日本」ですらなくて、単に「裏」なのであるが、この号の巻頭論文は、北陸・信越・羽越・奥羽各線にまたがる米原―青森間の縦貫線の線路容量について論じている。[80] 著者の志村竹雄はタイトルを「線路容量からみた日本海岸線の輸送」とする。これについては、興味深いことを述べている。「北陸線・信越線(直江津―新津間)、羽越線・奥羽線(秋田―青森間)を結ぶ九四五.一キロを俗に裏縦貫線または日本海岸線と称しているが、近く線名が改称される運びとなっているので、仮称日本海岸線としてこの現状を略記し、そして将来における問題点を考えてみよう」というのである。もちろん、この線名の変更は行われなかった。行われたとすると、どのような呼称になっていたのだろうか。[81]

古厩氏は、NHKがすでに一九六〇年代に「裏日本」という表現を使用しなくなったことを紹介している。「裏日本」という表現には差別性が付きまとうので、NHKはこれに敏感に反応したのだという。[82] 志村論文はその六〇年代に入る直前に書かれている。「裏」と「日本海」とが共存していた時代の名残である。

さて、その論文では、次のような分析がなされている。一九五九年の状況であることに留意しつつ、概略を紹介しよう。まず、この線区は滋賀から青森までの人口一〇万ないしは二〇万の中都市を結んでいる。しかも、北海道から関西・中国・九州まで通ずる最短ルートである。さらに、この線区と東京とを上越・信越線経由で結ぶ需要も日々高まっている。しかし、この線区の沿線の大半は農業地帯である。農業地帯では、ローカル列車の季節波動が大きく、農閑期と農繁期で乗客数が大きく異なるのだという。[83] したがって、多客期には臨時列車を出して対処すべきであるが、しかし、この線区は線路容量が貧弱であるから、それができない。

他方、貨物輸送については、この区間は全国有数の貨物輸送重点線区である。一九五七（昭和三二）年のデータでは、[84] 東海道本線が旅客二四、〇九四、二六七千人キロに対して、貨物一〇、九七二、三四三千トンキロで、構成比では旅客六九％：貨物三一％である。これが羽越線だと、旅客六七五、七〇六千人キロに対して貨物二、一二四、一一六千トンキロで、構成比は旅客三一％：貨物六九％。東海道線とは正反対であり、この貨物の比重を越えているのは室蘭本線の構成比八一％しかない（もちろん、この貨物の内容は当時なら石炭であろう）。しかも、貨物輸送においても日本海岸線は特に秋冬の繁忙期で輸送力が逼迫していると指摘されている。この当時、単線区間で通表閉塞方式を採用しているにもかかわらず、貨物列車を中心に日に一〇〇本内外の列車を運行していたのである。[85] 同号の付録である「裏縦貫線列車ダイヤ（一九五八（昭和三三）年一〇月一日改正）」をみれば、そこに書かれているのが点線表記の貨物列車ばかりであり、旅客列車は一時間に一本あればよい方で、しかも現在ほど区間列車は多くない。[86]

こうした状況を見るなら、建設以来、この地域の鉄道がどのような役割を果たしてきたかは明らかであろう。即ち、ヒト・モノ・カネを「表」に向けて輸送することである。地域内に居住する人々の足になるためには、旅客列車がもっと頻繁に運行されなくてはならない。しかし、主要な役割がこの地域から「表」へ運ばれる貨物、あるいはこの地域を素通りしていく貨物の輸送にあるなら、住民の要望をかなえることは不可能である。汽車が「東京へ行く」ために存在しているのであって、「隣町の学校へ通う」ために存在しているのではないのなら、そしてまた、貨物列車が「東京へ米や石油を送り出す」ために存在しているのであって、「地域内に産物を行き渡らせる」ために存在しているのではないのなら、鉄道に対する投資は、その額の多寡にかかわらず、「表」と「裏」の固定化に加担することになる。投資額が多ければ多いほど、「表」と「裏」は強固に固定されると言えよう。

3　特急「白鳥」

この事情を考察するには、裏縦貫線を代表する特急列車であった特急「白鳥」の盛衰を見ておくのも有意義であろう[87]。

信越本線と北越鉄道の乗り入れが始まった一九〇五（明治三八）年には上野—新潟間直通列車が一往復（所要時間一五時間四〇分）、一九〇七（明治四〇）年には二往復が設定され、北越鉄道の国有化をはさんで一九一一（明治四四）年には三往復に増便された[88]。一九一三（大正二）年に北陸本線が全通し、上野—富山間一往復、上野—福井間にも一往復が設定される。上野—新潟間は一往復が昼行、二往復が夜行であり、上野—富山間は昼行、上野—福井間は夜行であった。

一九一五（大正四）年には初めて夜行急行列車が設定されるが、上野―新潟間直通はこの急行一往復に戻されてしまう。ただし、この急行は料金を徴収しない列車であった。所要時間は一四時間。この時には、かつての上野―富山間昼行列車は神戸まで延長運転され、さらに翌年には明石まで延長されている。[89] 列車は長距離の直通が主であったのである。一九二一（大正一〇）年には碓氷峠が電化され、上野―新潟間を一二時間に短縮する。一九二二（大正一一）年には上野―金沢間に寝台急行列車が新設される。この列車から急行料金が徴収されるようになる。所要時間は一三時間半[90]（【図一】～【図六】参照）。一九三一（昭和六）年に上越線が開通すると、優等列車は上越線経由とされ、信越線の急行は全廃されたが、第二次世界大戦後、定期の急行列車も順次復活し、一九六一（昭和三六）年にいよいよ特急「白鳥」が登場する。これまで、急行「日本海」と急行「大雪」利用で大阪―札幌間が三六時間ほどかかっていたが、特急「白鳥」の登場で二四時間三五分に短縮されたのだった。

最初の特急「白鳥」は、大阪発青森行きの六両編成と大阪発上野行きの六両編成を連結した一二両の特急用気動車で運転された。落成したばかりの新車であった。大阪から直江津までは二編成を連結して運転。直江津で二つの編成を切り離し、一方が上野へ、他方が青森へと向かった。上野行きは通称「信越白鳥」、青森行きは通称「青森白鳥」という。「信越白鳥」は碓氷峠を越える初の特急列車であった。また、「青森白鳥」は新津から新潟を経由せずに直接羽越線に入り、昼行特急としては最長距離（一〇五二・九Ｋｍ）を走破した。所要時間は大阪―上野間が一二時間三〇分、大阪―青森間は一五時間四五分である。

特急「白鳥」は何のために新設されたのだろうか？　第一は、「青森白鳥」によって大阪と青森を結び、青森から青函連絡船に接続することで、札幌さらにはそれ以北・それ以東へと連絡するためであった。ダイヤも、青函連絡船の発着を挟んで、北海道内急行が札幌に有効時間帯に到着するよう、また大阪でも適当な時間帯に発着できるように組まれたのである。第二は、「信越白鳥」によって大阪―富山間と上野―金沢間のそれぞれの輸送力を増強するためであった。したがって、上野―大阪間を通しで乗車する乗客は想定されていなかったのである。さすがに、大阪に行くには東海道本線の特急に乗った方が速かったからである。

大阪方と青森方の発着時刻がこうした目的に合わせて設定されたため、上り「白鳥」と下り「白鳥」は糸魚川―直江津間のどこかですれ違わなくてはならなかった。しかし、この区間は当時は未だ単線である。どこかの交換設備のある駅ですれ違う必要があった。そのために選ばれたのが北陸本線能生《のう》駅であった。すれ違うためにはどちらか、あるいは両方の列車が一時停車しなくてはならない。停車にも客扱いをする停車と、乗客の乗り降りは行わない「運転停車」とがある。能生駅でのすれ違いは運転停車扱いとされた。しかし、この連絡が徹底していなかった。初の特急列車停車ということで、歓迎式典まで用意した能生町はじめ近隣の市町村の歓呼の中を、初列車は素通りして行く。能生駅騒動と呼ばれる事件である。特急が地元のために走ったのではないという冷厳な事実がここに示されたのである。

一九六四年に大阪・富山間に電車特急「雷鳥」が新設されると、もはや「信越白鳥」の意味はなくなる。翌年、「信越白鳥」は特急「はくたか」として切り離され、「白鳥」は大阪―青森間の特急となる。編成も一四両編成に増強され、経路も新潟駅・白新線経由に変更される。六九年には北陸本線と信越本線が全線電化され、大阪―新潟間に「白鳥」を補完する目的で電車特急「北越」が新設される。「はくたか」もこの時電車化され、経路も上越線経由となる。一九七二年には羽越本線・白新線の電化完成によって裏縦貫線は全線電化され、特急「白鳥」も電車化された。「白鳥」はダイヤ改正のたびに高速化したが、一九八二年六月に東北新幹線大宮―盛岡間が、一一月に上越新幹線大宮―新潟が開業すると、その役割が変化し始める。一時「白鳥」は福井―青森間の一往復を加えて二往復になるが、一九八五年の東北・上越新幹線の上野乗り入れ後は、長岡で上越新幹線に接続する列車という性格が強まる。福井―青森間「白鳥」は分割され、福井―新潟間の「北越」と新潟―青森間の「いなほ」に組み込まれる。一九八六年の国鉄最後となる時刻改正では、大阪―富山間の「雷鳥」のうち三往復は新潟行きで、これと「白鳥」一往復と「北越」六往復が長岡で新幹線に接続することになった。

新幹線連絡の意味合いが強くなるとともに、北海道連絡の役割は次第に低下するようになる。一九八八年三月の国鉄分割民営化時には、青函トンネルも同時に開業。「白鳥」は青森―札幌間の急行「はまなす」に接続して、大阪―札幌間を二〇時間二七分で結ぶことになるが、このころにはすでに、北海道への連絡は航空機にとって代わられていた。新幹線接続の役割も区間特急の増発で対応されるようになってきたから、特急「白鳥」が長距離を走破する必然性がなくなっていく。かくして特急「白鳥」は二〇〇一年三月、ついに廃止されることになる。

旅客列車が当初から長距離列車主体で、したがって「表」と「裏」を結ぶものであった以上、その役割が他の手段によって代替されるようになると、残るのは本来はないがしろにされていた区間列車としての役割となる。しかし、この役割までもが高速バス等で代替されてしまうと、もはや在来線に優等列車を走らせる必要はなくなるだろう。特急「雷鳥」や「サンダーバード」が大阪—富山間の区間輸送を担い、特急「北越」が金沢—新潟間の区間輸送に充当され、特急「はくたか」が越後湯沢—金沢間に充当された結果、今度は直通列車が壊滅する。

五　裏日本ルネッサンスのために

第二節で見てきたのは、実は、ヒト・モノ・カネでは済まない「文化」の交流であった。「文化」というのは、享受するためには教養が必要であるような高級な「文化」、博物館や古寺・名刹で拝観させていただく古典的な「文化」ばかりではない。そういうものであるなら、ある程度の歴史がある場所にはどこにでもある。そうではなくて、人々の日々の暮らしのありよう、またその中で培われていく祭礼や文芸といったものまで含めて、生産や経済には還元しきれない何かが、人間の生には存在している。文化とはそうした生活の全体である。日々の糧も文化であり、腹の足しにはならないが生活に潤いを与える遊びもまた文化である。

湖畔が東京の與謝野寛・與謝野晶子邸をしばしば訪ね、また多くの作家・芸術家たちを佐渡に招いたのは、文化果つる「裏」の孤島に、中央から文化を呼び込もうとしたのではない。そうではなくて、佐渡こそが都会であったのだ。今でも佐渡の人々はしばしばこう口にする、「佐渡は都会だけれど、新潟は田舎だ」と。なぜなら、北前船の正規の寄港地は佐渡であって、新潟は風待ちのための港でしかなかったからだ。そしてその裏付けとして、中央とは独立した文芸誌が佐渡にも新潟にも存在していた。このことは第二節で紹介した通りである。

古厩氏は、「表」と「裏」の非対称な固定化としての「裏日本」の成立は、日本の産業構造が大きく変化する一九二〇年代よりも早く、日清・日露の両戦争の頃であるとする[91]。しかし、思想や文化の面で見るなら、固定化はもう少し遅れるのではないだろうか。第二節での湖畔の例に見るように、文芸における中央と地方の対立はまだ顕著ではなく、むしろ、中央の文芸誌は全国に散在する多くの同人の作品発表の場であったからである。

この問題は、文学におけるアマチュアリズムと職業的文筆業の成立をめぐる問題と言ってもよいだろう。佐渡には（そしておそらくは日本の全土に）自前の独自の文化があり、それらが相対的に補完しあいながら、中央における文芸を支えていた。この伝統は、おそらく江戸時代には武士の間にはすでに存在していたものであろうが、これが近代化によって一般大衆にまで広がっていく可能性を手にしたのだろう。それどころか、佐渡には江戸時代から大正時代頃までに作られた三〇を越える伝統的な能舞台が現在も存在し、そのほとんどが今なお佐渡の人々の手によって維持され、能が上演されている。これらの頂点には本間家というプロの能楽師が存在し、師匠として佐渡に土着している。佐渡の多くの伝統的な能舞台で上演を続けているのは、しかし、普段は農業や商業で生計を立てている一般市民である。つまり、アマチュアである。しかし、その技量はなかなかなものである。古来、日本の芸事は、少数のプロは舞台を務めるとともに師匠としてアマチュアを指導して生計を立てるのであった。アマチュアも免許をもらえば、プロになれる。元来、プロとアマチュアの差は小さかったろう。

しかし、文芸の近代化は、プロとして作品の発表のみで生計を立てられる一握りの芸術家を生み出すとともに、その他の人々を、作品を鑑賞するだけのアマチュア、したがって、創作や上演の側には立つことのない人々として固定することを意味していた。そういう意味で、「表」と「裏」の論理構造は、全く同様に「プロ」と「アマ」の論理構造と重なる。しかし、残念ながらそういうプロはほとんど生まれてこなかったのが現実であった。

伊藤左千夫は「牛飼いが歌詠む時に世の中の新しき歌大いに起こる」と主張する。伊藤左千夫にとっては、文学における近代化は、上述のようなプロとアマの固定化を意味してはいなかったのである。「牛飼い」とは、直接には伊藤左千夫自身が本所茅場町で牛乳を搾って生計を立てていたことを言うとしても、一般大衆が文学の創造に参加できることをもって、短歌の近代化というのだ、という強い意志を表明した言葉でもあったろう。たとえば、湖畔に引き付ければ、佐渡電灯社長が歌を詠むのである。尋常小学校の教員が歌を詠むのであり、小学生までもが歌を詠むのである。ここには、実際に日本の近代が経てきたのとは違う、文学のビジョンがあった。しかし、これは荒唐無稽な妄想ではない。佐渡の能や、中央も地方も含めて同人誌活動は、現に伊藤左千夫の考えるような可能性を孕んでもいたからだ。

第二期『明星』の刊行に際しては、湖畔が経済的にも大きく援助をしたように思われる。しかも、『明星』は與謝野寛・與謝野晶子の個人誌なのではなくて、それは新詩社の同人の作品発表の場であった。今でいえば、「同人誌」なのであり、それはコミックマーケットで売買されるマンガの「同人誌」と何ら変わりはない。日本の近代の詩歌は基本的には同人によって支えられてきた。つまり、アマチュアだけれども力のある作家たちの切磋琢磨によって、伊藤左千夫の言葉借りれば、すなわち「牛飼い」の努力によって支えられてきたのだと言ってもいい。とりわけ詩歌は、短歌や俳句は短詩形文学であることにもあずかって、アマチュアとプロとの垣根が低かったはずである。

ことは小説の世界を見ても同様である。樋口一葉はプロとして文筆だけで生計を立てられなかったからこそ、若くして死ななくてはならなかった。一家を成し、日本文学史上に特筆される鷗外・漱石はともに別の生業を持っていた。鷗外は陸軍軍医総監であり、漱石は帝大教授である。ひとり後年の漱石のみが一介の小説家として朝日新聞紙上に掲載する連載小説のみで生計を成り立てることが可能になったにすぎない。しかし、それも新聞社の社員としてなのである。

しかし、雑誌は文芸誌であっても資本主義社会にあっては経済的にペイするものでなくては持続できない、ということも事実である。金儲けにならなければ維持できないのである。湖畔らの努力は、たとえば、明治期に新潟から大量に収められた地租によって中央の工業化がすすめられたように、佐渡の地元経済によって中央の文芸誌を経済的に支える行為であった、とも言えよう。しかし、その結果、地域で自立していた文芸誌が衰退することにつながりはしなかっただろうか? それほどまでに直接の関係はないにしても、実際の近代化はとりわけプロとアマが固定化されるジャンルにおいて進行しており、アマチュアが頑張れば頑張るほど、アマチュアリズムの領域は委縮していくという逆説をまねいたであろう。こうして、プロとアマを隔てる垣根が殊のほか低かった詩歌等のジャンルは第二級の文学とも言われて衰退するのである[92]。

ここには、日本の近代化がヒト・モノ・カネの動きを一方通行的に固定化することで「表」と「裏」を産出したのと同じ論理が働いている。ヒト・モノ・カネだけでなく文化までもが、構造的に落差を持って固定化され、豊かな部分が中央へと吸い取られていく。

これを打破するには、固定化を取り払わなくてはならない。そのために必要なのは、資本をより多く裏日本に配分するよう要求することではなく、中央から企業や産業や観光客を多数誘致することでもなく、ただただ、「裏」が「裏」自身のヒト・モノ・カネと文化とで自立することである。第三節・第四節で考察した鉄道に引き付けて言うなら、「裏」から「表」へとヒト・モノ・カネと文化を運び出す手段として鉄道を使うのではなく、また、「表」のために物資を通過させるだけのパイプとして鉄道を使うのでもなく、地域住民の生活のための生きた足とすることである。

一九五九年の段階で指摘されていたのは、大量輸送の動脈として位置づけられていたはずの裏縦貫線でありながら、単線であったり通表閉塞方式であったりしたために、充分な輸送力を持ちえていなかったという現実と、これを克服するために線路容量を増加させるとなると、旅客の需要がそれほどではないので経営的には難しい、というジレンマであった[93]。この矛盾は、現在はさらに増大しているといっていい[94]。なぜなら、旧国鉄が分割民営化されることによって、貨物列車の運行主体であるJR貨物が線路を所有しなくなってしまったからである。貨物列車の増発のためには、現在も残る信越・羽越・奥羽各線内における単線区間を複線化するしかない。しかし、現在、裏縦貫線ないしは日本海縦貫線では、羽越線新津―新発田間、金塚―中条間、平林―村上間、間島―越後早川間、桑川―越後寒川間、勝木―府屋間、小岩川―あつみ温泉間、羽前大山―藤島間、本楯―遊佐間、吹浦―金浦間、仁賀保―西目間、折渡―道川間、下浜―秋田間、奥羽線追分―羽後飯塚間、八郎潟―鹿渡間、森岳―鶴形間、前山―鷹ノ巣間、早口―大館間、長峰―石川間、川部―青森間が単線区間である。これだけ単線区間があると、むしろ全線が単線で、部分的に交換可能な複線区間がある、と言った方がよい。縦貫線からは外れるが、信越線北長野―黒姫間、妙高高原直江津間も単線……というより、北長野―直江津間は黒姫―妙高高原の一駅間を除いてすべて単線なのである。[95]しかもこの区間には二本木駅にスイッチバックが存在する。線路容量が充分であるわけはない。

しかし、線路の所有者はJR東日本である。JR東日本としては、ただでさえ乗客の少ないこれらの単線区間を複線化するメリットはない。こうして、既存の在来線が地域住民の足として機能する道が奪われてしまうだろう。もともと、さほど頻繁には走っていなかった区間列車である。長距離の直通旅客列車や優等列車の需要がなくなるとともに、もはやこれらの区間の路線を維持すること自体に経済的メリットがなくなってくるのである。

そうであればこそ、並行して新幹線が敷設されると、在来線は第三セクター化されることになる。もともとが長距離列車と貨物列車を走らせて、地方のヒト・モノ・カネと文化とを中央に吸い上げることが敷設の最大の目的であった線区である。地域住民の足となるには駅間距離が長すぎたり、列車を増発するには線路容量が足りなかったりする。これが単純に第三セクターに移管されたのでは、当然、第三セクターの鉄道会社は苦しい経営になる。鉄道の構造から、建設の思想に至るまで、「裏」のルネサンスのためには全面的に見直す必要があろう。とりわけ、鉄道の思想が重要となる。鉄道を地域住民のものに作り変えるためには、そもそもの建設思想をこそ問いなおさなくてはならないのである。

今なお、「裏」への資本誘致に奔走している自治体や企業は多い。しかし、必要なのは資本それ自体ではなく、「裏」の自立を可能にする資本であり、「裏」の自立を可能にする投資のしかたなのである。新幹線を誘致し、高速道路を延伸し、国際空港を建設しようとも、それが地域住民の生活を支えるものではなく、単に大都会と地方とを結んでヒト・モノ・カネを動かすための手段でしかないのならば、それは地域の自立を可能にしないばかりか、一層の隷属化をもたらすだろう。高速道路料金の無料化も、同様の結果に終わるだろう。このことは「裏」日本では顕著であるが、同様の従属化は「表」に位置する地方都市でも起こっていることである。地域の自立が可能にならないのなら、明治から昭和の初めにかけて日本国レベルで生じたことが、グローバリズムが進展する現在では、地球規模で再現されることになるだろう。地球規模での収奪に巻き込まれると、四〇％という現状での日本の食糧自給率が示すように、地域住民や国民全体の生活を維持することさえ難しくなるような困難に直面せざるを得なくなるだろう。

今こそは、歴史を検証しつつ、自立を模索する時である。

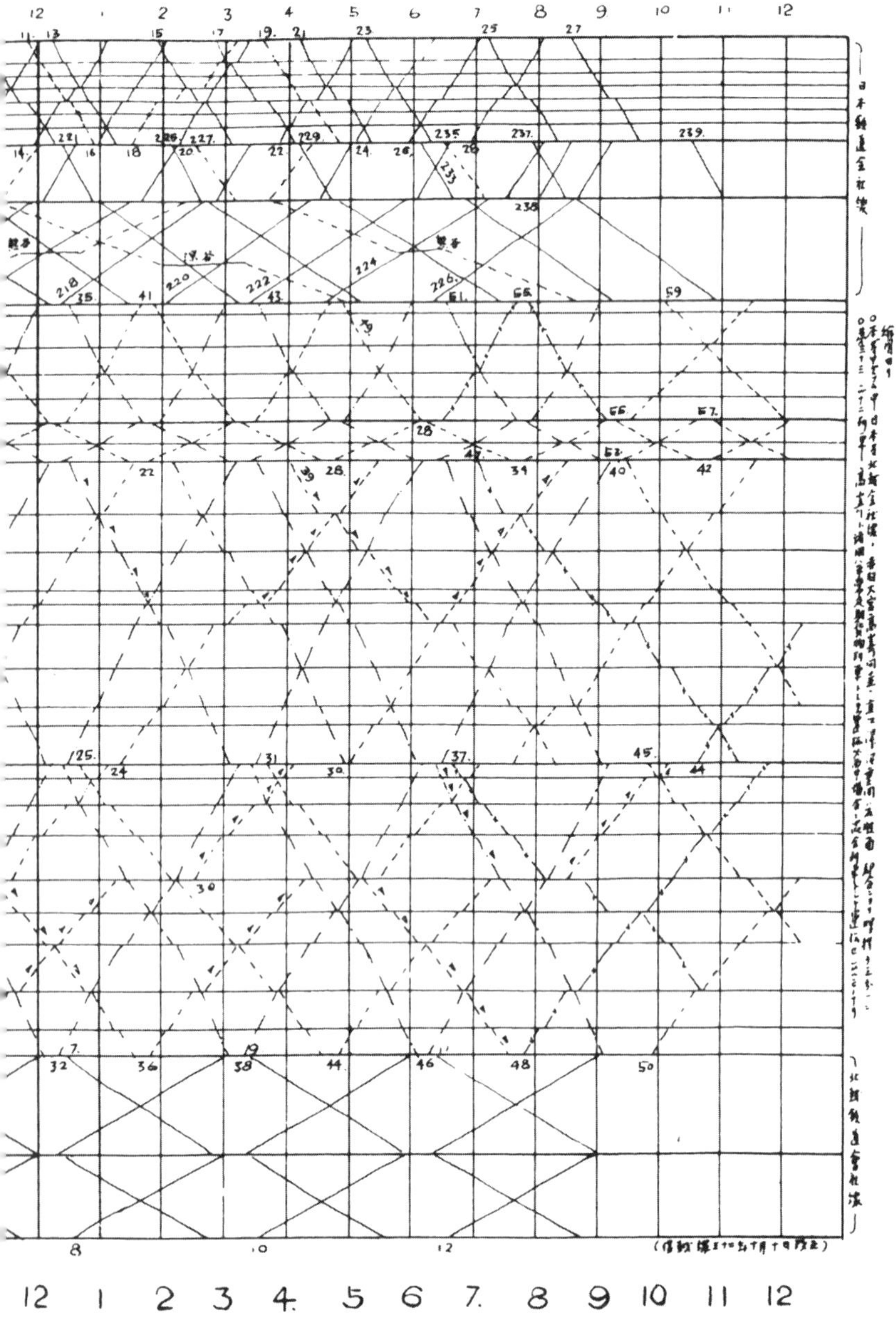

日本鉄道会社線
北越鉄道会社線
12 1 2 3 4 5 6 7 8 9 10 11 12

【図 1】1899（明治 32）年「各支線列車運行図表」（明治 32 年 10 月 10 日調整）

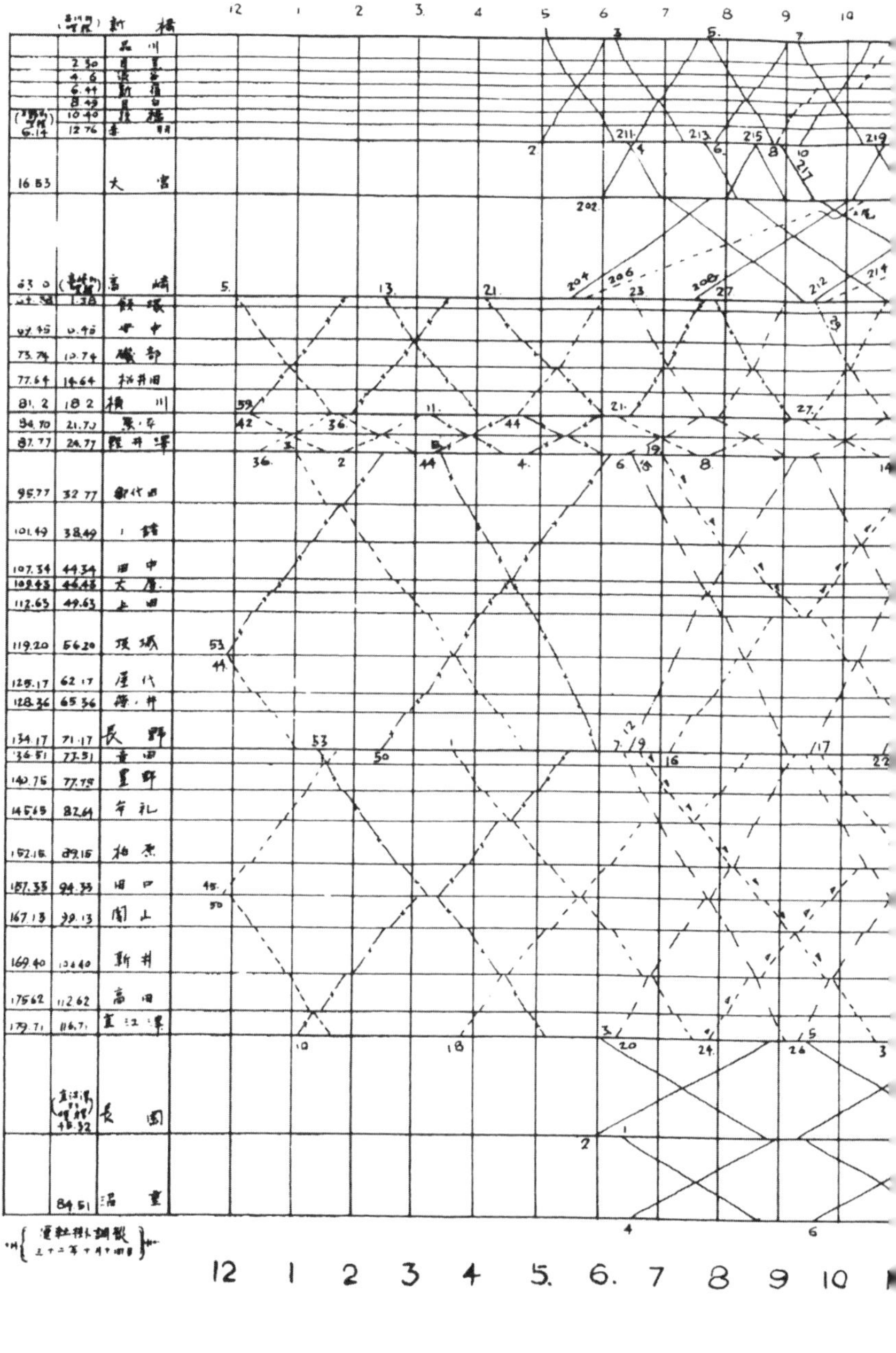

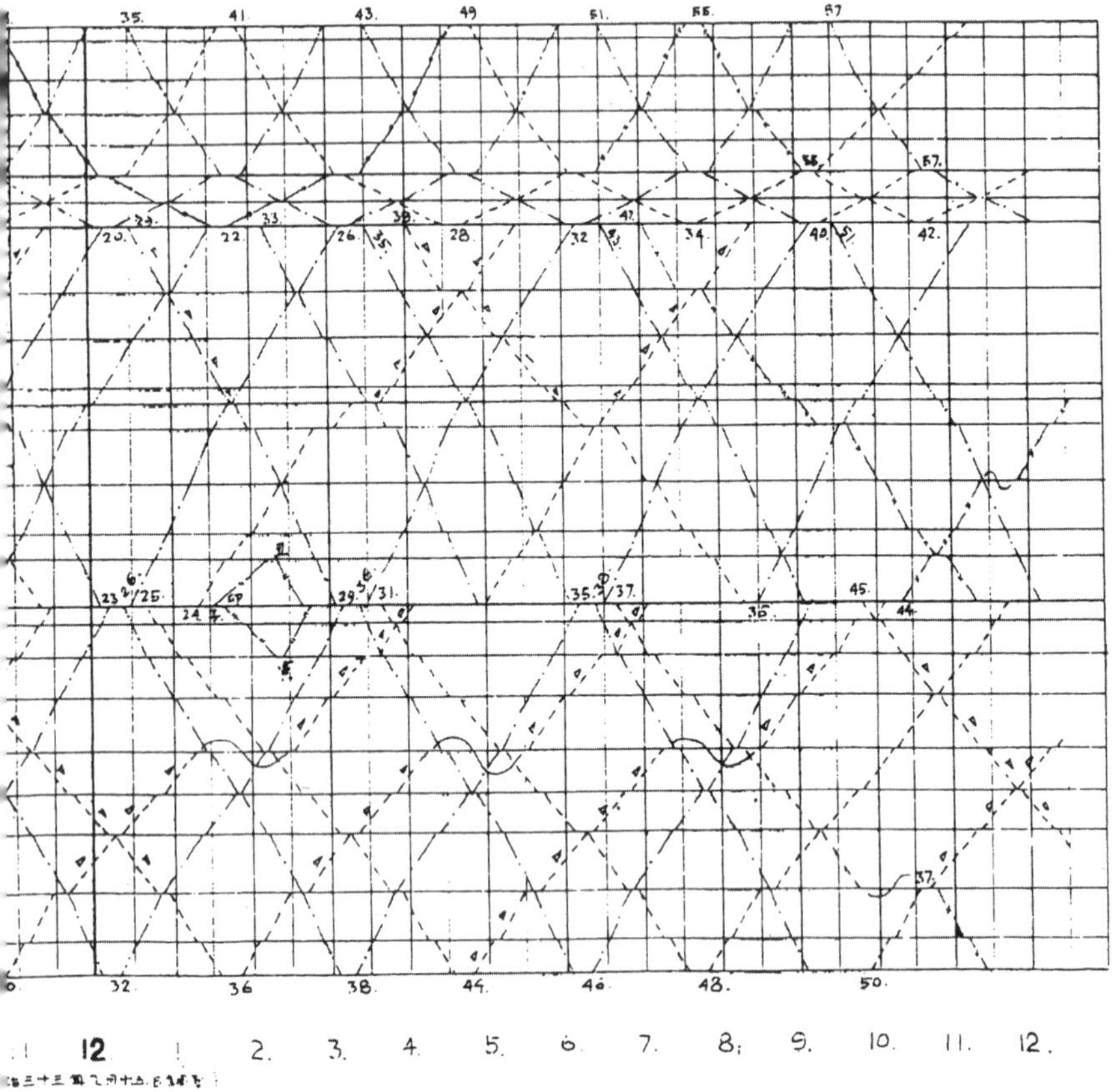
35. 41. 43. 49 51. 55. 57
20. 22. 26. 28. 32 34. 40. 42.
23 25. 24 29. 31. 35. 37. 45. 44.
32 36 38 44. 46 48. 50.
12 2. 3. 4. 5. 6. 7. 8. 9. 10. 11. 12.

【図 2】1900（明治 33）年「支線列車運行表」（明治 33 年 9 月 15 日調整）

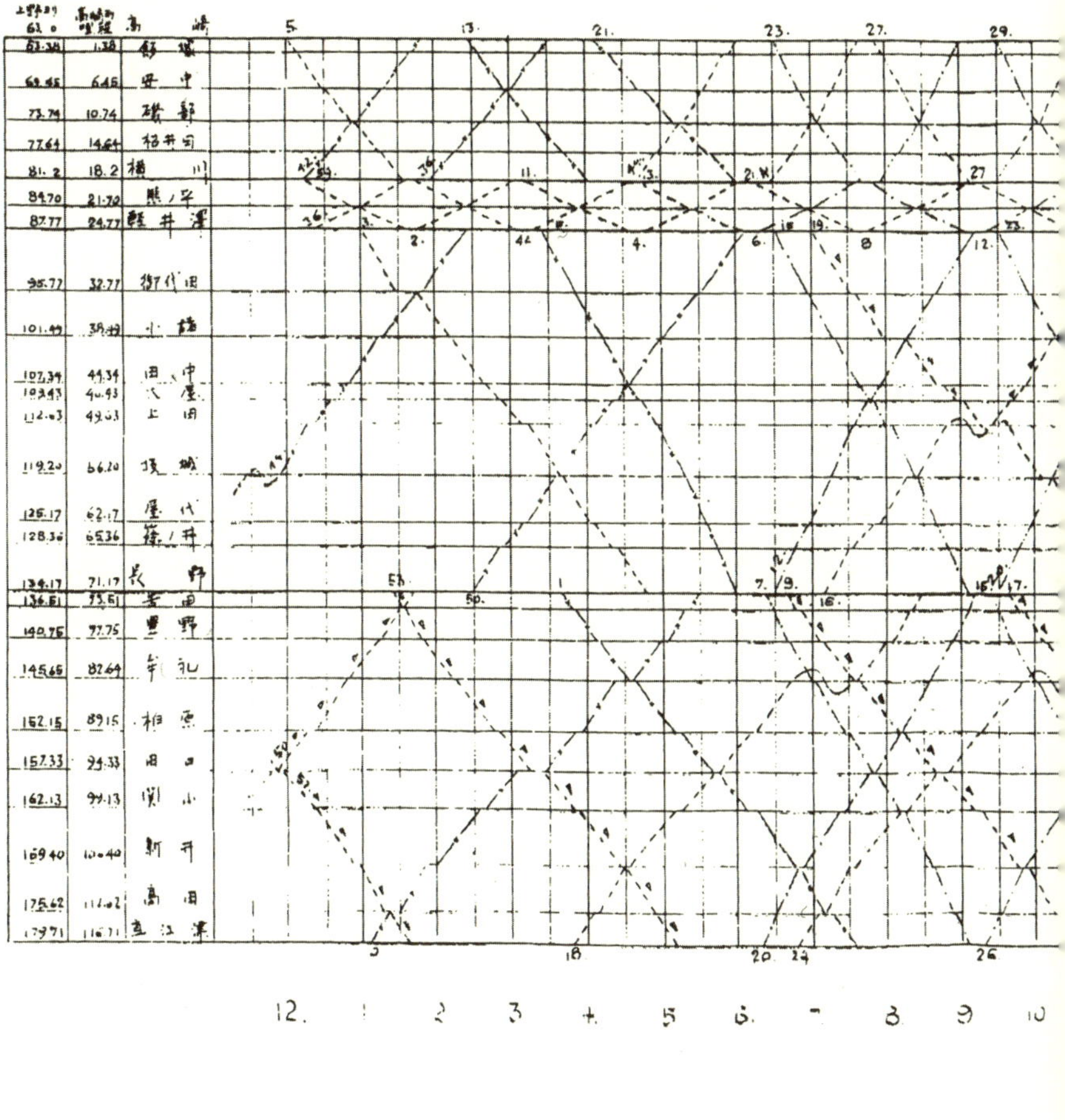

上野・高崎 及 前橋間　日本鉄道　明治 35 年 6 月 1 日改正

上　　り												
前　橋　発			605	725	900	1020	1200	1320	1454		1615	1755
高　崎　着			621	741	916	1036	1215	1336	1511		1631	1811
高　崎　発		510	635	755	928	1050	1230	1350	1525		1645	1624
倉　賀　野		519	644	804	937	1059	1239	1359	1533		1654	1834
新　　町		530	659	815	948	1112	1250	1410	1543		1705	1845
神　保　原		539	708	824	957	1121	1259	1419	1551		1714	1954
本　　庄		548	717	834	1007	1134	1309	1431	1559		1726	1903
深　　谷		605	734	851	1024	1155	1324	1448	1616		1747	1920
熊　　谷		628	802	923	1050	1223	1347	1512	1643		1815	1948
吹　　上		640	815	935	1102	1236	1358	1523	1654		1826	2005
鴻　　巣		653	828	947	1114	1251	1409	1534	1705		1841	2022
桶　　川		708	844	1001	1128	1307	1422	1547	1718		1856	2041
上　　尾		717	853	1009	1136	1315	1429	1554	1725		1904	2053
大　宮　着		730	910	1022	1148	1328	1440	1605	1736		1917	2106
大　宮　発	600	745	920	1035	1200	1342	1448	1613	1745	1840	1930	2120
浦　　和	612	757	932	1047	1212	1357	1458	1623	1755	1852	1941	2132
蕨	622	807	942	1057	1222	1407	1507	1632	1804	1902	1952	2142
赤　羽　着	633	818	953	1108	1233	1418	1516	1641	1813	1913	2003	2153
赤　羽　発	638	823	958	1113	1238	1423	1520	1646	1818	1918	2008	2158
王　　子	646	831	1006	1121	1246	1431	1527	1654	1826	1926	2016	2206
田　端　着	652	837	1012	1127	1252	1437	1533	1700	1832	1932	2022	2212
田　端　発	653	838	1013	1128	1253	1438	1534	1701	1833	1933	2023	2213
上　野　着	700	845	1020	1135	1300	1449	1540	1708	1840	1940	2030	2220
	==	==	==	==	==	==	==	==	==	==	==	==

【図3-1】1902（明治35）年『全国鉄道汽車便覧』

下り												
上野発	600	710	800	840	1000	1130	1310	1415	1600	1720	1930	2200
田端	606	717	807	847	1007	1137	1317	1422	1607	1727	1937	2207
田端	607	718	808	848	1008	1138	1318	1423	1608	1728	1938	2208
王子	614	725	815	855	1015	1145	1325	1430	1615	1735	1945	2215
赤羽着	620	732	822	902	1022	1152	1332	1437	1622	1742	1952	2222
赤羽発	625	737	827	907	1027	1157	1339	1443	1627	1747	1958	2227
蕨	635	749	837	919	1042	1209	1347	1455	1639	1759	2009	2239
浦和	644	759	849	929	1054	1219	1356	1505	1649	1809	2019	2249
大宮着	653	810	900	940	1107	1230	1406	1515	1700	1820	2030	==
大宮発	703	820	==	952	1121	1240	1416	1526	1710	1830	2040	
上尾	716	834		1008	1135	1255	1430	1540	1726	1844	2054	
桶川	724	843		1016	1143	1306	1438	1550	1734	1855	2109	
鴻巣	737	858		1029	1158	1321	1451	1608	1749	1910	2117	
吹上	748	911		1040	1211	1334	1502	1624	1802	1923	2130	
熊谷	803	931		1056	1232	1356	1520	1640	1824	1945	2149	
深谷	820	950		1113	1252	1415	1539	1709	1842	2004	2207	
本庄	835	1008		1130	1310	1432	1602	1729	1904	2021	2223	
神保原	843	1017		1139	1319	1442	1612	1738	1915	2030	2232	
新町	851	1026		1148	1328	1450	1620	1751	1922	2039	2241	
倉賀野	901	1037		1158	1339	1501	1631	1802	1933	2050	2252	
髙崎着	908	1045		1205	1347	1509	1639	1810	1941	2058	2300	
髙崎発	924	1055		1220	1400	1520	1654	1820	1954	2110	==	
前橋着	940	1110		1235	1416	1536	1710	1836	2010	2126		
	==	==		==	==	==	==	==	==	==		

髙﨑・直江津間　官営鉄道　明治35年4月1日改正

上り								
直江津発			620		920	1220	1520	1820
高田			632		932	1231	1533	1833
新井			652		952	1251	1552	1852
関山			719		1025	1325	1625	1925
田口			751		1051	1351	1651	1951
柏原			812		1112	1412	1712	2012
牟礼			834		1134	1434	1734	2034
豊野			854		1154	1454	1754	2054
吉田			905		1205	1505	1806	2105
長野着			911		1211	1511	1811	2111
長野発		630	930	1039	1230	1530	1830	==
篠ノ井		647	947	1056	1247	1547	1847	
屋代		657	957	1106	1257	1557	1857	
坂城		714	1014	1125	1314	1614	1914	
上田		733	1033	1146	1333	1633	1933	
大屋		746	1046	1202	1346	1646	1946	
田中		753	1053	1209	1353	1653	1953	
小諸		816	1116	1231	1416	1716	2016	
御代田		840	1140	==	1440	1740	2040	
軽井沢着		910	1210		1510	1810	2110	
軽井沢発	620	920	1220		1520	1820	==	
熊ノ平	700	1000	1300		1600	1900		
横川着	735	1035	1335		1635	1935		
横川発	750	1055	1355		1655	1955		
松井田	810	1110	1410		1710	2010		
磯部	827	1127	1427		1727	2027		
安中	840	1140	1441		1741	2041		
飯塚	850	1155	1455		1755	2055		
髙嵜着	900	1200	1500		1800	2100		
	==	==	==		==	==		

【図 3-2】1902（明治 35）年『全国鉄道汽車便覧』

下　　　り								
高　崎　発			630	930		1230	1530	1830
飯　　　塚			636	936		1236	1536	1836
安　　　中			651	951		1250	1551	1851
磯　　　部			706	1006		1306	1606	1906
松　井　田			724	1024		1324	1624	1924
横　川　着			740	1040		1340	1640	1940
横　川　発			750	1050		1350	1650	1950
熊　ノ　平			821	1131		1421	1731	2030
軽 井 沢 着			905	1205		1505	1805	2109
軽 井 沢 発		630	930	1230		1530	1830	2130
御　代　田		657	957	1257		1557	1857	2159
小　　　諸		718	1018	1318	1503	1618	1918	2221
田　　　中		739	1039	1339	1524	1639	1939	2242
大　　　屋		750	1050	1350	1536	1650	1950	2253
上　　　田		804	1104	1404	1553	1704	2004	2307
坂　　　城		824	1124	1424	1613	1724	2024	2327
屋　　　代		841	1141	1441	1630	1741	2041	2344
篠　ノ　井		850	1150	1450	1639	1750	2050	2353
長　野　着		905	1205	1505	1654	1805	2105	2408
長　野　発	624	924	1224	1524	==	1824	==	==
吉　　　田	631	932	1231	1531		1831		
豊　　　野	641	942	1241	1542		1842		
牟　　　礼	703	1003	1303	1603		1903		
柏　　　原	730	1030	1330	1630		1930		
田　　　口	753	1053	1353	1653		1953		
関　　　山	813	1113	1413	1713		2013		
新　　　井	839	1139	1439	1739		2039		
高　　　田	855	1155	1455	1755		2055		
直 江 津 着	905	1205	1505	1805		2105		
	==	==	==	==		==		

直江津・沼垂間　北越鐵道　明治 35 年 1 月改正

上り						
沼垂発		630	935	1135	1535	1835
亀田		642	948	1148	1548	1848
新津		700	1005	1305	1605	1905
矢代田		713	1018	1318	1618	1918
加茂		742	1048	1348	1648	1948
一ノ木戸		758	1104	1404	1704	2003
三條		804	1110	1410	1710	2020
帯織		816	1122	1422	1722	2030
見附		826	1132	1432	1732	2035
長岡着		846	1152	1452	1752	==
長岡発	600	910	1214	1514	1814	
宮内	607	917	1221	1521	1821	
来迎寺	620	930	1234	1534	1834	
塚山	640	950	1254	1554	1854	
北條	704	1014	1318	1618	1918	
安田	711	1021	1325	1625	1925	
柏嵜	735	1044	1344	1644	1944	
青海川	749	1058	1358	1658	1958	
鉢嵜	805	1112	1412	1712	2012	
柿崎	818	1124	1424	1724	2024	
潟町	831	1137	1437	1737	2037	
犀潟	839	1145	1445	1745	2045	
春日新田	852	1157	1457	1757	2057	
直江津着	855	1200	1500	1800	2100	
	==	==	==	==	==	

【図 3-3】1902（明治 35）年『全国鉄道汽車便覧』

下　　　り						
直　江　津　発		600	925	1225	1525	1825
春　日　新　田		604	929	1229	1529	1829
犀　　　潟		616	941	1241	1541	1841
潟　　　町		624	949	1249	1549	1849
柿　　　崎		637	1002	1302	1602	1902
鉢　　　嵜		653	1018	1318	1618	1918
青　海　川		705	1030	1330	1630	1930
柏　　　嵜		732	1052	1352	1652	1952
安　　　田		744	1104	1404	1704	2004
北　　　條		751	1111	1411	1711	2011
塚　　　山		819	1138	1438	1738	2035
来　迎　寺		835	1154	1454	1754	2051
宮　　　内		846	1207	1507	1807	2104
長　岡　着		854	1213	1513	1813	2110
長　岡　発	625	920	1234	1534	1834	==
見　　　附	646	941	1255	1555	1855	
帯　　　織	656	951	1305	1605	1905	
三　　　條	709	1004	1318	1618	1918	
一　ノ　木　戸	714	1009	1323	1623	1923	
加　　　茂	736	1040	1347	1647	1947	
矢　代　田	756	1101	1407	1707	2007	
新　　　津	810	1115	1421	1721	2021	
亀　　　田	827	1133	1438	1738	2038	
沼　垂　着	840	1145	1450	1750	2050	
	==	==	==	==	==	

（大正元年 12 月 1 日改正第 1 版）

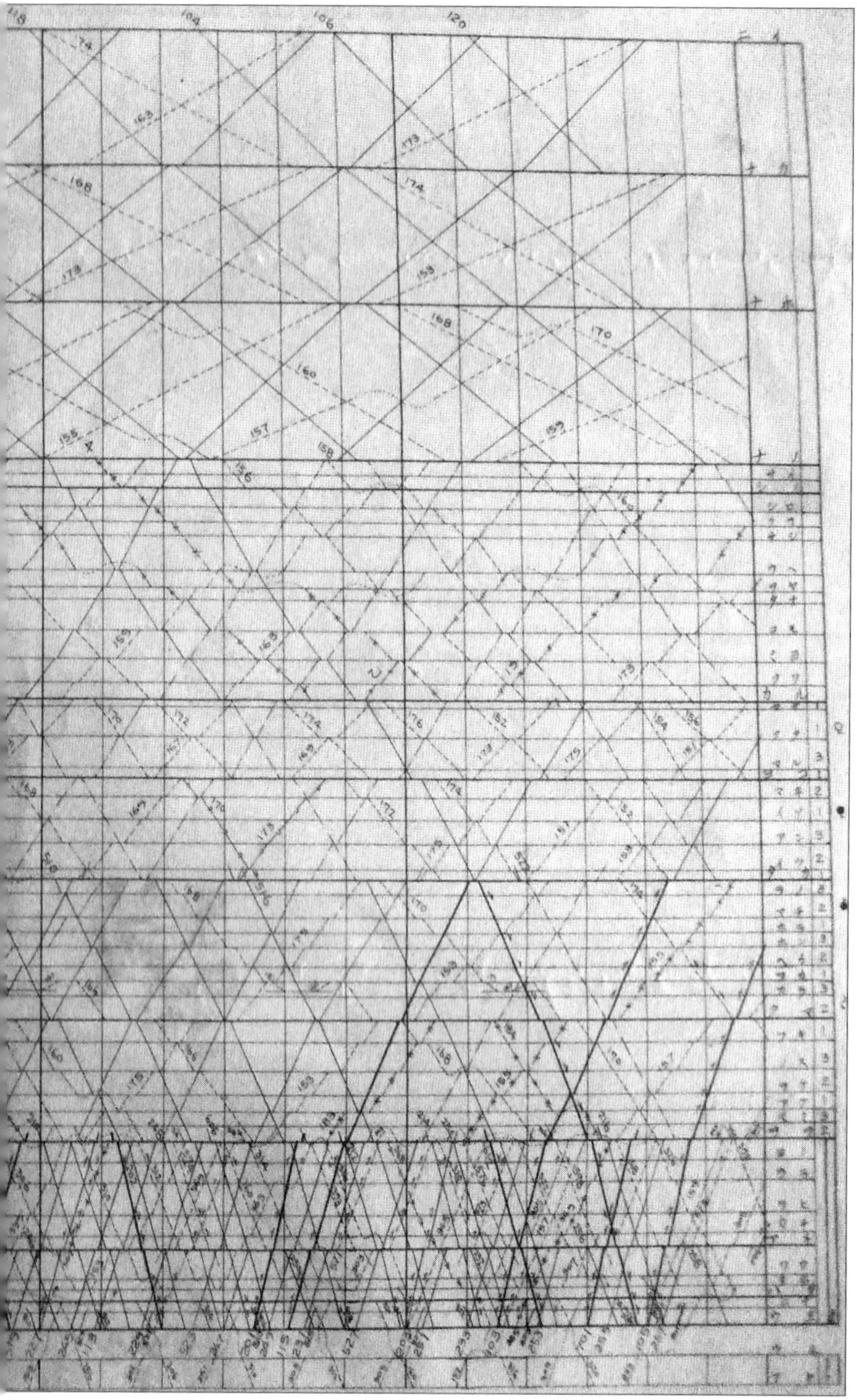

【図 4】1912（大正元）年「日光・両毛・信越・高崎線列車運行表」（部分）

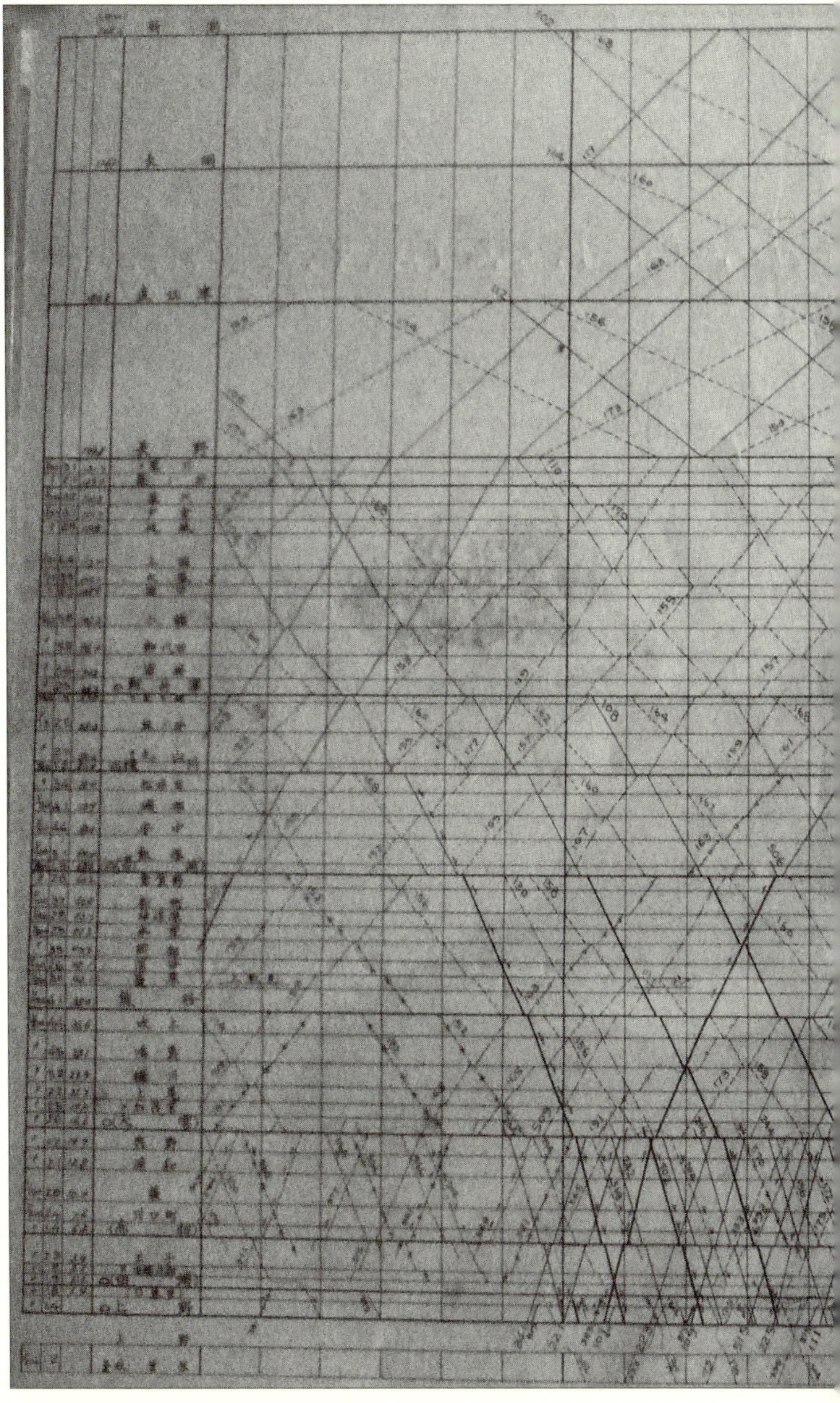

（大正２年４月１日訂補）

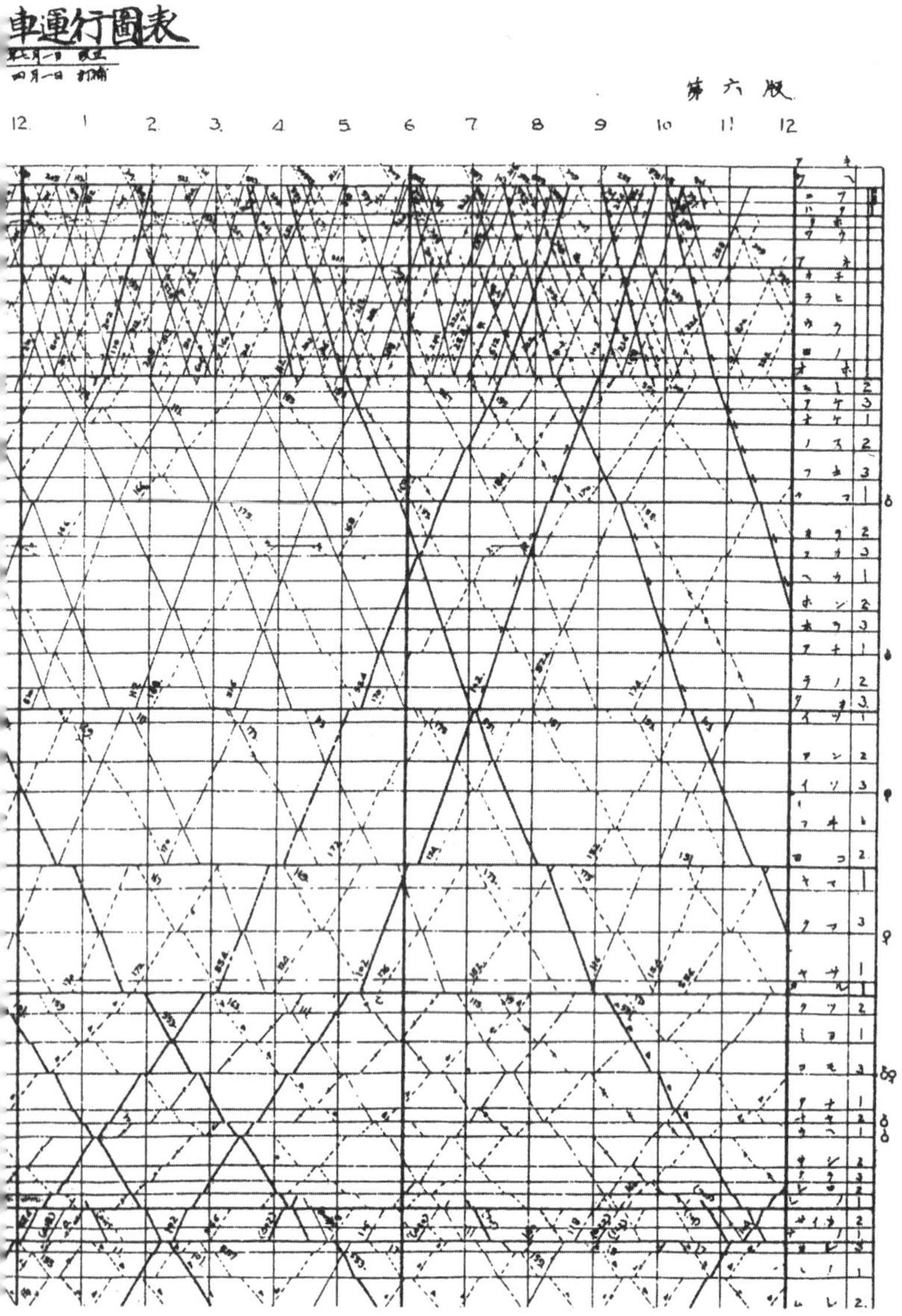

【図5】1913（大正2）年「信越線列車運行圖表」

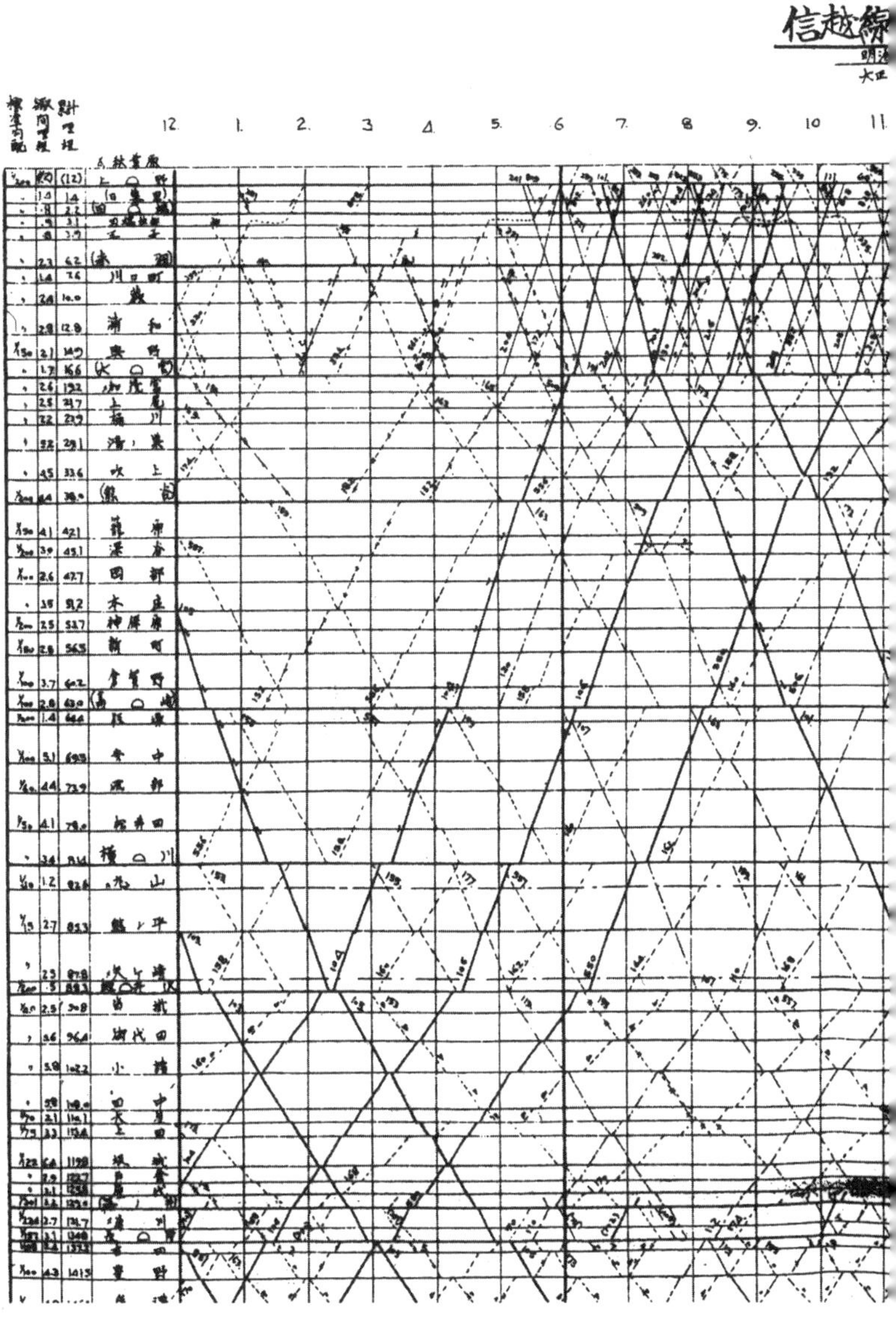

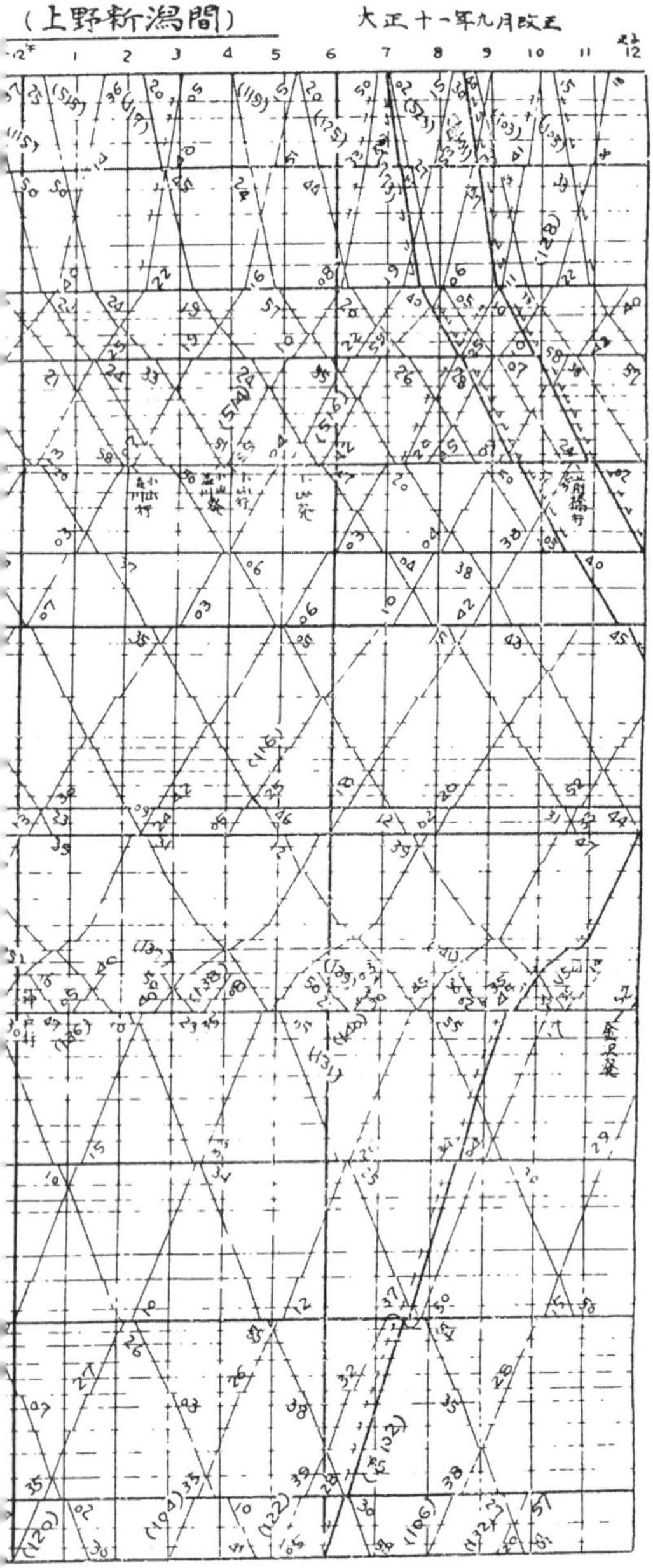
（上野新潟間）
大正十一年九月改正

【図 6】1922（大正 11）年 9 月「信越線列車運行図表」

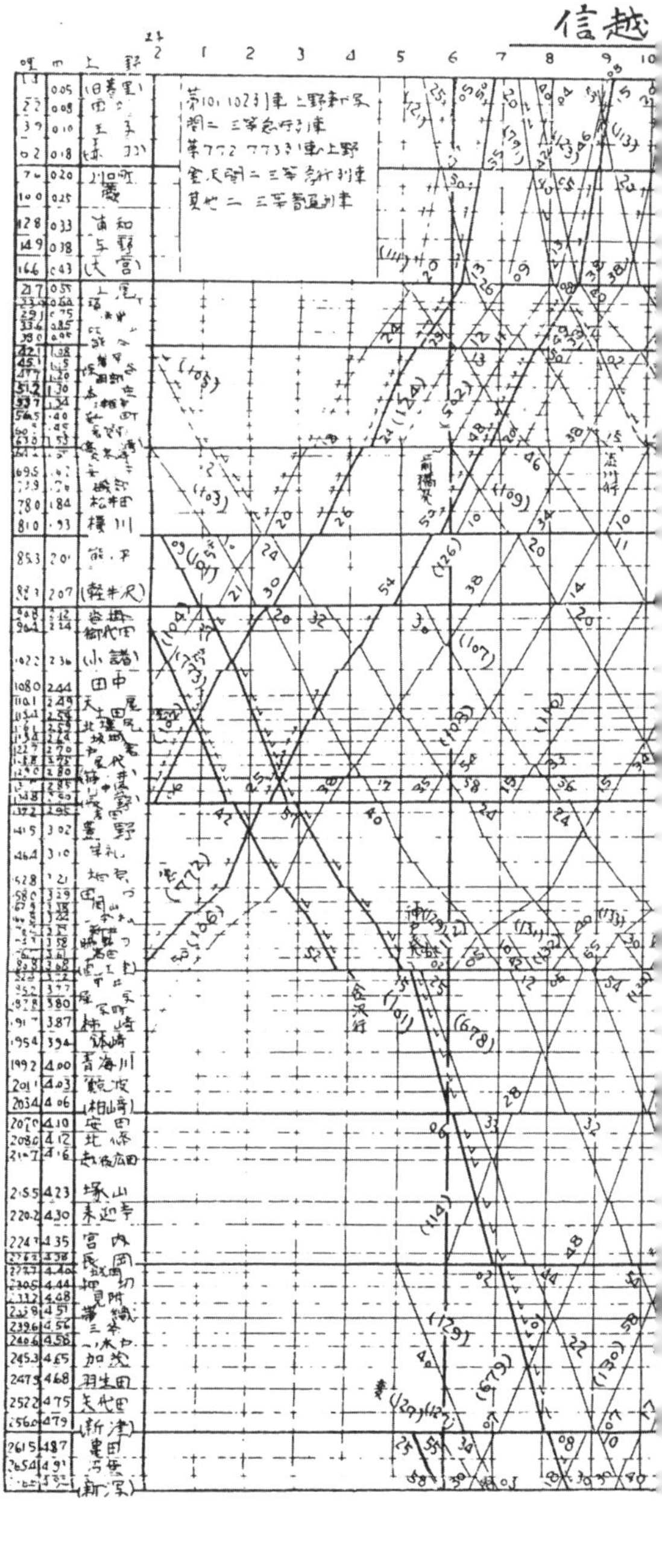

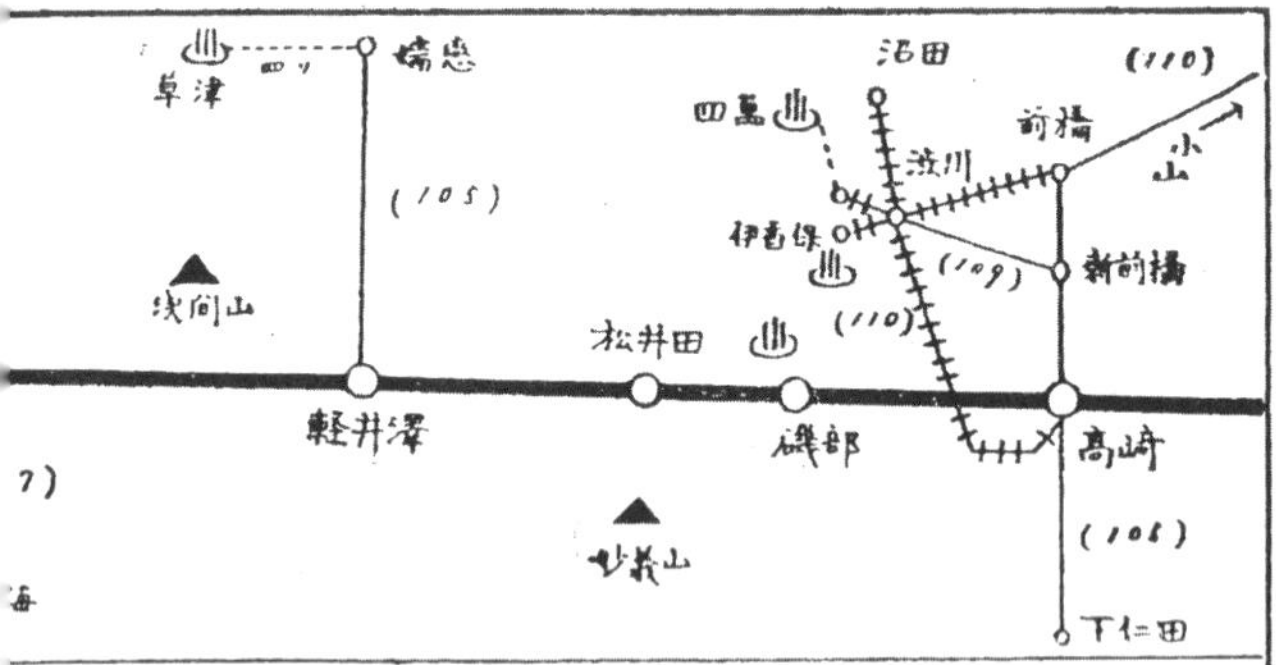

・長野間　特ニ示シタルモノハ外二、三等車

リ　列車

1	403	123	113	707	513	115	709	515	117	119	125	急 773	523	急 101	103	不 147	105	
15	…	7.3	8.50	…	10.3	11.20	…	12.2	2.15	3.50	5.15	6.55	7.00	8.25	8.35	9.24	10.10	…
06	…	8.37	9.52	…	11.37	12.22	…	1.22	3.17	4.52	6.17	7.39	8.02	9.09	9.37	10.16	10.58	…
08	…	8.40	9.54	…	11.39	12.24	…	1.24	3.19	4.57	6.20	7.40	8.05	9.10	9.39	10.23	11.00	…
26	…	8.54	10.08	…	11.53	12.38	…	1.38	3.33	5.10	6.34	↓	8.19	↓	9.53	↓	11.12	…
	…	9.01	10.15	…	12.00	12.45	…	1.45	3.40	5.17	6.41	↓	8.26	↓	10.00	↓	11.19	…
	…	9.21	10.33	…	12.19	12.59	…	2.05	3.58	5.32	7.00	↓	8.44	↓	10.14	11.05	11.33	…
	…	9.33	10.44	…	12.29	1.10	…	2.18	4.09	5.43	7.11	↓	8.55	↓	10.25	↓	11.43	…
02	…	9.54	10.57	…	12.41	1.24	…	2.33	4.24	5.55	7.26	8.28	9.07	9.58	10.38	11.28	11.57	…
	…	10.06	11.09	…	12.53	1.36	…	2.46	4.36	6.07	7.38	↓	9.19	↓	10.50	↓	↓	…
19	…	10.15	11.18	…	1.05	1.45	…	2.59	4.46	6.16	7.47	↓	9.23	↓	10.59	↓	12.15	…
	…	10.24	11.27	…	1.14	1.54	…	3.08	4.55	6.26	7.59	↓	9.37	↓	11.08	↓	↓	…
33	…	10.34	11.37	…	1.24	2.04	…	3.17	5.05	6.36	8.09	↓	9.50	↓	11.18	12.02	12.32	…
	…	10.46	11.45	…	1.32	2.12	…	3.25	5.13	6.44	8.18	↓	9.58	↓	11.26	↓	↓	…
45	…	10.54	11.53	…	1.40	2.26	…	3.33	5.23	6.52	8.26	↓	10.06	↓	11.34	↓	12.47	…
	…	11.05	12.04	…	1.51	2.37	…	3.44	5.34	7.03	8.37	↓	10.17	↓	11.45	↓	↓	…
01	…	11.12	12.11	…	1.58	2.44	…	3.51	5.41	7.10	8.44	9.25	10.24	10.55	11.52	12.33	1.04	…
07	…	11.20	12.20	…	2.04	2.50	…	4.00	5.47	7.20	8.50	9.32	10.40	11.02	12.00	12.43	1.12	…
13	…	渋川著 12.10	12.26	…	渋川著 2.50 小山著 4.45	2.56	…	小山著 6.57	5.53	7.26	8.56	↓	前橋著 10.58	↓	12.06	↓	↓	…
27	…		12.41	…		3.11	…		6.08	7.41	9.12	↓		↓	12.21	↓	↓	…
41	…		12.55	…		3.25	…		6.27	7.55	9.27	↓		↓	12.35	↓	↓	…
57	…	…	1.16	…		3.42	…	…	6.44	8.17	9.51	↓	…	↓	12.52	2.32	↓	…
17	…	…	1.37	…		4.06	…	…	7.04	8.38	10.05	10.40	…	12.09	1.16	3.10	2.24	…
44	…	…	2.05	…		4.34	…	…	7.33	9.06		11.08	…	12.37	1.46	3.39	2.54	…
13	…	…	2.35	…	…	5.05	…	…	8.03	9.45	…	11.45	…	1.07	2.20	4.22	3.32	…
21	…	…	2.44	…	…	5.13	…	…	8.11	9.53	…	↓	…	↓	2.28	4.35	3.45	…
29	…	…	2.52	…	…	5.21	…	…	8.20	10.02	…	↓	…	↓	2.36	4.46	3.54	…
39	…	…	3.05	…	…	5.32	…	…	8.32	10.15	…	12.10	…	1.30	2.45	4.56	4.13	…
57	…	…	3.22	…	…	5.52	…	…	8.54	10.34	…	12.27	…	↓	3.00	5.29	4.32	…
08	…	…	3.33	…	…	6.03	…	…	9.05	10.45	…	↓	…	↓	3.10	↓	4.43	…
14	…	…	3.41	…	…	6.10	…	…	9.12	10.52	…	↓	…	↓	3.16	5.45	4.50	…
22	…	…	3.48	…	…	6.17	…	…	9.21	11.00	…	↓	…	↓	3.25	5.54	4.58	…
31	…	…	3.59	…	…	6.26	…	…	9.33	11.11	…	12.53	…	2.08	3.35	6.04	5.10	…
38	甲府發 8.30	…	4.07	名古屋發 9.10	…	6.34	名古屋發 1.05	…	9.42	11.24	…	↓	…	↓	3.42	6.13	5.19	…
46		…	4.16		…	6.44		…	9.52	11.33	…	↓	…	↓	3.50	6.24	5.29	…
53		…	4.24		…	6.52		…	10.01	11.41	…	↓	…	↓	3.57	6.37	5.37	…
00		…	4.34		…	7.01		…	10.12	11.50	…	↓	…	↓	4.06	6.49	5.45	…
09	3.01	…	4.46	6.40	…	7.12	10.16	…	10.26	12.00	…	↓	…	↓	4.17	6.59	5.56	…
17	3.09	…	4.54	6.48	…	7.20	10.24	…	10.34	12.08	…	↓	…	↓	4.25	↓	6.04	…
24	3.17	…	5.02	6.56	…	7.23	10.32	…	10.42	12.16	…	1.33	…	2.43	4.32	7.12	6.12	…
31	姫路著 11.59	…	5.12	…	…	7.39	…	…	…	…	…	1.42	金澤著 8.28	2.57	4.40	7.19	6.23	…
51		…	7.43	…	…	10.32	…	…	…	…	…	3.52		5.07	7.03	10.09	8.45	…
		…	10.50	…	…		…	…	…	…	…			6.58	9.49	12.39	11.21	…
		…		…	…	…	…	…	…	…	…			8.30	11.55	2.51	1.30	…

金

…(上　野・新潟間…………第 101 列車
　飯田町・長野間…………第 401 列車
　名古屋・長野間…………第 705 列車
　上　野・姫路間…………第 771 列車
　上　野・金澤間…………第 773 列車)

急行料金ハ表紙裏面登載

・洗面所設置驛　　囲ハ辨當販賣驛　　●ハ接續驛ヲ示ス

ス　　驛名欄中括弧ヲ附シタル區間ニハ直通又ハ接續列車ノミヲ掲グ

【図 7-1】1924（大正 13）年 3 月「信越線列車時刻表」

高崎線及信越本線

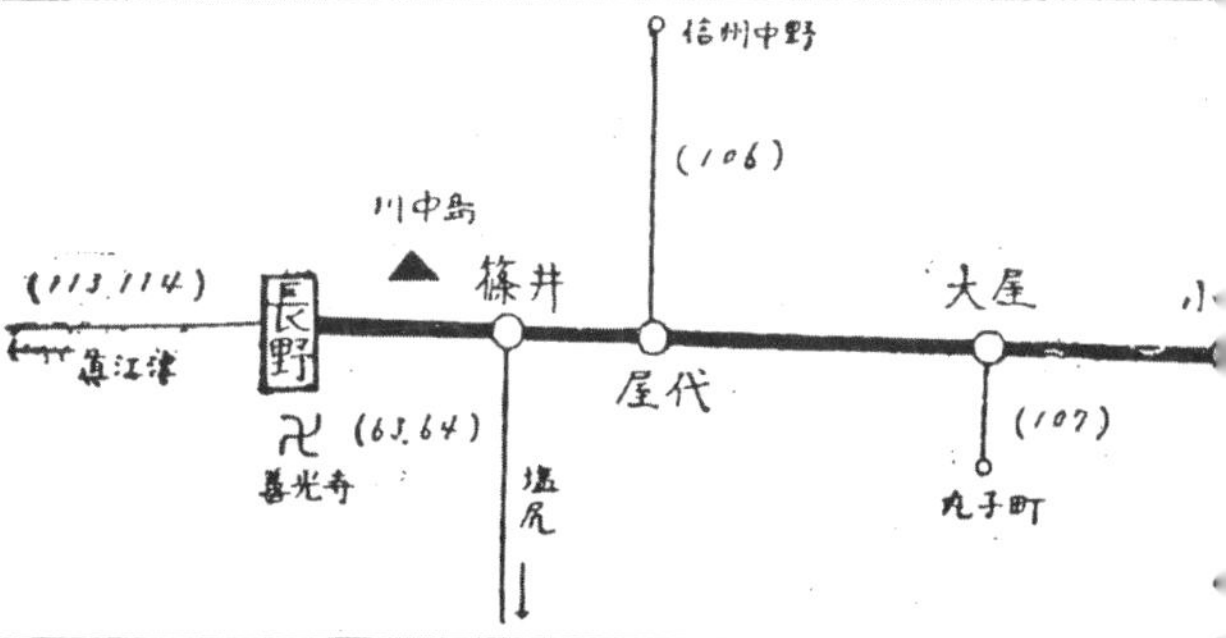

大正十二年十二月十八日改正　　大宮・高

線名	驛名	哩程	703	413	705	3 163	107	401	3 169	109	415	111
東北本線	上野 發	0.0	…	…	…		11.15	…	…	…	…	…
	大宮 着	16.6	…	…	…		12.08	…	…	…	…	…
高崎線	弁●大宮 發	16.6	…	…	…	上	12.11	…	…	…	…	5.00
	上尾 〃	21.7	…	…	…	野	12.30	…	…	…	…	5.20
	桶川 〃	23.9	…	…	…	軽	↓	…	…	…	…	5.27
	鴻巣 〃	29.1	…	…	…	井	↓	…	…	…	…	5.45
	吹上 〃	33.6	…	…	…	澤	↓	…	…	…	…	5.57
	弁●熊谷 〃	38.0	…	…	…	間	1.12	…	…	…	…	6.13
	籠原 〃	42.1	…	…	…	不	↓	…	…	…	…	6.2
	深谷 〃	45.1	…	…	…	定	1.32	…	…	…	…	6.34
	岡部 〃	47.7	…	…	…	期	↓	…	…	…	…	6.46
	●本庄 〃	51.2	…	…	…	…	1.50	…	…	…	…	6.59
	神保原 〃	53.7	…	…	…	…	↓	…	…	…	…	7.11
	新町 〃	56.5	…	…	…	…	2.05	…	…	…	…	7.19
	倉賀野 〃	60.2	…	…	…	…	↓	…	…	…	…	7.30
	弁●高崎 着	63.0	…	…	…	…	2.22	…	…	…	…	7.37
信越本線	高崎 發		…	…	…	…	2.30	…	…	6.00	…	7.46
	北高崎 〃	64.4	…	…	…	…	↓	…	…	6.06	…	7.52
	安中 〃	69.5	…	…	…	…	2.54	…	…	6.24	…	8.11
	磯部 〃	73.9	…	…	…	…	3.08	…	…	6.38	…	8.25
	松井田 〃	78.0	…	…	…	…	3.39	…	…	6.55	…	8.42
	弁横川 〃	81.4	…	…	…	…	4.00	…	…	7.20	…	9.11
	熊ノ平 〃	85.3	…	…	…	…	4.28	…	…	7.48	…	9.39
	弁●軽井澤 〃	88.3	…	…	…	…	5.30	…	5.41	8.20	…	10.12
	沓掛 〃	90.8	…	…	…	…	5.38	…	5.57	8.28	…	10.20
	信濃追分 〃	92.8	…	…	…	…	5.45	…	6.13	8.36	…	10.29
	御代田 〃	96.4	…	…	…	…	5.57	…	6.32	8.47	…	10.41
	●小諸 〃	102.2	…	…	…	…	6.17	…	7.15	9.07	…	11.03
	滋野 〃	105.9	…	…	…	…	6.28	…	7.35	9.18	…	11.13
	田中 〃	108.0	…	…	…	…	6.36	…	7.49	9.25	…	11.20
	●大屋 〃	110.1	…	…	…	…	6.48	…	8.06	9.32	…	11.28
	弁上田 〃	113.4	…	…	…	5.20	7.00	…	8.18	9.43	…	11.39
	北鹽尻 〃	116.1	名古屋發 7.15	飯田町發 5.23	名古屋發 10.10	5.36	7.09	飯田町發 10.00		9.52	飯田町發 11.30	11.47
	坂城 〃	119.8				5.55	7.20		…	10.02		11.56
	戸倉 〃	122.7				6.13	7.29		…	10.10		12.04
	●屋代 〃	125.8				6.32	7.42		…	10.19		12.13
	弁●篠ノ井 〃	129.0	3.52	4.54	6.48	7.11	7.56	9.14	…	10.30	12.06	12.23
	川中島 〃	131.7	↓	↓	6.56	7.26	8.05	9.22	…	10.38	12.14	12.31
	長野 着	134.8	4.06	5.08	7.04	7.36	8.14	9.30	…	10.46	12.22	12.39
	長野 發	134.8	…	…	…	…	8.24	…	…	10.54	…	…
	直江津 着	180.8	…	…	…	…	11.16	…	…	1.51	…	…
	長岡 〃	226.2	…	…	…	…	2.04	…	…	4.46	…	…
	新潟 〃	266.6	…	…	…	…	4.41	…	…	6.58	…	…

普通急行料金を要する列車

上野・新潟間…………第 101 列車
上野・金澤間…………第 773 列車

寝臺車連結列車と寝臺使

二等並型 上段 3.00 下段 4.50

(111)

細字ハ午前　太字ハ午後　↓ハ通過　不ハ不定期列車

線路ノ傍ニ記シアル括弧内ノ數字ハ參照時刻表所載頁

信越本線及高崎線

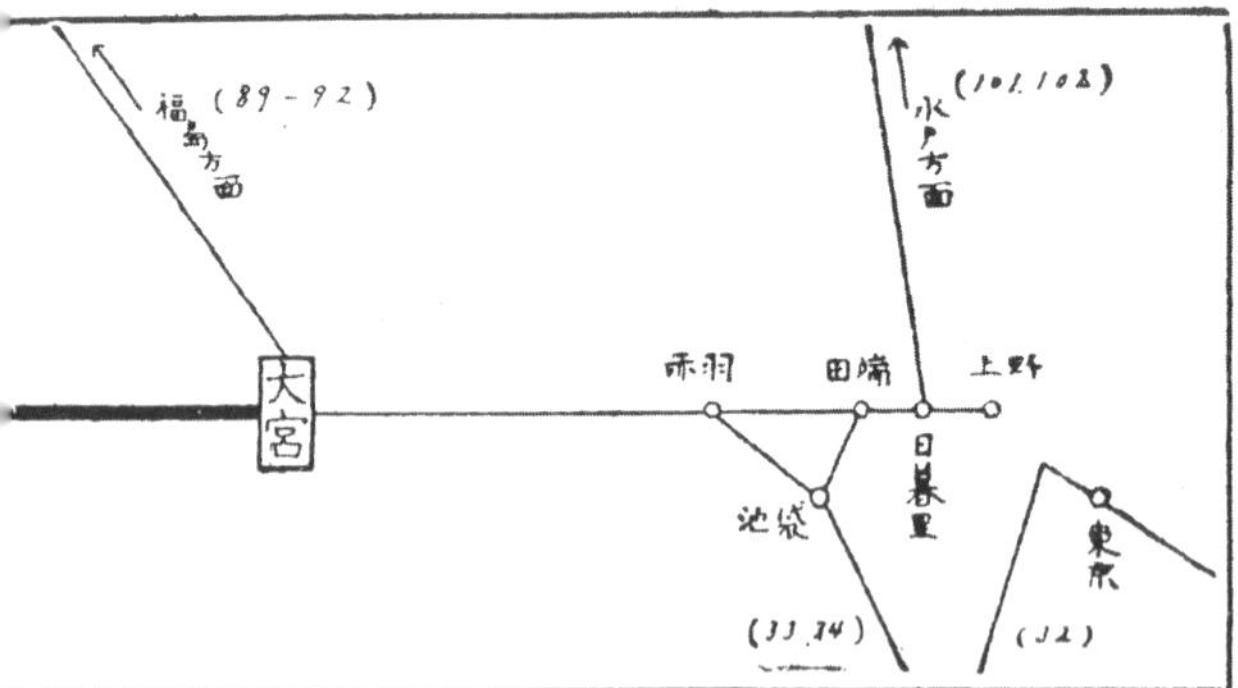

・　大　宮　間　　二、三等車ノミ

列　車

4	114	412	516	770	128	116	414	118	402	120	不 148	704	104	416	706		
.	…	…	…			…	…	9.30	…	12.00	1.20	…	3.00	…	…	…	…
.	6.00	…	…		姫路發 4.50	…	…	12.00	…	2.17	3.40	…	5.12	…	…	…	…
.	8.55	…	…	11.31		…	…	2.40	…	4.52	6.40	…	7.45	…	…	…	…
.	12.05	…	…	2.13		…	…	5.52	…	7.54	9.20	…	10.23	…	…	…	…
.	12.13	1.00	…	2.24	…	4.05	5.15	6.00	7.35	8.02	9.26	9.35	10.31	11.10	11.50	…	…
.	12.21	1.09	…	2.32	…	4.14	5.24	6.09	↓	8.11	↓	9.44	10.39	↓	↓	…	…
.	12.30	1.18	…	2.42	…	4.23	5.33	6.18	7.52	8.20	9.41	9.54	10.49	11.26	12.07	…	…
.	12.39	甲府著 7.54	…	2.51	…	4.33	飯田町著 5.20	6.27	飯田町著 6.40	8.30	9.51	名古屋著 6.35	10.57	飯田町著 10.39	名古屋著 8.41	…	…
.	12.48		…	3.00	…	4.43		6.36		8.40	10.02		11.06			…	…
.	12.56		…	3.08	…	4.52		6.45		8.49	10.11		11.14			…	…
.	1.04	…	…	3.16	…	5.02		6.54		8.59	10.21		11.23			…	…
.	1.12	…	…	3.24	…	5.11	…	7.02	…	9.08	10.29	…	11.31	…	…	…	…
.	1.24	…	…	3.34	…	5.22	…	7.12	…	9.19	10.39	…	11.43	…	…	…	…
.	1.31	…	…	3.42	…	5.29	…	7.19	…	9.26	10.53	…	11.50	…	…	…	…
.	1.40	…	…	3.51	…	5.38	…	7.28	…	9.35	↓	…	11.59	…	…	…	…
.	1.57	…	…	4.07	…	5.56	…	7.42	…	9.52	↓	…	12.13	…	…	…	…
.	2.20	…	…	4.30	…	6.19	…	8.05	…	10.16	11.33	…	12.37	…	…	…	…
.	2.35	…	…	4.45	…	6.38	…	8.19	…	10.31	↓	…	12.53	…	…	…	…
.	2.43	…	…	4.51	…	6.46	…	8.26	…	10.38	11.57	…	12.59	…	…	…	…
小山發 12.45	3.03	…	…	5.06	…	7.10	…	8.42	「輕井澤上野間不定期	11.25	12.13	…	1.21	…	…	…	…
	3.26	…	…	5.28	…	7.32	…	9.05		11.48	12.36	…	1.45	…	…	…	…
	4.00	…	…	6.03	…	8.04	…	9.38		12.35	1.15	…	2.20	…	…	…	…
	4.12	…	…	6.15	…	8.16	…	9.50		12.54	1.30	…	↓	…	…	…	…
	4.24	…	小山發 2.30	6.28	…	8.29	…	10.05		1.16	1.45	…	↓	…	…	…	…
	4.36	…		6.41	…	8.42	…	10.17		1.32	↓	…	↓	…	…	…	…
	4.49	…		6.55	…	8.57	…	10.30		↓	↓	…	↓	…	…	…	…
44	4.54	…	5.27	7.00	…	9.02	…	10.35		1.49	2.13	…	3.10	…	…	…	…
55	5.04	…	5.42	7.20	7.45	9.09	…	…		2.00	2.25	…	3.18	…	…	…	…
03	5.12	…	5.50	↓	7.53	9.20	…	…		2.16	↓	…	↓	…	…	…	…
13	5.22	…	6.00	7.36	8.05	9.31	…	…	…	2.26	↓	…	3.35	…	…	…	…
21	5.30	…	6.08	↓	8.17	9.40	…	…	…	↓	↓	…	↓	…	…	…	…
29	5.38	…	6.16	7.50	8.25	9.49	…	…	…	2.41	3.04	…	3.49	…	…	…	…
38	5.47	…	6.27	↓	8.33	9.59	…	…	…	↓	↓	…	↓	…	…	…	…
47	5.55	…	6.35	8.05	8.45	10.15	…	…	…	2.57	3.22	…	4.05	…	…	…	…
56	6.08	…	6.44	↓	8.54	10.24	…	…	…	↓	3.35	…	↓	…	…	…	…
10	6.22	…	6.59	8.25	9.10	10.42	…	…	…	3.25	3.50	…	4.24	…	…	…	…
21	6.33	…	7.12	↓	9.21	10.53	…	…	…	↓	4.02	…	4.35	…	…	…	…
33	6.44	…	7.24	↓	9.39	11.04	…	…	…	↓	↓	…	4.46	…	…	…	…
47	6.58	…	7.38	↓	10.01	11.20	…	…	…	↓	↓	…	4.59	…	…	…	…
54	7.05	…	7.52	↓	10.08	11.27	…	…	…	↓	↓	…	5.06	…	…	…	…
06	7.17	…	8.04	9.09	10.20	11.40	…	…	…	4.16	4.42	…	5.17	…	…	…	…
08	7.19	…	8.06	9.11	10.22	…	…	…	…	4.18	4.45	…	5.20	…	…	…	…
55	8.20	…	9.05	10.05	11.23	…	…	…	…	5.15	5.40	…	6.10	…	…	…	…

- 上　野間…………第 102 列車
- 飯田町間…………第 402 列車
- 名古屋間…………第 704 列車
- 上　野間…………第 770 列車
- 上　野間…………第 772 列車

急行料金ハ表紙裏面參照

…設置驛　囲ハ辨當販賣驛　●ハ接續驛ヲ示ス

驛名欄中括弧ヲ附シタル區間ニハ直通又ハ接續列車ノミヲ掲グ

【図 7-2】1924(大正 13)年 3 月「信越線列車時刻表」

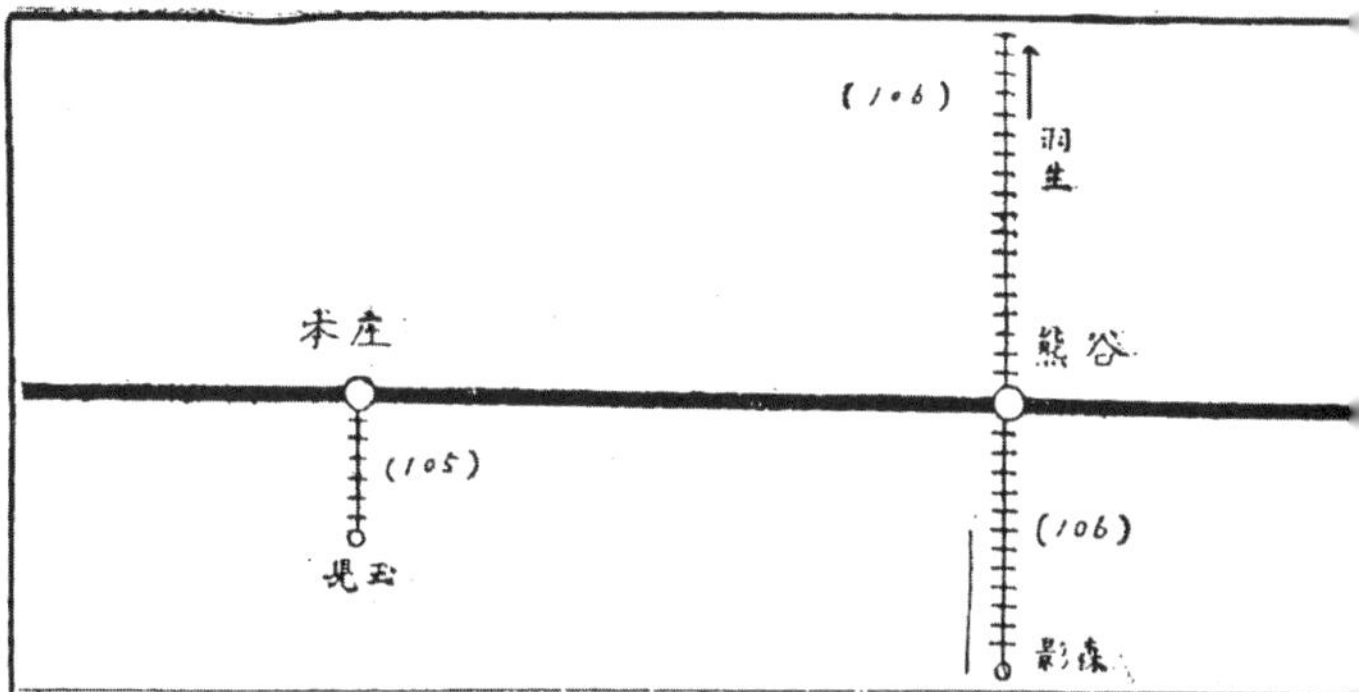

大正十二年十二月十八日改正　　長野・高崎

線名	驛名	哩程	急 102	124	502	急 772	126	3 158	106	108	710	110	112	71…
	新潟 發	0.0	6.00	…	…			…	8.00	…	…	…	…	…
	長岡 //	40.4	7.37	…	…		金澤發 7.30	…	10.15	…	…	…	…	…
	直江津 //	85.8	9.35	…	…	11.52		…	12.50	…	…	…	6.05	…
	長野 着	131.8	11.58	…	…	2.16		…	3.30	…	…	…	9.07	…
信越本線	(洗)[弁]長野 發	131.8	12.06	…	…	2.25	…	…	3.38	5.35	6.40	7.15	9.15	9.3
	川中島 //	134.9	↓	…	…	↓	…	…	3.47	5.44	6.49	7.24	9.24	9.4
	(洗)[弁]●篠ノ井 //	137.6	↓	…	…	↓	…	…	3.57	5.54	6.58	7.33	9.34	9.5
	●屋代 //	140.8	↓	…	…	↓	…	…	4.07	6.03	名古屋着 3.56	7.43	9.43	名古屋着
	戸倉 //	143.9	↓	…	…	↓	…	…	4.17	6.12		7.53	9.53	
	坂城 //	146.8	↓	…	…	↓	…	…	4.26	6.20		8.02	10.03	
	北鹽尻 //	150.5	↓	…	…	↓	…	…	4.36	6.28		8.13	10.13	
	[弁]上田 //	153.2	12.55	…	…	3.15	…	…	4.45	6.36	…	8.23	10.22	…
	●大屋 //	156.5	↓	…	…	3.24	…	…	4.57	6.47	…	8.33	10.33	…
	田中 //	158.6	↓	…	…	↓	…	…	5.04	6.54	…	8.40	10.40	…
	滋野 //	160.7	↓	…	…	↓	…	…	5.14	7.02	…	8.49	10.49	…
	●小諸 //	164.4	1.31	…	…	3.52	…	…	5.31	7.16	…	9.06	11.06	…
	御代田 //	170.2	1.54	…	…	4.14	…	…	5.56	7.39	…	9.29	11.29	…
	信濃追分 //	173.8	↓	…	…	↓	…	…	6.11	7.54	…	9.44	11.44	…
	沓掛 //	175.8	↓	…	…	↓	…	…	6.18	8.00	…	9.51	11.51	…
	(洗)[弁]●輕井澤 //	178.3	2.30	…	…	4.54	…	…	6.38	8.14	…	10.11	12.07	…
	熊ノ平 //	181.3	2.52	…	…	5.16	…	…	7.00	8.36	…	10.34	12.29	…
	(洗)[弁]橫川 //	185.2	3.26	…	…	5.50	6.10	6.39	7.34	9.10	…	11.11	1.03	…
	松井田 //	188.6	↓	…	…	↓	6.22	6.56	7.46	9.22	…	11.23	1.15	…
	磯部 //	192.7	↓	…	前橋發 5.35	↓	6.39	7.16	7.58	9.34	…	11.35	1.27	…
	安中 //	197.1	↓	…		↓	6.51	7.35	8.10	9.46	…	11.47	1.39	…
	北高崎 //	202.2	↓	…		↓	7.04	7.55	8.23	9.59	…	12.00	1.52	…
	(洗)[弁]●高崎 着	203.6	4.16	…	5.51	6.40	7.09	8.00	8.28	10.04	…	12.05	1.57	…
高崎線	高崎 發		4.24	5.00	6.00	6.48	7.20	…	8.38	10.20	…	12.13	2.07	…
	倉賀野 //	206.4	↓	5.08	6.08	↓	7.31	…	8.46	10.28	…	12.21	2.15	…
	新町 //	210.1	↓	5.18	6.18	↓	7.41	…	8.56	10.38	…	12.31	2.25	…
	神保原 //	212.9	↓	5.26	6.26	↓	7.49	…	9.04	10.47	…	12.39	2.33	…
	●本庄 //	215.4	↓	5.34	6.34	↓	7.57	…	9.12	10.55	…	12.47	2.41	…
	岡部 //	218.9	↓	5.43	6.44	↓	8.06	…	9.26	11.04	…	12.56	2.50	…
	深谷 //	221.5	↓	5.51	6.51	↓	8.14	…	9.34	11.19	…	1.04	2.58	…
	籠原 //	224.5	↓	6.00	7.00	↓	8.23	…	9.43	11.28	…	1.13	3.07	…
	[弁]●熊谷 //	228.6	5.25	6.12	7.11	7.49	8.38	…	9.55	11.40	…	1.25	3.19	…
	吹上 //	233.0	↓	6.23	7.22	↓	8.52	…	10.06	11.51	…	1.36	3.30	…
	鴻巣 //	237.5	↓	6.34	7.33	↓	9.03	…	10.17	12.02	…	1.47	3.41	…
	桶川 //	242.7	↓	6.48	7.47	↓	9.17	…	10.31	12.16	…	2.01	3.55	…
	上尾 //	244.9	↓	6.55	7.54	↓	9.24	…	10.38	12.23	…	2.08	4.02	…
	(洗)[弁]●大宮 發	250.0	6.11	7.07	8.06	8.36	9.36	…	10.50	12.38	…	2.20	4.14	…
東北本線	大宮 發	250.0	6.13	7.09	8.13	8.38	9.38	…	10.52	12.40	…	2.22	4.16	…
	上野 着	266.6	6.56	8.10	9.13	9.21	10.25	…	11.41	1.35	…	3.09	5.17	…

普通急行料金を要する列車

新潟・上野間…………第 102 列車
金澤・上野間…………第 772 列車

寢臺車連結列車と寢臺使用料金

二等並型 {上段 3.00 圓 / 下段 4.50 圓}……

細字ハ午前　太字ハ午後　↓ハ通過　不ハ不定期列車　(洗)ハ洗

線路ノ傍ニ記シアル括弧内ノ數字ハ參照時刻表所載頁ヲ示

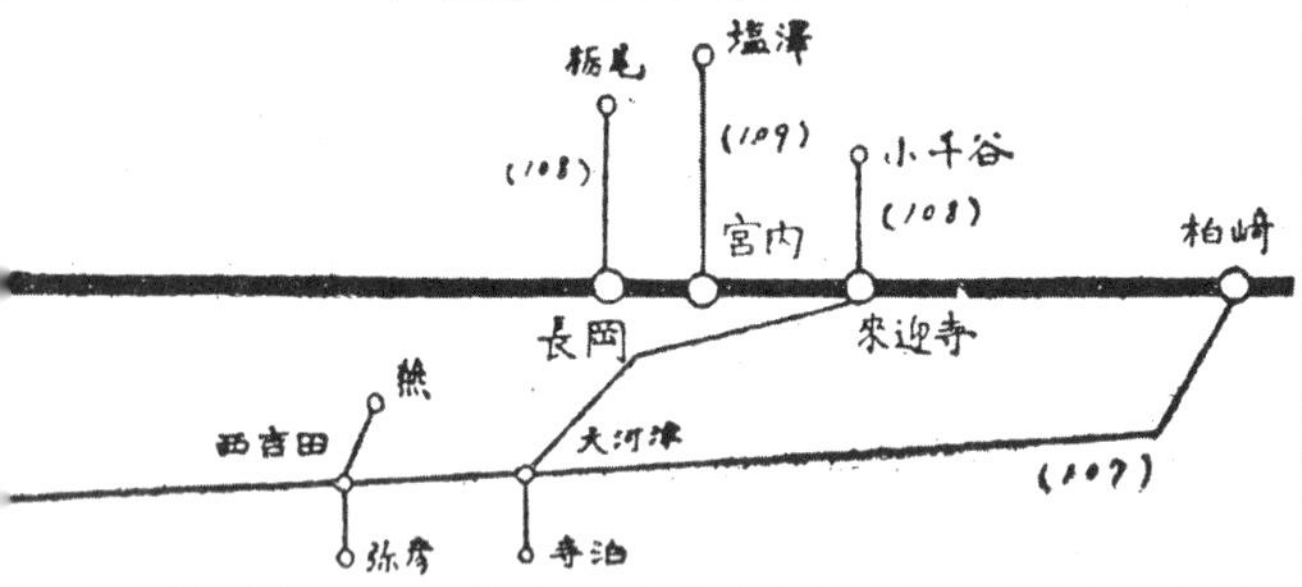

潟　　間　　特ニ示シタルモノハ外二、三等車

列　　車

33	不 147	107	10	135	109	12	137	771	131	139	113	不 141	115					
…	9.24	11.15	上野輕井澤間不定期	…	…	…	…	7.15	…	…	8.50	…	11.20	…	…	…	…	…
…	12.43	2.30		…	6.00	…	…	10.07	…	…	12.20	…	2.50	…	…	…	…	…
…	4.22	5.30		…	8.20	…	…	12.13	…	…	2.35	…	5.05	…	…	…	…	…
…	7.12	8.14		…	10.46	…	…	2.24	…	…	5.02	…	7.28	…	…	…	…	…
…	7.19	8.24	…	…	11.4	…	…	2.31	…	…	5.12	…	7.39	…	…	…	…	…
…	7.26	8.33	…	…	11.02	…	…	2.38	…	…	5.13	…	7.48	…	…	…	…	…
…	7.36	8.47	…	…	11.14	…	…	2.49	…	…	5.32	…	8.01	…	…	…	…	…
…	7.56	9.10	…	…	11.37	…	…	3.08	…	…	5.51	…	8.23	…	…	…	…	…
…	8.25	9.41	…	…	12.07	…	…	3.35	…	…	6.18	…	8.54	…	…	…	…	…
…	8.43	10.00	…	…	12.25	…	…	3.49	…	…	6.34	…	9.13	…	…	…	…	…
…	9.01	10.20	…	…	12.44	…	…	4.04	…	…	6.49	…	9.31	…	…	…	…	…
…	9.15	10.34	…	…	1.01	…	…	4.17	…	…	7.03	…	9.45	…	…	…	…	…
40	9.40	10.47	…	12.05	1.17	…	2.50	4.27	…	5.45	7.15	8.30	10.03	…	…	…	…	…
50	9.50	10.57	…	12.15	1.23	…	3.02	4.35	…	5.55	7.24	8.40	10.13	…	…	…	…	…
59	9.59	11.06	…	12.24	1.40	…	3.10	4.41	…	6.04	7.33	8.49	10.22	…	…	…	…	…
09	10.02	11.16	…	12.34	1.51	…	3.20	4.51	…	6.14	7.43	8.59	10.32	…	…	…	…	…
…	10.15	11.30	…	…	2.10	…	…	5.00	5.05	…	7.55	…	…	…	…	…	…	…
…	10.22	11.38	…	…	2.22	…	…	姫路著 11.50	5.12	…	8.03	…	…	…	…	…	…	…
…	10.30	11.47	…	…	2.31	…	…		5.21	…	8.15	…	…	…	…	…	…	…
…	10.38	11.56	…	…	2.40	…	…		5.30	…	8.26	…	…	…	…	…	…	…
…	10.48	12.06	…	…	2.50	…	…	…	5.40	…	8.38	…	…	…	…	…	…	…
…	10.57	12.16	…	…	3.00	…	…	…	5.50	…	8.55	…	…	…	…	…	…	…
…	11.07	12.27	…	…	3.11	…	…	…	6.01	…	9.06	…	…	…	…	…	…	…
…	11.14	12.35	…	…	3.19	…	…	…	6.09	…	9.14	…	…	…	…	…	…	…
…	11.25	12.50	…	…	3.34	…	…	…	6.25	…	9.30	…	…	…	…	…	…	…
…	11.35	1.03	…	…	3.45	…	…	…	6.36	…	9.42	…	…	…	…	…	…	…
…	11.41	1.09	…	…	3.51	…	…	…	6.42	…	9.49	…	…	…	…	…	…	…
…	11.48	1.16	…	…	3.58	…	…	…	6.49	…	9.57	…	…	…	…	…	…	…
…	12.06	1.36	…	…	4.18	…	…	…	7.11	…	10.19	…	…	…	…	…	…	…
…	12.20	1.48	…	…	4.31	…	…	…	7.26	…	10.34	…	…	…	…	…	…	…
…	12.34	1.59	…	…	4.41	…	…	…	7.43	…	10.44	…	…	…	…	…	…	…
…	12.50	2.20	…	…	4.55	…	…	…	7.54	…	10.50	…	…	…	…	…	…	…
…	12.55	2.26	…	…	5.03	…	…	…	8.00	…		…	…	…	…	…	…	…
…	1.02	2.34	…	…	5.11	…	…	…	8.08	…	…	…	…	…	…	…	…	…
…	1.10	2.44	…	…	5.20	…	…	…	8.17	…	…	…	…	…	…	…	…	…
…	1.18	2.58	…	…	5.28	…	…	…	8.25	…	…	…	…	…	…	…	…	…
97	1.29	3.08	…	409	5.38	…	411	…	8.35	…	…	…	…	…	…	…	…	…
	1.34	3.13	…		5.43	…		…	8.40	…	…	…	…	…	…	…	…	…
8.40	1.46	3.25	村上發 2.30	郡山發 11.45	5.55	村上發 5.35	郡山發 3.00	…	8.52	…	…	…	…	…	…	…	…	…
	1.54	3.33			6.03			…	9.02	…	…	…	…	…	…	…	…	…
	2.08	3.47			6.14			…	9.13	…	…	…	…	…	…	…	…	…
52	2.17	3.57	4.37	5.20	6.24	7.17	8.29	…	9.23	…	…	…	…	…	…	…	…	…
00	2.23	4.10	4.46	5.36	6.30	7.35	8.37	…	9.27	…	…	…	…	…	…	…	…	…
17	2.37	4.27	5.00	5.50	6.44	7.52	8.51	…	9.41	…	…	…	…	…	…	…	…	…
27	2.47	4.37	5.12	6.05	6.54	8.10	9.01	…	8.51	…	…	…	…	…	…	…	…	…
31	2.51	4.41	5.16	6.10	6.58	8.15	9.05	…	9.55	…	…	…	…	…	…	…	…	…

上野・新潟間（信越本線）……第 101 列車
姫路・新潟間………………第 678 列車
上野・姫路間………………第 771 列車
上野・金澤間………………第 773 列車

急行料金ハ表紙裏面參照

設置驛　囲ハ辨當販賣驛　●ハ接續驛ヲ示ス

ス　驛名欄中括弧ヲ附シタル區間ニハ直通又ハ接續列車ノミヲ掲グ

【図 7-3】1924（大正 13）年３月「信越線列車時刻表」

信越本線

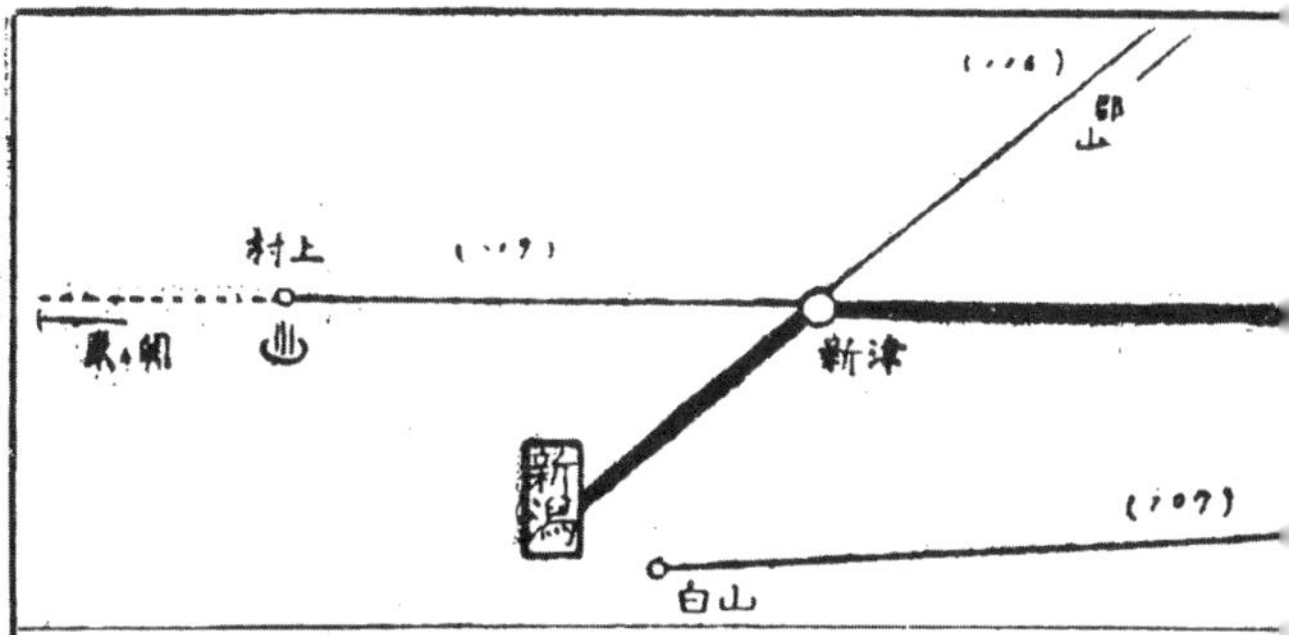

大正十二年十二月一日改正

長　野　・

線名	驛名	哩程	127	129	773	101	2	678	401	145	103	131	1(
東北及信越高崎線	上野 發	0.0	…	…	6.55	8.25	…	…	…	…	8.35	…	10.
	高崎 〃	63.0	…	…	9.32	11.02	…	…	…	…	12.00	…	1.
	軽井沢 〃	88.3	…	…	11.45	1.07	…	…	…	…	2.20	…	3.
	長野 著	134.8	…	…	1.33	2.48	…	…	…	…	4.32	…	6.
信越本線	弁 長野 發	134.8	…	…	1.42	2.[illegible]7	…	…	…	…	4.40	…	6.
	吉田 〃	137.2	…	…	↓	↓	…	…	…	…	4.47	…	6.
	●豊野 〃	141.5	…	…	2.00	3.13	…	…	…	…	4.58	…	6.
	牟礼 〃	146.4	…	…	↓	↓	…	…	…	…	5.18	…	7.
	柏原 〃	152.8	…	…	2.46	4.00	…	…	…	…	5.46	…	7.
	田口 〃	158.0	…	…	↓	↓	…	…	…	…	6.00	…	7.
	関山 〃	162.9	…	…	3.09	4.23	…	…	…	…	6.14	…	7.
	二本木 〃	166.8	…	…	3.21	4.35	…	…	…	…	6.27	…	8.
	新井 〃	170.4	…	…	↓	↓	…	[illegible]路發 10.10	…	…	6.38	7.10	8.
	脇野田 〃	174.3	…	…	↓	↓	…		…	…	6.46	7.20	8.
	高田 〃	176.7	…	…	3.43	4.58	…		…	…	6.53	7.29	8.
	弁●直江津 著	180.8	…	…	3.52	5.07	…	5.17	…	…	7.03	7.39	8.
	直江津 發		…	…	4.00	5.15	…	5.25	…	6.00	7.12	…	8.
	●黒井 〃	182.4	…	…	金澤著 8.28	↓	…	5.32	…	6.08	7.20	…	9.
	犀潟 〃	185.2	…	…		↓	…	5.40	…	6.18	7.29	…	9.
	潟町 〃	187.8	…	…		↓	…	5.48	…	6.27	7.38	…	9.
	柿崎 〃	191.7	…	…	…	↓	…	5.57	…	6.39	7.48	…	9.
	鉢崎 〃	195.4	…	…	…	↓	…	6.06	…	6.56	7.58	…	9.
	青海川 〃	199.2	…	…	…	↓	…	6.16	…	7.08	8.09	…	9.
	鯨波 〃	201.1	…	…	…	↓	…	6.23	…	7.17	8.17	…	9.
	弁●柏崎 〃	203.4	…	…	…	6.06	…	6.33	…	7.24	8.32	…	10.
	安田 〃	207.0	…	…	…	↓	…	6.43	…		8.43	…	10.
	北条 〃	208.6	…	…	…	↓	…	6.49	…	…	8.49	…	10.
	越後広田 〃	210.7	…	…	…	↓	…	6.56	…	…	8.56	…	10.
	塚山 〃	215.5	…	…	…	↓	…	7.14	…	…	9.22	…	10.
	●来迎寺 〃	220.2	…	…	…	↓	…	7.24	…	…	9.34	…	11.
	●宮内 〃	224.3	…	…	…	↓	…	7.34	…	…	9.44	…	11.
	弁●長岡 〃	226.2	…	5.00	…	7.02	…	7.44	…	…	9.54	…	11.
	城岡 〃	227.7	…	5.06	…	↓	…	7.49	…	…	10.00	…	11.
	押切 〃	230.5	…	5.14	…	↓	…	7.56	磐越線經由	…	10.08	…	11.
	見附 〃	233.2	…	5.23	…	↓	…	8.04		…	10.17	…	11.
	帯織 〃	235.8	…	5.31	…	↓	…	8.12		…	10.25	…	11.
	三条 〃	239.6	…	5.40	…	↓	…	8.22		4	10.35	405	12.
	一ノ木戸 〃	240.6	…	5.45	…	↓	…	8.27			10.40		12.
	加茂 〃	245.3	…	5.57	…	↓	村上發 6.00	8.38	上野發 9.35	村上發 7.45	10.52	郡山發 6.30	12.
	羽生田 〃	247.9	…	6.05	…	↓		8.46			11.00		12.
	矢代田 〃	252.2	…	6.16	…	↓		8.56			11.11		12.
	弁●新津 著	256.0	…	6.26	…	8.04	8.14	9.05	9.28	10.10	11.21	12.04	12.
	新津 發		5.55	6.34	…	8.08	8.27	9.10	9.32	10.20	11.27	12.15	1.
	亀田 〃	261.5	6.21	6.49	…	↓	8.41	9.24	9.46	10.34	11.41	12.33	1.
	沼垂 〃	265.4	6.37	6.59	…	↓	8.55	9.36	9.56	10.44	11.51	12.43	1.
	新潟 著	266.6	6.42	7.03	…	8.30	9.00	9.40	10.00	10.48	11.55	12.47	1.

(113)

普通急行料金を要する列車

上野、新潟間……第 101 列車
上野、金澤間……第 773 列車

寝臺車連結列車と寝臺使用料

二等並型｛上段 3.00 圓／下段 4.50 圓｝

細字ハ午前　太字ハ午後　レハ通過　不ハ不定期列車

線路ノ傍ニ記シアル括弧内ノ數字ハ參照時刻表所載頁

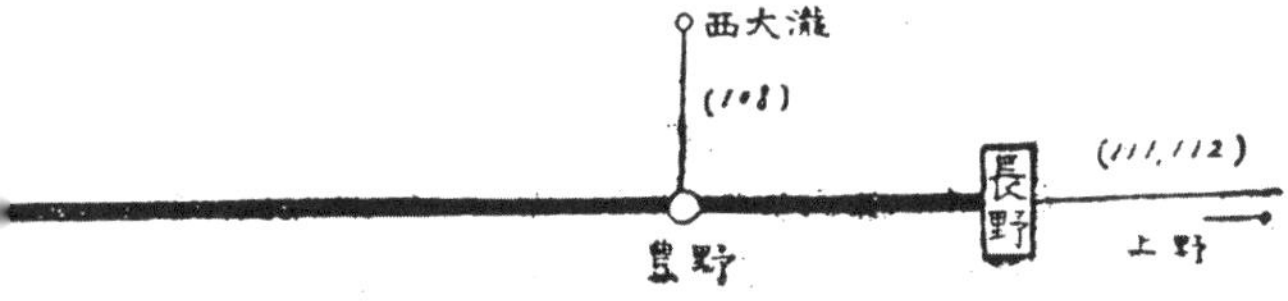

信越本線

野　　　間　　　特ニ示シタルモノハ外二、三等車

列　　　車

18	412	5	120	7	不 148	414	104	416	122	102	11	772	402	106	132			
.30	10.5[illegible]	11.20	12.00	12.55	1.20	1.45	3.00	4.10	5.05	6.00	6.20	…	7.05	8.00	8.20	…	…	…
.35	11.01	11.30	12.06	1.05	1.27	1.51	3.06	4.16	5.11	↓	6.33	…	7.10	8.06	8.30	…	…	…
.47	11.11	11.42	12.16	1.17	1.37	2.01	3.16	4.26	5.21	↓	6.45	…	7.20	8.16	8.42	…	…	…
.01	11.2[illegible]	11.57	12.30	1.32	1.51	2.15	3.30	4.40	5.35	6.23	7.00	…	7.32	8.30	8.57	…	…	…
.17	11.34	12.12	12.35	1.40	1.56	2.22	3.35	4.50	5.39	6.28	7.20	…	7.38	8.33	…	…	…	…
.28	郡山著 5.42	村上著 1.53	12.46	村上著 4.00	2.07	郡山著 8.27	3.46	會津若松著 8.23	5.50	↓	村上著 9.05	…	磐越線經由上野著 7.24	8.49	…	…	…	…
.40			12.58		2.19		3.58		6.04	↓		…		9.01	…	…	…	…
.53			1.09		2.23		4.08		6.14	↓		…		9.11	…	…	…	…
.0[illegible]	…	…	1.21	…	2.41	…	4.20		6.26	↓	…	…		9.23	…	…	…	…
.11	…	…	1.27	…	2.46	…	4.26		6.32	↓	…	…		9.28	…	…	…	…
.22	…	…	1.38	…	2.57	…	4.37	…	6.43	↓	…	…		9.39	…	…	…	…
.30	…	…	1.46	…	3.05	…	4.45	…	6.51	↓	…	…		9.47	…	…	…	…
.41	…	…	1.55	…	3.14	…	4.54	…	7.00	↓	…	…		9.56	…	…	…	…
.4[illegible]	…	…	2.05	…	3.22	…	5.02	…	7.08	↓	…	…	…	10.04	…	…	…	…
.00	…	…	2.17	…	3.40	…	5.12	…	7.50	7.37	…	…	…	10.15	…	…	…	…
.07	…	…	2.24	…	3.49	…	5.19	…	7.57	↓	…	…	…	10.22	…	…	…	…
.13	…	…	2.36	…	4.01	…	5.31	…	8.08	↓	…	…	…	10.33	…	…	…	…
.34	…	…	2.51	…	4.19	…	5.46	…	8.23	↓	…	…	…	10.4[illegible]	…	…	…	…
.48	…	…	3.05	…	4.33	…	6.00	…	8.37	↓	…	…	…	11.02	…	…	…	…
.56	…	…	3.13	…	4.41	…	6.08	…	8.45	↓	…	…	…	11.10	…	…	…	…
.02	…	…	3.19	…	4.47	…	6.14	…	8.51	↓	…	…	…	11.16	…	…	…	…
.15	…	…	3.33	…	5.00	…	6.26	…	9.04	8.34	…	…	…	11.23	…	…	…	…
.24	…	…	3.42	…	5.09	…	6.35	…	9.15	↓	…	…	…	11.38	…	…	…	…
.32	…	…	3.50	…	5.17	…	6.43	…	9.23	↓	…	…	…	11.46	…	…	…	…
.43	…	…	4.01	…	5.28	…	6.54	…	9.34	↓	…	…	…	11.57	…	…	…	…
.53	…	…	4.11	…	5.41	…	7.04	…	9.44	↓	…	…	…	12.07	…	…	…	…
.05	…	…	4.23	…	5.54	…	7.16	…	9.56	↓	…	金澤發 7.30	…	12.19	…	…	…	…
.13	…	…	4.31	…	6.03	…	7.24	…	10.04	↓	…		…	12.27	…	…	…	…
.21	…	…	4.39	…	6.14	不	7.32	…	10.12	↓	…		…	12.3[illegible]	…	…	…	…
.26	138	…	4.44	…	6.20	140	7.37	…	10.17	9.27	…	11.45	…	12.40	…	…	…	…
.40	3.35	…	4.52	…	6.40	6.40	7.45	…	…	9.35	…	11.52	…	12.50	…	…	…	…
.53	3.46	…	5.04	…	6.52	6.52	7.58	…	…	9.47	…	12.03	…	1.03	…	…	…	…
.01	3.53	…	5.11	…	6.59	6.59	8.05	…	…	↓	…	↓	…	1.10	…	…	…	…
.18	4.04	輕井澤上野間不定期	5.25	…	7.14	7.10	8.16	…	…	↓	…	↓	…	1.21	…	…	…	…
.39			5.44	…	7.31		8.34	…	…	10.19	…	12.35	…	1.39	…	…	…	…
.03	…		6.06	…	7.49	…	8.52	…	…	10.41	…	12.57	…	1.57	…	…	…	…
.30	…		6.33	…	8.12	…	9.17	…	…	↓	…	↓	…	2.22	…	…	…	…
.53	…		6.55	…	8.31	…	9.36	…	…	↓	…	↓	…	2.42	…	…	…	…
.14	…		7.16	…	8.53	…	9.53	…	…	↓	…	↓	…	2.59	…	…	…	…
.33	…		7.34	…	9.05	…	10.07	…	…	↓	…	2.01	…	3.14	…	…	…	…
.45	…		7.47	…	↓	…	10.17	…	…	↓	…	↓	…	3.24	…	…	…	…
.52	…		7.54	…	9.20	…	10.23	…	…	11.58	…	2.16	…	3.30	…	…	…	…
.00	…	↓	8.02	…	9.26	…	10.31	…	…	12.06	…	2.25	…	3.38	…	…	…	…
.33	…	└	10.46	…	12.05	…	1.05	…	…	2.19	…	4.40	…	6.26	…	…	…	…
.35	…	…	1.49	…	2.13	…	3.10	…	…	4.16	…	6.40	…	8.28	…	…	…	…
	…	…	5.15	…	5.40	…	6.10	…	…	6.56	…	9.21	…	11.41	…	…	…	…

料金

}……(新潟・上野間（信越本線）……第 102 列車
新潟・　路間……………………第 679 列車
輕路・上野間……………………第 770 列車
金澤・上野間……………………第 772 列車

不定期第 148 列車直江津・新井間運轉ノ場合ハ不定期第 140 列車ハ同區間運轉休止ス
急行料金ハ表紙裏面參照

(114)

設置驛　囲ハ辨當販賣驛　●ハ接續驛ヲ示ス

示ス　　驛名欄中括弧ヲ附シタル區間ニハ直通又ハ接續列車ノミヲ掲グ

【図 7-4】1924（大正 13）年 3 月「信越線列車時刻表」

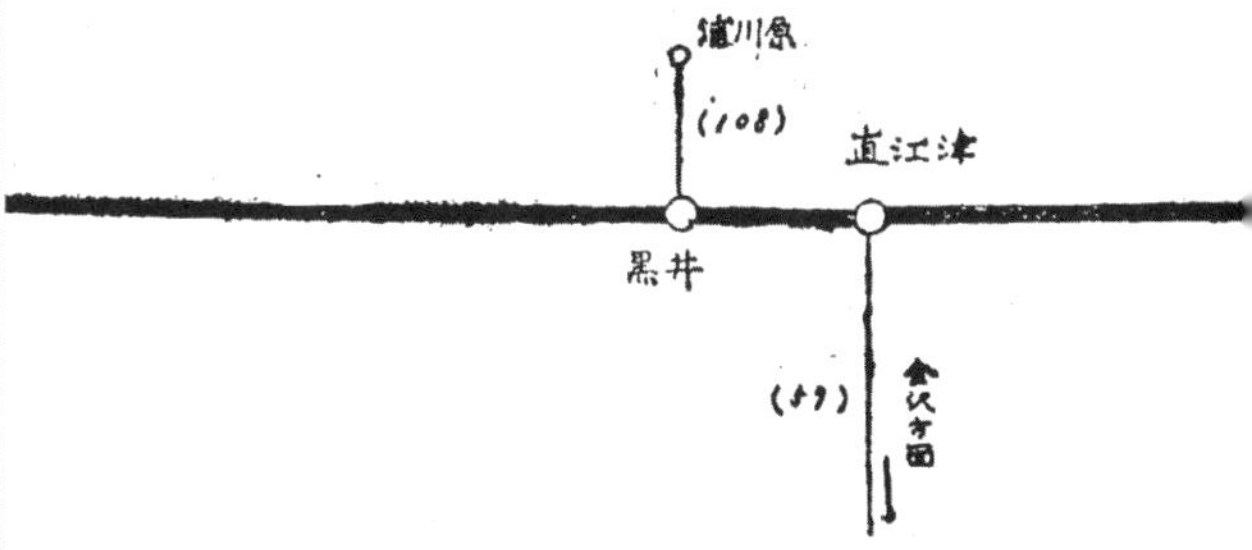

大正十二年十二月一日改正　　新潟・

線名	驛名		哩程	3 156	112	3 146	132	114	134	770	408	679	130
信越本線	新潟	發	0.0	…	…	…	…	…	…	…	6.00	6.30	8.18
	沼垂	//	1.2	…	…	…	…	…	…	…	6.05	6.36	8.30
	龜田	//	5.1	…	…	…	…	…	…	…	6.15	6.48	8.42
	㊟匪●新津	著	10.6	…	…	…	…	…	…	…	6.27	7.02	8.56
		發		…	…	…	…	…	…	…	6.35	7.07	9.07
	矢代田	//	14.4	…	…	…	…	…	…	…	郡山著 12.10	7.18	9.18
	羽生田	//	18.7	…	…	…	…	…	…	…		7.30	9.30
	加茂	//	21.3	…	…	…	…	…	…	…		7.43	9.40
	一ノ木戸	//	26.0	…	…	…	…	…	…	…	…	7.55	9.52
	三條	//	27.0	…	…	…	…	…	…	…	…	8.01	9.58
	帶織	//	30.8	…	…	…	…	…	…	…	…	8.13	10.09
	見附	//	33.4	…	…	…	…	…	…	…	…	8.21	10.18
	押切	//	36.1	…	…	…	…	…	…	…	…	8.30	10.27
	城岡	//	38.9	…	…	…	…	…	…	…	…	8.38	10.35
	匪●長岡	//	40.4	…	…	…	…	6.00	…	…	…	8.48	10.40
	●宮内	//	42.3	…	…	…	…	6.07	…	…	…	8.55	
	●來迎寺	//	46.4	…	…	…	…	6.19	…	…	…	9.06	…
	塚山	//	51.1	…	…	…	…	6.39	…	…	…	9.21	…
	越後廣田	//	55.9	…	…	…	…	6.57	…	…	…	9.35	…
	北條	//	58.0	…	…	…	…	7.0[illegible]	…	…	…	9.43	…
	安田	//	59.6	…	…	…	…	7.11	…	…	…	9.49	…
	匪●柏崎	//	63.2	…	…	6.10	…	7.28	…	…	…	10.08	…
	鯨波	//	65.5	…	…	6.24	…	7.37	…	…	…	10.17	…
	青海川	//	67.4	…	…	6.32	…	7.4[illegible]	…	…	…	10.25	…
	鉢崎	//	71.2	…	…	6.50	…	7.59	…	…	…	10.36	…
	柿崎	//	74.9	…	…	7.01	…	8.09	…	…	…	10.47	…
	潟町	//	78.8	…	…	7.15	…	8.21	…	姫路發 4.50	…	10.59	…
	犀潟	//	81.4	…	…	7.30	…	8.29	…		…	11.07	…
	●黒井	//	84.2	…	…	7.39	…	8.37	…		…	11.15	…
	㊟匪●直江津	著	85.8	…	…	7.45	…	8.42	…	11.14	…	11.20	136
		發		…	6.05	…	8.05	8.55	10.35	11.31	…	11.40	1.10
	高田	//	89.9	…	6.17	…	8.20	9.08	10.47	11.44	…	姫路著 7.35	1.22
	脇野田	//	92.3	…	6.24	…	8.29	9.16	10.58	11.51	…		1.30
	新井	//	96.2	…	6.39	…	8.40	9.32	11.09	12.03	…		1.41
	二本木	//	99.8	…	6.58	…		9.55		12.22	…	…	…
	關山	//	103.7	…	7.19	…	…	10.19	…	12.43	…	…	…
	田口	//	108.6	…	7.46	…	…	10.46	…	1.08	…	…	…
	柏原	//	113.8	6.24	8.08	…	…	11.10	…	1.27	…	…	…
	牟禮	//	120.2	7.02	8.29	…	…	11.36	…	1.44	…	…	…
	●豐野	//	125.1	7.28	8.48	…	…	11.50	…	1.57	…	…	…
	吉田	//	129.4	7.45	9.00	…	…	12.00	…	2.07	…	…	…
	㊟匪長野	著	131.8	7.54	9.07	…	…	12.05	…	2.13	…	…	…
信越、高崎及東北線	長野	發	131.8	…	9.15	…	…	12.13	…	2.24	…	…	…
	輕井澤	著	178.3	…	11.59	…	…	2.49	…	4.57	…	…	…
	高崎	//	203.6	…	1.57	…	…	4.54	…	7.00	…	…	…
	上野	//	266.6	…	5.17	…	…	8.20	…	10.05	…	…	…

普通急行料金を要する列車

新潟・上野間………第 102 列車
金澤・上野間………第 772 列車

寝臺車連結列車と寝臺

二等並型 { 上段 / 下段

細字ハ午前　太字ハ午後　↓ハ通過　不ハ不定期列車　㊟ハ

☞線路ノ傍ニ記シアル括弧内ノ数字ハ参照時刻表所載頁

一月號

一六四

◎（下リ）上野・新潟間（上野ヨリ吉田マデ）（高崎線）（信越本線）（一五、一一、訂補）（◎印ノ外全部二・三等客車ナス）

段符	列車番號	行先
イ	三一五	直江津行
ロ	三一七	新潟行
ハ	七四一	後閑行
ニ	三〇三	小山新潟行
ホ	七四三	後閑行
ヘ	三一九	小山長岡行
ト	七四五	後閑行
チ	三二一	小山直江津行
リ		
ヌ	三二三	小山長野行
ル	三二五	小山桶川行
ヲ	三二七	小山長野行
ワ	七二九	桐生行
カ	六〇一	急 金澤行
ヨ	三〇五	前橋新潟行
タ	三〇一	急 新潟行
レ	三〇七	前橋新潟行
ソ		
ツ	六〇三	米原行
ネ		
ナ		
ラ		
ム	三一三	直江津行
ウ	三五三	碓井行
キ		

驛名：上野發、赤羽、大宮、上尾、桶川、鴻巣、吹上、熊谷、深谷、本庄、神保原、新町、倉賀野、高崎着／高崎發、北高崎、安中、磯部、松井田、横川、軽井澤、沓掛、追分、御代田、小諸、田中、大屋、上田、坂城、戸倉、屋代、篠ノ井、川中島、長野、吉田

（午前ハ細字午後ハ太字）

上野大宮間各停車驛詳細時刻ハ一六〇頁參照

詳細ハ一六八頁參照

省線三等對哩運賃表ハ二五頁參照

注意　篠ノ井長野間ニテ中央線ヘ御乗換ノ方ハ一五五頁ヲ御覧下サイ

◎印ハ三等客車ノミ　　　寝臺車附

【図 8-1】1927（昭和 2）年 1 月「信越線列車時刻表」

越後鐵道ハ一六三頁栃尾鐵道ハ一〇七頁參照

一六六 ◉（上リ）新潟・上野間（新潟ヨリ二本木マデ）（信越本線）（一五、一二、一訂補）（◎印ノ外ハ全部三等二等客車デス）

段符	列車	行先	新潟發	沼垂	龜田	荻川	新津着
イ	三三四	新津行	後 [illegible]	[illegible]	[illegible]	[illegible]	[illegible]
ロ	三三〇	直江津行	後 [illegible]	[illegible]	[illegible]	[illegible]	[illegible]
ハ	五〇六	急行 青森より 神戸行	…	…	…	…	…
ニ	三〇六	上野行	後 [illegible]	[illegible]	[illegible]	[illegible]	[illegible]
ホ			…	…	…	…	…
ヘ			…	…	…	…	…
ト			…	…	…	…	…
チ	三〇八	上野行	後 五、一五	五、二〇	五、三六	五、四四	六、〇九
リ	三〇二	急行 上野行	後 八、三〇	…	…	…	八、五四
ヌ			…	…	…	…	…
ル			…	…	…	…	…
ヲ	三一〇	上野行	後 七、四五	七、五〇	八、〇三	八、一三	八、一七
ワ	三三六	新津行	後◎ 一〇、一五	一〇、二五	一〇、三九	一〇、四九	一〇、五七
カ							
ヨ							
タ							
レ							
ソ	三二二	上野行	…	…	…	…	…
ツ	三二四	長岡行	前 五、〇五	五、一一	五、二三	五、三三	五、三八
ネ	三〇四	上野行	前 六、〇五	六、一一	六、二三	六、三三	六、三八
ナ			…	…	…	…	…
ラ	三二六	大宮行	前 八、五五	九、〇〇	九、一三	九、二三	九、二八
ム			…	…	…	…	…
ウ	五〇四	青森より 大阪行	…	…	…	…	…

注意（新潟新津間に限り御乘車の方は一九八頁一九二頁にも）

新津發：×矢代田、羽生田、加茂、東三條、×三條、帶織、×見附、押切、城岡、×長岡、×宮内、×來迎寺、×塚山、越後廣田、北條、安田、×柏崎、鯨波、×青海川、鉢崎、柿崎、潟町、×犀潟、×黑井、×直江津着（各駅の時刻 [illegible]）

午前は細字午後は太字

省線三等對哩運賃表は二五頁參照

直江津發：×高田、脇野田、×新井、×二本木（各駅の時刻 [illegible]）

北陸線：上リ 直江津發、金谷着、米原着／下リ 米原發、金澤〃、直江津着（詳細は七二頁七五頁參照）

接續：上リ 新津發、新潟着、郡山着（詳細は一九頁參照）

【図 8-2】1927（昭和 2）年 1 月「信越線列車時刻表」

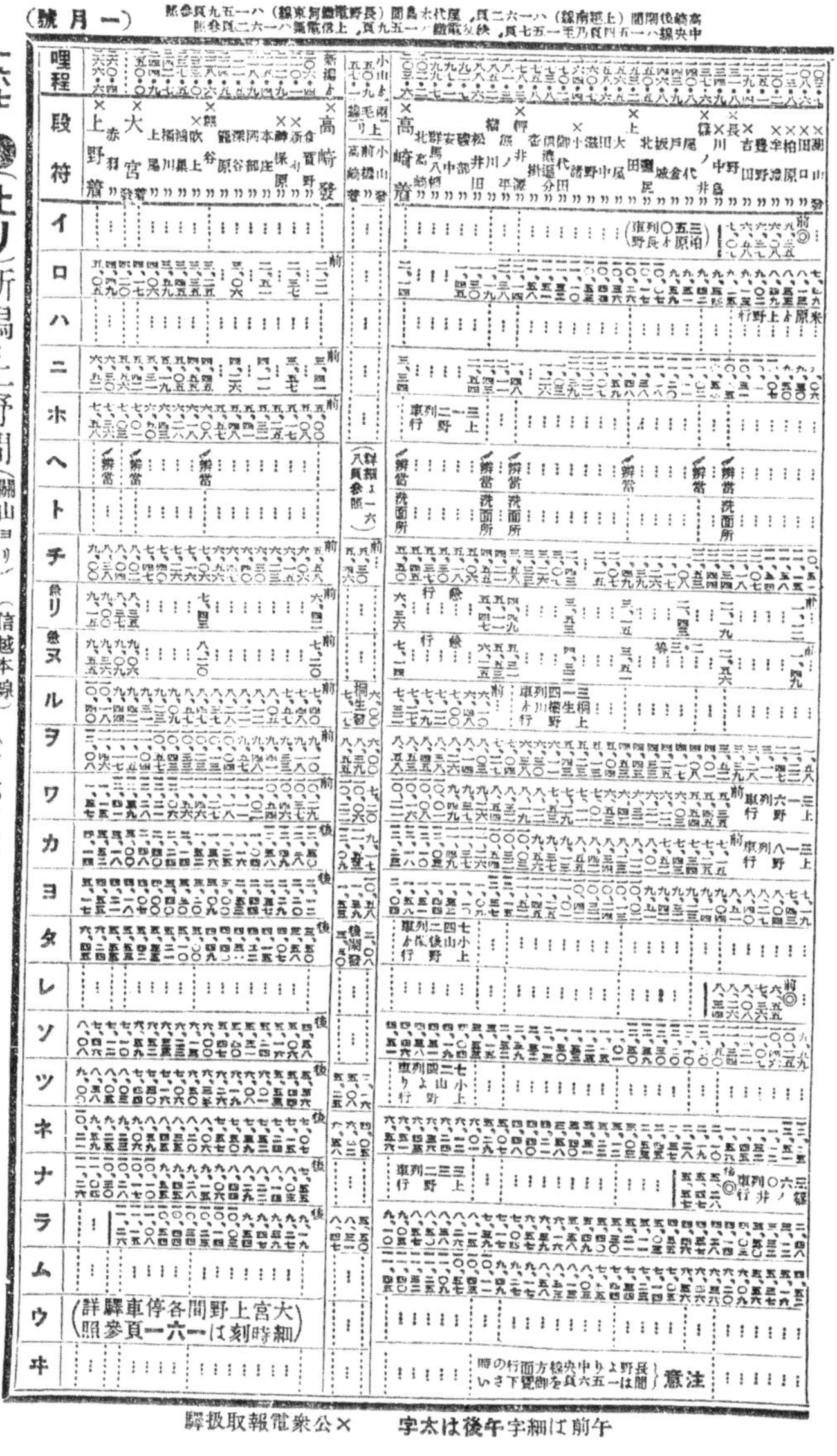

図版解説

【図一】 一八九九（明治三二）年 各支線列車運行図表（明治三二年一〇月一〇日調整）。出典：三宅俊彦『碓氷峠の一世紀――運転史から見た横軽間の一〇四年』上 二〇〇二年一〇月一日（『RM LIBRARY』三九巻 ネコ・パブリッシング）八頁。以下、三宅論文Bと略す（下は『RM LIBRARY』四〇巻）。原図は三宅俊彦氏所蔵。現存する信越線の運行図表としては最古のものと推定される。

【図二】 一九〇〇（明治三三）年 支線列車運行表（明治三三年九月一五日調整）。出典：三宅俊彦「碓氷峠の一世紀――運転史から見た横軽間の一〇四年」一九九七年九月（『碓氷峠 RM POCKET 一七』（『RM MODELS』一九九七年九月号増刊第二巻一五号）ネコ・パブリッシング）二三一頁。以下、三宅論文Aと略す。原図は三宅俊彦氏所蔵。

【図三】 一九〇二（年治三五）年の上野―前橋・高崎―直江津・直江津―沼垂間列車時刻表。出典：『全国鉄道汽車便覧』（明治三五年版）復刻 二〇〇九年二月五日（松尾印刷有限会社）。当時市販された列車時刻表の復刻版。印刷が極めて不鮮明のため、時刻表記を二四時制に直したうえで表を新たに作成した。元の版には列車番号等が記入されていないが、極力現在の時刻表の表記に近くなるように再現した。

【図四】 一九一二（大正元）年「日光・両毛・信越・高崎線列車運行表」（部分）（大正元年十二月一日改正第一版）。鉄道博物館所蔵資料。横川―軽井沢間の碓氷峠が電化された直後のダイヤ改正時の運行図表。

【図五】 一九一三（大正二）年 信越線列車運行圖表（大正二年四月一日訂補）。出典：三宅論文A

二三六～二三七頁、および、三宅論文B　一三頁。原図は三宅俊彦氏所蔵。北陸線全通時の運行図表。

【図六】　一九二二（大正一一）年九月　信越線列車運行図表（上野―新潟間）。出典：三宅論文A　二三九頁。三宅論文B　一八頁。原図は三宅俊彦氏所蔵。

【図七】　一九二四（大正一三）年三月　信越線列車時刻表（大宮―長野間　大正一二年一二月一八日改正・長野―新潟間　大正一二年一二月一日改正）。出典：鐵道省運輸局発行『列車時刻表　附主要航路汽船發着表』大正一三年三月号（三宅俊彦編『復刻版　明治大正鐵道省列車時刻表』二〇〇〇年一一月二五日　新人物往来社）一一一～一一四頁。時刻は一二時制で表記され、午前が明朝体、午後がゴシック体で書き分けられている。

【図八】　一九二七（昭和二）年一月　信越線列車時刻表（大正一五年一一月一日訂補）。出典：『大正一六年一月　第三八七號　庚寅新誌社　公益社　博文館　三社合同　公認　汽車汽船旅行案内』一九二七（昭和二）年（株式会社旅行案内社）一六四～一六七頁。時刻は一二時制で表記され、午前が明朝体、午後がゴシック体で書き分けられている。

三宅論文A　二二八頁（三宅論文B上巻　五頁）には、一八九三（明治二六）年三月二九日の官報二九二一号に記載の信越線高崎―軽井沢間列車時刻表が掲載されている。同年四月一日に運転開始される碓氷峠の旅客列車時刻表である。ここには旅客列車の記載しかないが、乗客は高崎・横川・軽井沢の三駅において乗り換えが求められている。この時刻表には発車時刻の記載しかなく、全体像が見えないのだが、二日後の三月三一日付け官報第二九二三号附録には、発着時刻が明記された詳細な時刻表が掲載されている。三宅論文B上巻　六頁に掲載のこの表からは、高崎―横川間五往復、横川―軽井沢間四往復、軽井沢―長野間五往復、長野―直江津間五往復の列車が設定されているのがわかる。ただし、軽井沢―直江津間を直通する列車が何本あったのかは、この表からだけでは分からない。

三宅論文A　二二九頁には同年四月二一日付け官報第二九四〇号に掲載された四月二三日時刻改正時刻表が掲載されているが、四月一日の運転開始から一カ月もたたないうちに、乗換駅が高崎と軽井沢の二駅に変更になっている。高崎発の旅客列車はそのまま軽井沢まで直通したのである。とはいえ、この表からも、軽井沢―直江津間の直通列車があったのかどうかは判明しない。三宅論文A　二二八頁（三宅論文B上巻　六頁）によれば、翌一八九四（明治二七）年四月一六日のダイヤ改正から、高崎―直江津間の直通列車が三往復設定されたとあるから、それ以前の段階での直通列車はさして多くはなかったと思われる。

この他に、横川―軽井沢間には貨物列車が五往復設定されていたというが（三宅論文B上巻　六頁）、四往復の「旅客列車」も、実際は「混合列車」（客車と貨車を交えて編成された列車）であったようで（三宅論文A　二三一頁、三宅論文B上巻　九頁）、貨物の比重が高いことがわかる。

【図二】は、三宅論文Aでは現存最古の信越線列車運行図表とされているが、三宅氏はその後さらに古い【図一】の運行図表を入手されたものであろう。三宅論文B上巻　九頁では、同書八頁に掲載のこの図表の方が古いと訂正されている。この図表は、最上段に新橋駅があり、順次、品川・目黒・渋谷・新宿・目白・板橋・赤羽・大宮と続いている。現在の山手線・赤羽線を経由しているわけである。これは、図表の右上を見てもわかる通り、日本鉄道会社線である。上野―青森間と大宮から分岐して高崎・前橋へと向かう路線は、私鉄であった日本鉄道によって建設されている。官営鉄道の本線と連絡する山手線もまた、日本鉄道によって建設されている。この段階では、東京と大阪を結ぶメインルートを「幹線」、それ以外を「支線」と呼んでいたようである。それゆえ、「各支線列車運行図表」なのである。幹線の新橋から分岐して支線に接続するルートがここには記載されているわけである。そのため、始発を日本鉄道上野駅にしていないのであろう。ここでは、直江津以遠の北越鉄道線も記載されているが、【図三】に記載の一九〇二（明治三五）年の時刻表と照らし合わせると、北越鉄道で示されているのは旅客列車だけであることがわかる。これらがすべて混合列車であったのか、それともこの他にも貨物列車が運行されていたのかどうかは、この図表からだけでは分からない。

【図二】と【図一】は信越線内においてはほとんど同じであるが、二点ほど違いがわかる。ひとつは、午前〇時近くの軽井沢―長野間である。【図一】の五三番という表記の下り貨物列車が【図二】では五一番の旅客列車となっていて、午前〇時過ぎに長野駅まで到達していることである。もうひとつは高崎発横川止まりの五九番の貨物列車が五七番の旅客列車となって軽井沢まで達していることである。三宅論文によると、この変更はすぐに元に戻されてしまったという。【図三】と比べれば、【図一】も【図二】も旅客列車の時刻については大差ないと言えるだろう。【図三】に記載された各列車を【図一】と【図二】でトレースすれば、それ以外の列車が貨物列車で、しかもこの時期でさえ旅客列車の実態は混合列車であったというのであるから、やはり貨物の比重が極めて高いのはよくわかるだろう。【図一】【図二】【図四】では、横川―軽井沢間の碓氷峠を上下する列車本数が他の区間より多く設定されているように見えるが、これは、急勾配のため碓氷峠区間での牽引定数が低く抑えられており、下り列車については、横川まで一編成で上ってきた貨物列車を二本以上に分割して峠を上り、軽井沢で再度一本に編成したためである。上り列車についても同様で、軽井沢で編成を分解、横川で再度一本に編成して上野に向かったのである。

【図四】と【図五】では、一年違いで碓氷峠電化と北陸本線全通が相継いだ明治四五年から大正二年にかけての変化が読み取れる。現在の列車番号の付け方・列車運行図表の書き方と若干規則が異なるので、断言はできないが、この両図では、おそらく、実線と一点鎖線は旅客列車で、点線が貨物列車であろうと思われる。とすれば、旅客列車の本数が半分以上であるのがわかる。【図六】には貨物列車が記載されていない。それでも、軽井沢―長野間で旅客列車が一二往復程度なのだから、これは【図五】に記載の旅客列車の本数と大差ない。とすれば、やはりこれと同等かそれ以上の貨物列車が設定されていたであろうことは疑いようがない。

【図七】と【図八】は当時発行されていた時刻表から採録した。【図七】は三宅氏の監修になる復刻版を用いている。【図八】は東京都立中央図書館の蔵書である。これらは、目的の一九二四年八月の時刻表に到達できなかったために、その前後に発行されたものと比べていただければ、と掲載したものである。【図七】に見るように、鉄道省発行の列車時刻表は現在の時刻表と同じく、縦列に駅名が並び、起点駅での発着順に従って、左から右へと列車が記載されており、冊子は左綴じであるのに対し、【図八】の『三社合同　公認　汽車汽船旅行案内』は横列に駅が並び、列車は発着順に上から下へと記載されており、右綴じである。【図八】の出版年月日が「大正一六年一月」となっているのが興味深い。一九二六（大正一五）年の年末に大正天皇が崩御し、ほんのわずかの昭和元年を挟んで、年明けは早くも昭和二年となる。年末には校正を終えて印刷にかかっていた一九二七年一月号は「大正一六年」の記載のまま発行されたのである。

以上の内、【図一】から【図六】の図版資料は、鉄道博物館学芸部と株式会社ネコ・パブリッシングのご厚意で、複写・転載を認めていただいたものである。本文中でも触れた、『鉄道ピクトリアル』一九五九年七月号　巻頭附録の「裏縦貫線列車ダイヤ（一九五八（昭和三三）年一〇月一日改正）」の転載が、資料の提供元との権利関係のためということでお認め頂けなかったのが残念である。とはいえ、関係するすべての皆様に丁寧な対応とご厚意を賜ったことに、文末ではあるが、感謝したい。

注

（1）鉄幹與謝野寛は、一九〇五年（明治三八）年頃以降、号の「鉄幹」を廃して本名の「寛」を使っている。本稿で與謝野寛に言及するのはほとんどこの時期以降であるので、一九〇五年以前の彼に言及する場合以外は「與謝野寛」と表記することにする。
（2）渡邉和一郎『佐渡びとへの手紙　渡邉湖畔と文人たち』中巻、二〇〇三年六月（私家版）四七～八二頁
（3）渡邉和一郎『佐渡びとへの手紙　渡邉湖畔と文人たち』上巻、一九九九年一二月。中巻、二〇〇三年六月。下巻、二〇〇九年五月三〇日。すべて私家版。
（4）古厩忠夫『裏日本――近代日本を問いなおす――』一九九七年九月二二日（岩波新書新赤版五二二）も参照のこと。
（5）渡邉和一郎　前掲書　上巻八～一三頁。
（6）戦時中の新聞統制を経て、戦後新潟県内の数紙と合併し、現在の『新潟日報』となる。現在使われている『新潟日報』紙の題字は会津八一の筆になる。
（7）渡邉和一郎　前掲書　上巻一五頁。
（8）與謝野鉄幹が東京新詩社を起こしたのが一八九九年、第一期『明星』の刊行が一九〇〇年、晶子との結婚が一九〇一年である。一九〇二年には晶子は長男（與謝野光・医学博士一九〇二―

一九九二）を出産している。この佐渡行は鉄幹の単独行である。

（9）渡邉和一郎　前掲書　上巻二三頁。

（10）渡邉和一郎　前掲書　上巻八～九頁。

（11）渡邉和一郎　前掲書　上巻六四頁。佐渡電灯株式会社については、松本和明「両大戦間期における新潟県の産業発展と企業家グループ（下）――郡部の場合――」（『地域研究（長岡大学地域研究センター年報）』二〇〇三年、第三号（通巻一三号）所収）も参照のこと。同論文一〇〇ページには、「佐渡電灯は、渡辺金左衛門が積極的に事業を推進し、大正一五年七月に一一四キロワットの北秋川発電所、昭和三年八月には、二〇〇キロワットの河原田火力発電所を新設して、供給区域は相川町をはじめ三町七村に広がった。大正一五年九月には、電灯数九、九三八灯、電力数八九馬力で、八％の配当をおこなっていた」と記されている。なお、この論文はＰＤＦでネット上にアップされている。アドレスは、http://www.nagaokauniv.ac.jp/m-center/chiken/pdf/vol_13/04_2.pdf。佐渡電灯は、こののち、第二次世界大戦下に、国家総動員法に基づく一九四一（昭和一六）年八月の配電統制令によって、一九四二（昭和一七）年秋に東北電力に合併され、湖畔は社長を退いている。

（12）渡邉和一郎　前掲書　上巻一〇〇～一〇三頁。一九一九（大正八）年、第一次大戦が終結して船舶の需要が激減したため、佐渡商船会社（現在の佐渡汽船）が多額の借入金で購入した持ち船がだぶつき、同社は返済不能に陥っている。同社の主力銀行が佐渡銀行であったため、湖畔はこの問題で奔走している。同年五月二〇日と六月二五日の湖畔宛て書簡で與謝野寛がこの件にふれ、湖畔を気遣っている。

(13) 渡邉和一郎　前掲書　上巻七二頁。
(14) 渡邉和一郎　前掲書　上巻四二頁。
(15) 森まゆみ『女三人のシベリア鉄道』二〇〇九年四月一〇日（集英社）参照。シベリア鉄道を経由してヨーロッパへ向かった与謝野晶子、中條（宮本）百合子、林芙美子の三人の女性の足跡を追って、著者はシベリア鉄道で旅をしている。
(16) 渡邉和一郎　前掲書　上巻一一三頁以下。
(17) 渡邉和一郎　前掲書　上巻六九頁。
(18) 渡邉和一郎　前掲書　上巻一一三頁。
(19) 今尾恵介監修『日本鉄道旅行地図帳　第六号　北信越』二〇〇八年一〇月一八日（新潮社）および、『二〇一〇　JR貨物時刻表』二〇一〇年三月（社団法人鉄道貨物協会）参照。
(20) 渡邉和一郎　前掲書　上巻一二九頁。
(21) 渡邉和一郎　前掲書　上巻一三四頁。
(22) 渡邉和一郎　前掲書　上巻一四四〜一四五頁。
(23) 渡邉和一郎　前掲書　中巻二九頁。
(24) 渡邉和一郎　前掲書　中巻六三頁。
(25) 渡邉和一郎　前掲書　中巻五六〜六二頁。なお、同書の記述は一九二四年の『明星』九月号掲載の與謝野寛「越佐遊草」と與謝野晶子「旅の覺書」に基づく。
(26) 直前の同年七月三一日に羽越線が全通し、神戸―青森間・新潟―青森間・新潟―秋田間にそれぞれ一往復（新津経由）の直通列車が設定された。そのため、列車時刻に変更があった可能性はある。だが、残念ながら現段階では一九二四年八月の列車時刻表を手に取ることはできなかった。しかし、一九二二年九月（【図六】）の列車運行図表と比べても、一〇七列車の上野―軽井沢間が不定期列車として記載された点と二一時二四分上野発の新潟行き不定期列車（新潟着一四時五一分）が加わった程度で、主に上野―大宮間に数分の異同があるものの、ほぼ同じである。また一九二七年の時刻表（【図八】）と比べても、さほどの変化はない。よって、ここでは便宜的に一九二四年三月の時刻表（【図七】）に基づいて記述しておく。

（27）三宅俊彦「碓氷峠の一世紀――運転史から見た横軽間の一〇四年」。三宅俊彦氏のこのタイトルの論文は初稿と改訂稿があり、初稿は、『碓氷峠　RM POCKET　一七』（『RM MODELS』一九九七年九月号増刊第二巻一五号　ネコ・パブリッシング）二二四～二八八頁に掲載され、改訂稿は新資料の採用と大幅な加筆修正を施して、『碓氷峠の一世紀――運転史から見た横軽間の一〇四年』上・二〇〇二年一〇月一日／下・二〇〇二年一一月一日（『RM LIBRARY』三九巻・四〇巻　ネコ・パブリッシング）、として刊行されている。前者を三宅論文A、後者を三宅論文Bと表記することにする。参照しているダイヤは、三宅論文A　二三九頁、三宅論文B上巻一八頁。三宅論文Aを含む書籍は二〇〇七年六月四日に、再編集の上、同社から『碓氷峠　RM MOOK　一〇三七』として復刻されているが、加えられた再編集は三宅論文Aよりも後の二二頁分の削除のみである。三宅論文Aの内容およびページ番号には一切変更がない。なお、一九〇六（明治三九）年の鉄道国有法に基づき、北越鉄道は一九〇七（明治四〇）年八月一日付で国有化され、信越線に編入されている。

（28）寛の歌は渡邉和一郎　前掲書　中巻六五頁、晶子の歌は七一頁から引く。なお、この二首はそれぞれ自筆の書があり、ともに渡邉和一郎氏が所蔵されている。

(29)『新潟県史　通史編6』では、新潟新聞を、「明治開化期に果たした役割は計り知れないものがあり、とくに自由民権思想の紹介や伝搬に果たした啓蒙的役割は高く評価されよう」と紹介している（五五九頁）。一八七九（明治一二）年に発足したばかりの新潟県会は「各地の民権家の交流の場」（五六九頁）となり、これが新潟新聞を拠点に国会開設運動に発展すると、主筆の尾崎行雄は「時機失フ可ラス」（「新潟新聞」一八八〇（明治一三）年一月二〇日）を書き、時機尚早論を唱える県会消極派を批判している（同書五七二～五七三頁）。なお、杉山由美子『与謝野晶子　温泉と歌の旅』小学館、二〇一〇年六月二〇日刊　は、この旅の寛・晶子夫妻の帰路を「新潟にもどり車中泊で帰京している」（一二二頁）としているが、途中で尾崎咢堂を訪ねたことにはふれていない。

(30) 渡邉和一郎　前掲書　中巻一一一～一一五頁。

(31) 渡邉和一郎　前掲書　中巻二二〇～二二一頁。

(32) 渡邉和一郎　前掲書　中巻二二三～二二五頁。

(33) 以下、この年の佐渡行については渡邉和一郎　前掲書　中巻二二八～二四四頁参照。第二期『明星』の廃刊後、與謝野寛・與謝野晶子は主に『冬柏』という文芸誌に作品を掲載していたが、同誌一九三四（昭和九）年一二月号巻末に與謝野寛は今回の佐渡行の概略を記している。渡邉前掲書の記述は同氏が保管する與謝野寛・與謝野晶子からの書簡と『冬柏』記載の與謝野寛の文章からまとめられたものである。

(34) 渡邉和一郎　前掲書　中巻三三三頁。

(35) 学軒はのちに病身を押して太平洋戦争開戦の詔勅の起草に関わるが、その際の過労から、起草直後の一九四一（昭和一六）年一二月一九日に急逝している。病のため葬儀に参列できなかった湖畔にかわり、漢詩人・土屋竹雨が弔辞を代作・代読している（渡邉和一郎　前掲書　下巻七四～七六頁）。

（36）渡邉和一郎　前掲書　上巻七八～七九頁。

（37）渡邉和一郎　前掲書　上巻八九～九一頁。

（38）渡邉和一郎　前掲書　上巻一四八～一五〇頁。

（39）一八九六（明治二九）年に増村朴斎が私費を投じて独力で設立した学校。

（40）渡邉和一郎　前掲書　上巻二七～三九頁。

（41）渡邉和一郎　前掲書　下巻一一一～一一二頁。

（42）渡邉和一郎　前掲書　下巻一七六～一八一頁。

（43）一八九二年度末の鉄道地図は古厩忠夫　前掲書　八頁、一九〇六年三月末のそれは同書　一二頁。

（44）古厩忠夫　前掲書　九頁。

（45）この時点で存在していた後の東海道線部分は、（1）中仙道幹線建設のための資材運搬線としての武豊線と、（2）本来は中仙道幹線の一部であった大垣―長浜間と、（3）東西の主要都市と近傍の開港場を結ぶ新橋―横浜間、および（4）大坂―神戸間でしかない。そして、これらは「東海道本線」となる予定ではなかった。後述するように、この計画が決定された一八六九（明治二）年の段階で、太平洋側に集中的に社会資本を投下する予定であったとは到底考えられない。

（46）田中真・宇田正・西藤二郎『京都滋賀　鉄道の歴史』一九九八年一一月一〇日（京都新聞社）四六頁。

(47) 様々な鉄道資料にあたってみるに、この時期の中仙道の表記には「中仙道」と「中山道」が混在している。ここでは上述のボイルの報告書の表記にある「中仙道」に統一しておく。
(48) 同年一〇月三一日に埼玉県秩父郷で起こった秩父困民党の武装蜂起を鎮圧するために、日本陸軍は開通早々の日本鉄道高崎線で大部隊と大量の兵器を運搬した。これが困民党軍に大打撃を与えることになる。
(49) 江崎昭『輸送の安全からみた鉄道史』一九九八年九月一〇日（グランプリ出版）三〇三〜三一三頁。
(50) この時使用されたレールは、現在も信越本線高田駅のホーム上屋を支える支柱として現役である。レールには、CAMMELL SHEFFIELD TOUGHENED STEEL 1885 P IRJ の銘が刻まれている。最後の IRJ は Imperial Railway Japan の略。イギリス英語では鉄道を Railway と呼ぶが、アメリカ英語では Railroad となる。年号の一八八五年はこのレールが製造された年である。
(51) 三宅論文A　二二七頁以下、三宅論文B上巻　四頁。また、『日本鉄道旅行地図帳　第六号北信越』。ただし、両三宅論文では直江津—関山間の開通を一八八五年としているが、もちろん一八八六年の誤りである。
(52) 他には、勾配を緩和しての粘着運転とそのルートも、また坂の上に巻き上げ機を設置して、これで列車を引き上げる方法とそのためのルートも検討された。後者の動力方式は、今から考えるときわめて奇妙に見えるが、鉄道草創期には決して珍しいものではなく、世界最初の旅客鉄道となったリバプール＆マンチェスター鉄道においても、末端のエッジヒル—ワッピング間はロープによる巻き上げ式が採用されていた（江崎昭　前掲書　三四〜三五頁）。

（53）三宅論文A　一二七頁以下、三宅論文B上巻　四頁。また、瀬古龍雄『保存版　信越本線の100年――新潟と長野を結ぶ211キロのドキュメント』一九九九年七月一八日（郷土出版社）一八～一九頁。

（54）田中真・宇田正・西藤二郎　前掲書　四九～五一頁。

（55）『明治期鐵道史資料第一集第一巻　明治一九年～二四年』に収められている「鉄道局年報一九年度（官報第千百九拾六號附録　明治二十年六月二十五日）」には以下の記述がある（鉄道博物館蔵）。

「鐵道創業以来政府ノ令ヲ遵奉シ連年鐵道建設ノ為ニ領収セシ資本金ノ総額ハ明治二十年三月三十一日ニ終ル十九年度末ニ於テ下ノ高ニ達シタリ……二一、一三四、八五四円……

左ニ十九年度末ニ於テ固定資本ヲ組織作成シタル建設費ノ金額ヲ各所ニ區分スレハ

東京横濱間	二、八四四、二八五　円
神戸大津間	七、七五〇、二五〇
敦賀大垣間	三、二一七、五四九
大垣半田間	一、六三四、一六六
高嵜直江津間	一、二四八、一七二
合計	一六、七〇四、四二二

右ニ列記スル所ノ區間ハ皆開業線路ニシテ其建設費ハ孰レモ収利ノ効力ヲ有スルモノナリ此外既ニ整理決算ニ属スルモ該區間ノ未タ営業開始ニイタラサルヲ以テ収利ノ効力ヲ有セサル建設費金五拾七萬五千五百三拾壱円アリ即チ東海道建設費金五拾五萬四千五百三拾三円ト（中山道中部ノ豫測量費金六千三百壱円当局官吏ノ欧米巡回費金八千八百拾貳円及其他全體ニ係ハル管

理費金五千八百八拾五円）是ナリ……」

すなわち、明治一九年七月に東海道ルートへ変更になっているものの、東海道関連で支出された建設費は未だ高崎─直江津間に支出された建設費の半額にも達していないのであって、しかも、この高崎─直江津間の金額は予備測量の金額六、三〇一円を含まないということである。以上に書かれた各線区の固定資本は、この年に開業した部分の額であるから、「高嵜直江津間」とは直江津─関山間のことであろう。この予備測量費には碓氷峠の測量費も含まれているはずである。この金額から見ても、決して中仙道ルートが放棄されたのでないことは明らかだろう。

(56) 明治二十五年法律第四号鉄道敷設法第二条。

(57) 鉄道敷設法第二条からの「奥羽線」に関する記述中の省略部分にも、現在の羽越線に相当する路線は新発田─坂町間しか出てこない。

(58) 瀬古龍雄　前掲書　一九頁。自由民権運動については、『新潟県史　通史編6』五五七頁以下、『高田市史　1』六七九頁以下、また、『上越市史　通史編5　近代』四一一頁以下参照。明治一〇年代初頭から新潟県では活発に自由民権運動が展開されていた。発足したばかりの新潟県会も、自由民権運動活動家の集会の様相を呈したという。こうした動きの中で、上越地方では一八八一（明治一四）年一一月一一日、頸城三郡自由党が結成されるが、内部対立も抱えていた。穏健派と急進派の対立は翌年五月の党大会で早くも露呈し、この大会をもって分裂してしまう。会を割って出た穏健派の中心人物が室孝次郎であった。彼らは立憲改進党に合流し、地域の産業開発等に関わっていく。その活動の中に、鉄道開設運動もあった。

(59) 瀬古龍雄　前掲書　一九～二〇頁。

(60) 瀬古龍雄　前掲書　二〇～二一頁。一九三一（昭和六）年の昭和橋架橋まで、信濃川河口付近には一八八六（明治一九）年架橋の木造の初代萬代橋以外には道路橋も存在しなかった。初代萬代橋は一九〇八年三月の大火で焼失し、二代目の木造橋が架設されるが、それも老朽化し、現在の三代目の萬代橋に架け替えられたのは、本文でも既述した通り、一九二九年であった。

(61) 古厩忠夫　前掲書　八二頁。この表現は、当時の『新潟新聞』のもの。

(62) 瀬古龍雄　前掲書　二〇頁。また、青木栄一『鉄道忌避伝説の謎　汽車が来た町、来なかった町』二〇〇六年一二月一日（吉川弘文館　歴史文化ライブラリー二二二）一四七～一五〇頁。関根千城の経歴および線路破壊に至る経緯については、宮島清「南川用水組合員をひとつにまとめ、鉄道線路を破壊して洪水から村を救った関根千城」二〇〇六年一〇月（『頸城文化』五四号　上越郷土研究会）一四八～一五五頁に詳しい。宮島論文では、破壊に参加した農民二五〇～六〇名（「新潟新聞」の報道に基づく）、検挙されたもの五四名、起訴されたもの四九名、新潟地方裁判所高田支部での予審で有罪とされたもの三六名とする。内一人については起訴取り下げ、残り三五名が新潟地方裁判所で無罪とされるが、検事はこれを不服として、二名の起訴を取り下げたうえで、三三名を東京控訴院へと上訴する。そのため、関根千城以下三三名が警視庁鍛冶橋監獄に収監された、と記す。瀬古龍雄　前掲書では「関根千城は村民三二名を指揮して……」とするが、この数字は鍛冶橋監獄に収監された人数であって、破壊に参加した人数ではない。

(63) 上申書の引用は青木栄一　前掲書　一四七～一四八頁による。

(64) 三宅俊彦「敦賀港線の歴史」（『鉄道ピクトリアル』　株式会社電気車研究会　鉄道図書刊行会、二〇〇九年八月号）六六頁。これを三宅論文Cとする。同論文によると、この時点では「北陸線」

の名称はなく、米原―敦賀間の営業区間名で表示されていたようである。

(65) 今尾恵介監修『日本鉄道旅行地図帳　第三号　関東1』二〇〇八年七月一八日（新潮社）および『同　第六号　北信越』二〇〇八年一〇月一八日。

(66) 今尾恵介監修『日本鉄道旅行地図帳　第二号　東北』二〇〇八年六月一八日（新潮社）。

(67) 同上。

(68) 同上。

(69) 一九〇九（明治四二）年になっても、当時やっと建設に漕ぎつけた山陰本線餘部鉄橋の資材は、アメリカからの輸入品である橋脚部分は海路門司から餘部沖に運ばれ、現地で陸揚げされている。橋桁は石川島造船所製の国産であったため、神戸から陸送されている。田村喜子『余部《あまるべ》鉄橋物語』二〇一〇年七月三〇日（新潮社）四四頁および四九頁参照。

(70) 三宅論文C　六六頁。

(71) 三宅論文C　六六～六八頁。

(72) 三宅論文C　六八～六九頁。

(73) 三宅論文C　六九～七〇頁。

(74) 渡邉和一郎　前掲書　上巻五七頁。ちなみに、直通列車運行以前、米原―敦賀間に運転されている旅客列車は一日に三往復しかない。三宅論文C　六六～六七頁参照のこと。

(75) 三宅論文C　七一頁。

(76) 三宅論文A　二三九頁、三宅論文B上巻　一八頁に掲載の一九二二（大正一一）年のダイヤグラム（【図六八】）には旅客列車しか記されていない。

(77) 瀬古龍雄　前掲書　二二～二四頁。同書四五頁以下には明治から大正にかけての直江津・柏崎・新津の製油所とタンク車および石油輸送の貨物列車の写真が多数掲載されている。なお、同書によれば、新潟県からの米の出荷は、品質が悪かったこともあって質・量ともに誇れるものではないとされるが(同書二三頁)、古厩忠夫　前掲書によれば、一八八八(明治二一)年では、東京に運ばれた越中・越後米だけで四〇万石、東京全体の移入量の三五%にのぼり、一九三五(昭和一〇)年では、全国の米移出総量一一二二万七千石のうち、新潟・富山・石川・福井の四県の米移出量は二七三万石。そのうち、新潟だけで一四四万五千石を占めている。特に関東地方への移入では新潟からのものが九八万四千石と、関東全体への移入の二〇%にもなる。これをもって、古厩氏は、北陸諸県はコメの供給地として重要な役割を果たしていた、とする(古厩　前掲書　四九頁)。

(78) 一九二四年に直江津で廃車となった九八五六号機は現在も大宮の鉄道博物館で実物を目にすることができる。

(79) 古厩忠夫　前掲書　序章(二～一七頁)。

(80) 志村竹雄「線路容量からみた日本海岸線の輸送」(『鉄道ピクトリアル』　株式会社電気車研究会鉄道図書刊行会　一九五九年七月号)四～六頁。

(81) このキロ程は、長浜—敦賀間の交流電化後ではあるが、いまだ北陸トンネルは開通しておらず、倶利伽羅峠や親不知の線路改良も完了していない時期のものである。もちろん、全線の電化はなされていない。詳しくは、『鉄道ピクトリアル』一九五七年一一月号(北陸線・交流電化特集)、『鉄道ピクトリアル』一九五九年七月号、『鉄道ピクトリアル』一九六二年七月号(三線区電化開通特集:三線区とは、山陽三原—広島間・北陸線敦賀—福井間・信越線長岡—新潟間を指す。)、『鉄道ピクトリアル』二〇〇九年八月号（特集・北陸本線）の各号を参照。

（82）古厩忠夫　前掲書　六〜七頁。ここで古厩氏は当然のことながら「日本海」という名称の問題性についても触れておられる（同書一五〜一七頁）。韓国では、これを「東海」と呼ぶ。数カ国に接している公海を、そのうちの特定の国名をつけて呼ぶことの是非が問題となるのである。筆者が勤務する新潟県立大学の前身にあたる県立新潟女子短期大学国際教養学科にも、「日本海」の呼称を巡って興味深いエピソードがあった。県立新潟女子短期大学国際教養学科は第一外国語をロシア語・中国語・韓国語から選択させていた。ために、これらの諸国には姉妹校が存在し、それらの大学等との交流もさかんであった。当然、短大の公式ウェブ・サイトには日本語と英語のほかに、ロシア語・中国語・韓国語のページも存在した。もちろん、韓国語のページは韓国語で表記される。したがって、日本語ページに登場する「日本海」は、韓国語ページでは「東海」となる。竹島問題をはじめとする領土問題が話題となっていた頃、外務省はこれに目をつけたのである。短大宛てに、日本国政府の見解にしたがって「東海」を「日本海」に改めるよう、要請してきたのであった。もちろん、韓国語ネイティブの人々に読んでもらうために作成したウェブ・ページであるから、韓国語として意味をなさない言葉は使えない。「日本海」を韓国語に訳すことは不可能であった。なぜなら、韓国語には「日本海」という語は存在しないからである。そこで、学科としては、韓国語にその単語が存在しない以上、置き換えは不可能、と突っぱねたことがある。

（83）志村竹雄　前掲論文　四頁。たとえば、志村が挙げる数表では、一九五八年のデータで、直江津—糸魚川間の当時の六〇一列車（下り「北陸」）の乗車効率は、八月が最大で一三〇％、一月が最小で八五％である。

(84)東海道新幹線完成以前であることに留意願いたい。
(85)志村竹雄　前掲論文　四〜五頁。
(86)『鉄道ピクトリアル』一九五九年七月号　巻頭附録参照。
(87)特に特急「白鳥」に関する以下の記述は、主に『Rail Magazine（レイル・マガジン）』二〇〇一年二月号通巻二〇九号（ネコ・パブリッシング）一五〜四九頁の特集に基づく。
(88)三宅論文A　二三二頁、三宅論文B上巻　一一頁。
(89)三宅論文A　二三六〜二三七頁、三宅論文B上巻　一六頁。
(90)三宅論文A　二三九頁、三宅論文B上巻　一九頁。
(91)古厩忠夫　前掲書　六九頁。
(92)アマチュアリズムとの関係で言うなら、今やインターネットの利用はこれまでのグーテンベルク銀河系を大きく覆して、万人がアマチュアのまま情報発信者になりうる段階に来ている。今はまだそのとば口であり、したがって、ネット上を流れている情報のかなりのものがガセネタであると言っても過言ではないが、今後の展開は充分期待できるであろう。コミックスにおける商業誌と同人誌の関係も、表現の将来を考える上では興味深い。
(93)志村竹雄　前掲論文参照。
(94)二〇一〇年度版の『JR貨物時刻表』（既出）によれば、太平洋側を経由するより日本海縦貫線経由の方がはるかに距離は短いにもかかわらず、たとえば広島貨物ターミナル発札幌貨物ターミナル行きの一〇六二高速コンテナ列車は、東京貨物ターミナルを経由している。また、全国で四四本設定されている長編成一三〇〇トン牽引貨物列車と五一本設定されている長編成一二〇〇トン牽引貨物列車はすべて、東京以西しか走っておらず、すべて東海道・山陽本線経由である（二〇一〇年三月ダイヤ改正時点）。こうした事態が示しているのは、長距離貨物輸送に充分なだけの線路容量が確保されているのは東海道・山陽本線のみということである。

（95）『鉄道手帳』（創元社）二〇〇九年度版資料編三九頁以下。元図作成・所澤秀樹。

第九章　太平洋側＝「表日本」に立つ戦後日本

一　日本の敗戦

一九四五年七月二六日に、日本に対する無条件降伏を要求して米英中三国が発したポツダム宣言は、日本の戦後処理・占領管理の土台となる重要な内容を含むものであった。しかしながら敗戦の色が濃くなっていたこの時点でも、日本政府（軍部）はこの要求を素直に受け入れることなく、翌々日の新聞紙上では次のような報道がなされている。

「帝国政府としては米・英・重慶三国の共同声明に関しては何ら重大な価値あるものに非ずとしてこれを黙殺すると共に、断乎戦争完遂に邁進するのみとの決意を更に固めている」。（朝日新聞、一九四五年七月二八日付）

表面上のこうした強気の姿勢は、八月六日広島に、九日長崎に原子爆弾が投下されてぐらつき出したが、それでも八月一一日付の朝日新聞では、「一億、困苦を克服、国体を護持せん」という見出しで次の記事が載せられた。

「敵米英の非人道的な新型爆弾の使用と中立関係にあったソ連のわが方に対する一方的進攻とは大東亜戦争の戦局を更に一段と深刻ならしめた。端的にいえば大東亜戦争は帝国にとって最後の一線まで到達した。……帝国は国体を護持し民衆の名誉を保持すべき最後の一線にまで到達したのであって、一億国民は今後来るべきあらゆる困難を克服して、国体護持という至上命令のために努力を続けてゆくべきである」。

だが、この報道から三日後の八月一四日、日本はついにポツダム宣言を受諾し、翌一五日「玉音放送」を通じて無条件降伏を発表した。その後GHQすなわち連合国軍総司令部の最高司令官としてアメリカのダグラス・マッカーサー（任一九四五〜一九五一）が来日した。彼に会見するためアメリカ大使館へ出向いた天皇は、ニューヨーク・タイムズ東京特派員のフランク・ルイス・クルックホーンから日本の将来についてインタビューを受けた。その時天皇は、日本の将来はイギリスのような立憲君主国がよいと書面で返答した（朝日新聞、一九四五年九月二九日付）。だが敗戦直後の日本は、自らの進路を自らが決定する資格と能力とを欠いており、当時すべてが連合国、とくにアメリカ合州国の方針によって決定されようとしていたのであった。

二　大戦後の世界情勢と日本

第二次世界大戦が終わってみると、ヨーロッパ諸国の主導で世界情勢が決まるという時代はすでに過去のものとなり、これにかわってヨーロッパ外の二大強国米ソが国際政治を動かす基本要因であることがはっきりした。すなわちアメリカは、まず何よりも大戦中において自国が戦場とならなかった。また十分な経済力・軍事力をもって欧州戦・太平洋戦に臨み、多くの連合諸国に経済的・軍事的援助を与えることができた。そして、当然にも戦後最強の国家となったのである。またソ連にしても、なるほど大戦中にナチス・ドイツによって大きな害を被りはしたがよく持ちこたえ、アメリカとともに反ファシズムの戦線を拡大した。またとくに東欧諸国をナチズムから解放した。このことから、やはりアメリカと並んで戦後最大の強国となったのである。したがって第二次世界大戦後、敗戦国の処理や国際平和回復の問題などは、すべてこの二大国の方針に規定されることとなった。いわゆるパクス・ルッソ・アメリカーナ（ソ連とアメリカによる平和）の出現である。

ところで、反ファシズムの点で共同行動をとっていた米ソ二大国は、大戦が終了し共通の敵が滅んでしまうと、にわかに自由主義国アメリカと共産主義国ソヴィエト連邦という対立の側面を強調し始める。つまり、一方ではソ連によって解放された東欧諸国が、人民民主主義を旗印にして共産圏を形成し、ソ連の援助で社会主義的な計画経済を遂行し始めた。また他方では、イギリスのウィンストン・チャーチル（一八七四〜一九六五）が一九四六年三月にアメリカのフルトンで反共産主義の演説を行ない、「鉄のカーテン」がヨーロッパを二分していると語った。次いで一九四七年三月にアメリカのトルーマン大統領（任一九四五〜一九五三）が、ギリシア・トルコに対し、これらの諸国が共産主義の脅威にさらされているので経済援助をすると発表した。このいわゆるトルーマン・ドクトリンの発表を契機として、以後アメリカは共産主義の封じ込め政策を採用し、一九四七年六月のマーシャル・プランでも共産圏への対抗措置としてのヨーロッパ復興計画が発表された。

こうした米ソの対立は、戦後の日本再建の歩みにも大きく影響してくる。すなわち、敗戦当初の日本は、ＧＨＱの指導下で極力平和主義的に再建され始めたが、しかし一九四六年五月の食糧メーデーのデモ隊へのＧＨＱの非難、翌一九四七年一月の二・一ゼネスト中止命令などを通じて、しだいに反共政策が民主化政策を押し退け始める。この傾向は一九四八年九月に朝鮮民主主義人民共和国が成立し、一九四九年一〇月に中華人民共和国が誕生するにおよんで一層強まった。この頃を境にして以後アメリカが日本に望んだものは、もはやたんなる平和国家の建設ではなく、「反共の砦」「反共の浮沈空母」として十分な政治的・経済的力量を備えた国家の建設であった。日本が共産主義化しては一大事というアメリカの不安は、例えば一九四八年二月一八日付の朝日新聞に掲載された次の記事によく表れている。

スクリップス・ハワード系諸紙の外交評論家ウイリアム・シムス氏は一六日朝鮮問題を次のように論じている。

朝鮮は極東のポーランドとなる運命にあるようである。満州はほとんど共産党の手に落ちようとしている。……満州・朝鮮が赤化することは結局米国が日本に永久に腰をおちつける決意をしない限り、日本が赤化することを意味する。赤化した日本が赤化したアジアの先ぽうとなることになれば、戦前の日本の脅威などこれに比較すれば生易しいものだということになる。

このように日本の「赤化」を恐れるアメリカは、共産主義にも市民権を与える民主主義国家の建設にはもはや力を入れず、逆に反共陣営の有力なメンバーに相応しい経済力・政治指導力をつけさせるため、一九四九年にはドッジ・ライン（プラン）を実施した。その立役者であるアメリカ政府特別公使ジョセフ・ドッジ（一八九〇～一九六四）は、日本で経済安定政策を実施するに先立って、すでに西ドイツとオーストリアで通過安定政策を指導していたから、彼の来日は明らかにトルーマン・ドクトリンに即した、反共陣営の経済的強化を目的としていたのである。またドッジに続いて、同年アメリカのシャウプ（一九〇二～二〇〇〇）が来日し、ドッジ・プランを補強するかたちで日本の税制改革に関する勧告（シャウプ勧告）を行なった。

ＧＨＱを通じて行なわれるアメリカの対日政策は、一九五〇年六月の共産党幹部追放、七月のレッド・パージによって反共的な傾向を露骨に押し出した。このレッド・パージは、まずもって新聞・放送等のマスコミから開始され、次いで政府機関に拡大し、ついには民間企業においてまで、共産主義者とおぼしき人びとが次々と職場を追われていった。

三　朝鮮戦争と日本の再軍備

日本国内でレッド・パージが開始された頃、朝鮮半島では南北間で戦争が勃発した。いわゆる朝鮮戦争（一九五〇〜一九五三）である。北緯三八度線を境として対立していた朝鮮民主主義人民共和国と大韓民国が、一九五〇年六月二五日に武力衝突を起こした。戦局は北朝鮮軍に有利であったが、半島の赤化を恐れるアメリカが日本駐留軍を動員してただちにこれに介入し始め、また北朝鮮軍が不利となってからは、新生の中華人民共和国の義勇軍がこれを支援して戦線を三八度線にまで押し返した。

このように、朝鮮半島が大規模な戦乱状態になりつつあるのを見て、ＧＨＱ総司令官マッカーサーは、一九五〇年七月、日本政府（吉田茂首相）に対して七万五千人の警察予備隊の創設を指令した。その内容を見ると、日本政府の自治権を情勢の許す限り速やかに回復させようとする私の既定方針に従って、私は日本国内の安全秩序の維持および不法入国と密輸入に対する日本海岸線の保護とに適当な機関を設置する法律の進歩的発展を想像していた一九四七年九月一六日付書簡によって、私は日本の全警察力を一二万五千に増強し、三万の国家地方警察を新設するとの日本政府の進言を承認した。……（吉田茂・マッカーサー著、袖井林次郎編訳『吉田茂＝マッカーサー往復書簡集—一九四五〜一九五二』法政大学出版局、三三五頁。）

この指令が出された背後には、むろん朝鮮戦争の長期化によって在日米軍四個師団が朝鮮半島に移ってしまったため、それを日本人自身によって補充させようとする意図があった。日本政府は、このマッカーサーの指令を受けて、八月に警察予備隊令を公布し、翌一九五一年九月に政府直属の警察予備隊を正式に発足させた。これは一九五二年一〇月には保安隊となり、また海上警備隊も設置され、一九五四年七月にはそれらが改組されて陸・海・空部門からなる自衛隊となった。そしてそれを統括する役所として防衛庁が新設され、こうして朝鮮戦争時に生まれた警察予備隊は、日本国憲法第九条の許容する範囲の「自衛」軍隊に成長した。ここに日本は、アメリカの側に立っていわゆる再軍備を果たしたのである。

自衛隊が果たして憲法第九条に違反しないかどうかという問題は、その後現在まで延々と続くことになる。だが、かかる日本国内での議論とは関係なく、これを日本政府に要求したアメリカ側の意向はどうであったか。一九五三年一月にアメリカ第三四代大統領に就任したアイゼンハウアー（任一九五三～一九六一）は、就任早々、日本政府との間でM・S・A協定すなわち日米相互防衛援助協定を結び、日本に対し「地域防衛」を義務づけることによって、自衛隊を事実上極東地域にまで拡大解釈された「自衛」軍とみなしたのである。すなわちアメリカは、朝鮮戦争を境として、日本を極東における「反共の浮沈空母」とする意向を固め、朝鮮特需で軍需産業部門が肥大化した日本に対し、軍備増強、兵器国産化、さらには兵器輸出をも要求し、それをM・S・A協定締結というかたちで実現しようとしたのであった。

四　太平洋側＝「表日本」に立つ日本

敗戦のドン底から立直った日本は、一九五一年九月にサンフランシスコ平和条約を締結し、ようやく独立国の地位を回復したが、この時すでに日本は、アメリカに従属した資本主義国としての再建の道を明確にしていた。すなわちこの条約によって、第一には奄美大島、沖縄など北緯二九度線以南の西南諸島・小笠原諸島が無期限にアメリカの支配下に入ることが決められた。また第二には、アメリカ軍が日本国内に無期限に駐留し基地を設けることができると規定されたのである。そのほか、この講和条約調印に引き続いて、日米両国は、ただちに日米安全保障条約に調印した。この条約では、日本がアメリカ軍の駐留を承認し、アメリカは日本の軍備増強を期待すること、また駐留アメリカ軍は極東の平和・安全維持を目的とし、かつ外部からの武力攻撃に対し日本の安全をまもることを目的とすると規定された。

ところで、この日米安全保障条約締結の意義は、たんに日米関係や極東の情勢下においてでなく、全世界的視野に立って繰り広げられる西側の反共安保体制と、東側の共産主義強化体制の大枠の中で見定めねばならない。すなわち、アメリカを中心とする西側諸国は、一九四九年に北大西洋条約機構（NATO）を発足させ、ヨーロッパ・アメリカ関係をすっきりさせ、次いで一九五一年に日米安全保障条約を結んで日本・アメリカ関係をも明確にした。この動きはさらに、一九五四年の東南アジア集団防衛条約機構（SEATO）の結成、一九五五年のバグダッド条約に発する中東条約機構（METO、一九五九年以降中央条約機構CENTO）の結成によっていっそう強力にされ、ここに西側の集団安全保障体制が構築された。これに対してソ連・東欧諸国は一九四七年にコミンフォルム（共産党・労働者党情報局）を組織し、一九五〇年には中ソ友好同盟相互援助条約を結び、一九五五年にはワルシャワ条約（東欧八ヵ国友好相互援助条約）を結んでNATOと対立する軍事機構を構築した。

東西両陣営における以上のような集団安全保障体制の中で、日本はまさしくアジア大陸の東岸に横付けされた浮沈空母の役割を担い、国際社会に再登場したのであった。そうしてみるとサンフランシスコ平和条約による講和というのは、ある意味では連合国との講和ではなくソ連や東欧諸国などの共産圏を除外した、たんなるアメリカ合州国との単独講和の側面を際立たせたのであった。

以上に見てきたように、戦後の日本は、一九五〇年代前半において朝鮮特需およびM・S・A協定に基づいて再軍備を開始し、サンフランシスコでの両条約によってアメリカの極東政策上での重要な戦略国たる地位につき、やがて一九六〇年代にかけては、対米従属の大枠の中ではあるが、自らも再び東南アジア・韓国への経済進出を準備していき、アジア最大の経済大国に成長していくのである。

その間、「裏日本」の新潟港では、一九五九年から八四年にかけて約九万三千人の在日朝鮮人とその家族が国交のない北朝鮮（朝鮮民主主義人民共和国）へと帰国した。その歴史については、二〇〇七年一〇月八日にNHKのテレビニュースが「北朝鮮帰国船―しらざる半世紀の記録―」と題して放送した。また、その帰国船と並行して、北朝鮮の元山と新潟を結んで貨客船「万景峰号《まんぎょんぼんごう》」が就航してきた。この経緯は、ある意味ではたしかに未だに「裏」を含んでいるかも知れない。けれども、日本は今後は「裏」から本格的な環日本海交流圏を再構築していく時期にさしかかっている。「表」の時代は、筆頭相手国アメリカの凋落が始まっているだけに、しばらく舞台裏に退く。そうした情勢変化の過程で、これまで半世紀にわたって継起してきた朝鮮半島・「裏日本」（新潟）交流史は、きっと再検討・再評価されるようになるだろう。

参考文献

朝日新聞社編『朝日新聞縮刷版』昭和一七年～昭和二五年、日本図書センター、一九八七年
佐々木隆爾『世界史の中のアジアと日本――アメリカの世界戦略と日本戦後史の視座』御茶の水書房、一九八八年
田畑茂二郎ほか編『基本条約・資料集』第六版、東信堂、一九八九年
田中　浩『国際関係の変容と日本』学陽書房、一九九四年
松岡　完・広瀬佳一・竹中佳彦編著『冷戦史――その起源・展開・終焉と日本』同文舘出版、二〇〇三年

第十章　二一世紀の新たな価値基準と「裏日本」ルネッサンス

一　「東洋」と「裏日本」

「裏日本」は「表日本」の対概念であり、後者が優を前者が劣を意味していたことは序章で述べた。ところで、日本国内におけるその優劣対概念は、世界大における「西洋」「東洋」という優劣対概念の反映であった点に注目したい。佐藤正幸『歴史認識の時空』によると、「東洋」「西洋」はもとは大洋・海洋を意味した。

海に名を付けるという意識は、日本では一七世紀も終わり近くになってから始まったようである。渋川春海の『世界図』（一六九八年）には、北太平洋に小東洋が記され、アメリカ大陸の東の海上に大東洋と記されている。

一方インド洋は小西洋と記され、地図左端のポルトガル沖には大西洋と記されている。渋川春海以後、この東洋・西洋の海域呼称が多くの世界図で使われ始める。大東洋が現在の太平洋海域を指すようになるのは、長久保赤水『地球万国山海輿地全図説』（一七八八年頃）からである。

東洋・西洋は海域を示す言葉として登場したが、大東洋・小東洋という呼称は幕末以降太平洋に取って代わり、世界地図の上から消滅した。小西洋はインド洋と呼称が替わったが、大西洋だけが現在に至るまで使われ続けている。しかし、この東洋・西洋という対概念は、明治以降、海域というより陸域を指す言葉として転用されるようになってきた。それもただ地理的な意味での陸域呼称ではなく、政治・経済・歴史・科学技術・文化・社会といった人間の活動全体の総称として使われるようになった[1]。

西洋人は、エジプトを含む西アジア一帯を「オリエント（日の昇る地）」と称し、あるいは単に「イースト（東）」と称した。やがてそこに日本も含まれることとなり、日本ではオリエントを「東洋」と訳すこととなった。けれども西洋人が言うオリエントには蔑みの意味があった。オリエントは彼ら自身の住む「オクシデント（日の沈む地）」の辺境に位置し、文明の開化度は大なり小なり低いか停滞したままの地域とみなされたのだった。明治維新以後急速に「文明開化」が進み「脱亜入欧」の機運を培い始めた国民国家日本は、西洋に対する自称として使用した「東洋」という語に負の意味を感じ取っていき、その語の中に日本を括っておくことに疑問を感じ始める。そこで日本を「東洋」から西洋へと移行させるという芸当が福澤諭吉たちによって敢行されたのだった。その思想的プロパガンダが新聞社説「脱亜論」（一八八五年）である[2]。歴史学者は、研究対象たる世界全土を西洋史・東洋史・国史（日本史）に三分割して日本をアジアから離脱させたのだった。

さて、古今、新しい時代を切り開いた階級が手っ取りばやく採用する価値基準は、前代の上流階級がステータスとして維持していた慣習や文化である。日本の武士は、登場したての頃は公家文化を真似てばかりいた。今川義元など、貴族流儀にお歯黒をして風流を楽しんでいた。その理由は、なんの事はない、いままで王侯貴族だけに許されてきた贅沢を自ら心行くまで楽しみたかったからだ。そのほか、海外からの高度な異文化に接触すると、それが価値基準に借用された。明治維新に際して、当初公家の服装をまとっていた明治天皇はすぐさま洋服、そして軍服に衣替えした。その出で立ちで迎える相手は横浜港から上陸する西洋人だった。こうして明治日本は「表日本」が代表することとなった。「裏日本」では倹約を美徳として富国強兵・殖産興業につとめることが道理とされたのだった。

二 「表日本」＝欧米的路線の末路・隘路

ところで、そもそも倹約を心底自らの価値基準・人生訓にした人びとなど存在しただろうか。どこの国でも政府の官僚たちは豪奢な生活をしてきたし、一般市民もチャンスあらば社会的に上昇して余暇と贅沢を享受しようという構えできたのだ。倹約に関しては、前近代も近代も、やむなくそうしていただけで、事情が許せば貧乏から脱却したがるのは歴史的社会的な自然現象だった。

かつて農業中心の時代（日本にまだ表も裏もなかった時代）には、人びとの生活には一年とか四季といった自然に即した幅のある周期があった。その周期のなかにおいては、時の佇まいのような静かな落ち着きがあった。だれしも、暫しそのひとときを楽しむのだった。しかし工業化（表裏の分離）が進むと、時の佇まいにでなく、時の流れに意味や価値が出てきた。生産力という機関車（表の象徴）が人びとの生活をスピード・アップさせたのだ。大量生産は大量消費と大量投棄を必然化させ、人びとは消費するために生産するのでなく生産するために消費するという事態を受け入れねばならなくなったのである。つまり、原因と結果が逆転してしまったのだ。

なるほど、戦後の日本は工業国として急速に発展し、第三次産業の成長も著しく、その結果としての会社人間（表の象徴）の増加には目を見張るものがあった。けれども、その影で人びとは一日二四時間を有効に使うため、まずは会社での労働に最大限を割り振る。睡眠や多様な家事からなる生活時間（裏の象徴）は切り詰めるだけ切り詰める。労働時間・生活時間を除くと、本人の自由になる時間はないに等しく、それでもサバイバル・トンネルを他人より少しでもはやく抜け出そうと、必死になって企業に貢献してきた。その最終コースに、二〇〇八年後半期リーマン・ショックが待ち受けていたのだった。二〇〇八年九月、アメリカの優良証券会社・投資銀行だったリーマン・ブラザーズが破綻し、これを機に世界的な金融危機が引き起こされ、ある人は職を失い、ある人は家を失い、表通りから裏通りに住処を移すのだった。

豊かな生活、快適な暮らしを実現しようと必死に働いてきた二〇世紀先進諸国の人びとは、モノクロニカルな発想に立ち、自己実現に不可欠な自由時間をすべて犠牲にしてきた。勤務中に他の活動の打合わせをするといったポリクロニカルな価値観は持てなかった。会社で労働しつつ、自己実現の行為も同時に行なうことは会社に対する裏切り、罪悪だと観念してきたのである。

しかし、このような人間観・労働観はどうみてもおかしい。豊かな企業社会が豊かな人間をつくるのでなく、まずもって企業社会を構成する人間一人ひとりが豊かであってはじめて社会全体が豊かになる。かつて農業や手工業の多く（裏の象徴）が、そうした創造的自己実現の契機を含んでいた。現在、人工の環境でハイ・テクを駆使する人びと（表の人びと）の中にも、自然に密着して仕事をしていた人びとと同じような「いそしみ」＝個性の発揮を味わう人々が少しずつ増えている。

そのようにして表のみの人生設計を修正する彼らの多くは、企業社会の前に自己を置く。今後彼らは、集団主義的な行動やモラルには背を向け、相異なる価値観を持つ者のインタラクションが創りだす多様な文化をますます重視するようになるだろう。その発想は生産力主義・経済効率主義の近代化路線（表の象徴）からはとうてい導かれない。その路線上にあるアメリカ主導のグローバリゼーションは事態を世界大で紛糾させるだけである。

三　表裏ハイブリッドのパースペクティブ

だが、いまや時代はおおきく転換している。二一世紀に求められる価値基準は、居直りのように聞こえるだろうが、ズバリ、倹約である。とはいえ、ケチケチの倹約ではない。地域における相対的に独自な経済活動を通じて資源を有効に活用することである。言語と同じように人の暮らしというものは、元来、放っておけば地理や気候風土に即して多様化するのが当たり前である。例えばエネルギー。これは、従来は水力、風力、太陽光、バイオマスなど、その地域に適した方法で調達してきたし、ローカルな次元ではこれからもそうできる。また今後は、地域間での剰余エネルギーの相互交換をも盛んにしエコ・システム間ないし循環型ローカルシステム間のダイナミズムを生み出していくことが可能となるだろう。この個性あふれる地域的および地域間的政策を全国的なネットワークで結びつけるようにすれば、多様性に富むローカルを維持しつつそれらを連鎖したグローカル（グローバルとローカルの連動すなわちグローバルの乗り越え）を実現できるのではないだろうか[3]。

現在までのところ、先進諸国の生産・流通・回収システムは必然的に様々な過剰・廃棄を産み出している。それをいかに有効に吸収するかである。例えばエネルギーはハイブリッド・システムで脱化石燃料化を推進する。過剰労働力は環境保全市場や介護労働市場にあてがう。ゴミの過剰排出は分別の徹底化を通じてリユース・リサイクルの行程に引き戻す。そのような経済システムの転換は質的に違った意味での倹約の精神を育むことだろう。

それから、豊かさ論のひとつに時間観念に関する議論がある。効率主義の現代社会においては「より速く」というスピード観念が価値基準の一つになってきた。先進国を中心に進展した激しいイノベーション（スピード・アップのための技術革新）の結果、テクノ・ストレス、環境異変ほかの社会問題が噴出している。ハイテク先進国日本では、交通・通信機関は言うまでもなく、エレベーターの昇降速度からコンピュータの立ち上げ速度、電子レンジの解凍速度など、生産・流通・消費のあらゆる場面で時間短縮が急ピッチで促進されてきた。その結果日本人は、従来考えることもできなかった経済的恩恵に浴することが可能となった。しかし反面では、かつて――例えば戦前には――当たり前だった時間的ゆとりに欠乏するようになった。「せっかち」になったのである。日本人は、欧米文化の影響を劇的に受ける以前には比較的ゆったりとした時間の流れに身をまかせていたが、戦後の高度成長期になると俄然スピード・アップが始まった。そして今やむしろ欧米の方がスロー・テンポになっている。

二一世紀の現在、日本における豊かさ喪失の危機意識は全世代に蔓延している。たとえば二〇〇九年八月現在の完全失業率は五・五パーセント、完全失業者数は三六一万人、生活保護世帯は一六〇万に及ぶ(4)。

そのような状況を有効に打開する方法や考え方はあるのだろうか。現在のところ、国連の「環境と開発に関する世界委員会」が一九八七年に示した「未来世代まで持続可能な発展(sustainable development)」に即した景気対策を行政が効果的に立案し、その路線にそって企業の活性化を根気よくはかることである。

一つ目の策として、行政の指導で福祉産業等、従来市場になりにくかった部門の市場化が試みられた。そうすればあらたな労働力需要が生まれ、それが企業の活性化につながると考えられたからである。しかし、この方法は資本主義の宿命である市場拡大・過剰処理の尻拭いというマイナス効果を派生した。二つ目の策として、アメリカのフォーディズムに典型的であったような大量生産・大量消費・大量廃棄の構造を断つ方向が各方面で考えられた。まず行政が、エコライトや環境税を導入して企業の利益主義を相対的に抑制する策を立案した。なるほどそれだけではマイナス成長にしかならないが、他方では負の社会資本増大を抑えることにもなり、差し引きプラスの状況を創出できるのだ。しかし、そのためには、企業原理のみならず国民の生活原理をもサスティナブルなそれへと転換しなければならない。これを本書のキーワードに似合うスローガンとして記すならば、ライフスタイルの「表日本」型からの脱却、「裏日本」×「表日本」連合（ハイブリッド）型への転換となろうか。このスローガンをヴィヴィッドに示すため、内閣府が設置した「アジア・ゲートウェイ戦略会議」の基本構想「アジア・ゲートウェイ構想」（二〇〇七年五月）を批評してみたい(5)。

四　「アジア・ゲートウェイ構想」からみえるもの

サイト「アジア・ゲートウェイ構想」のタイトル・ページには次の文章が記されている。「本格的な景気回復が現実のものとなる一方、日本は、少子高齢化をはじめとするさまざまな課題に直面しています。日本が今後安定した経済成長を続け、世界にとって魅力のある「場」となるためにも、成長を続けるアジアをはじめとした、海外の成長や活力を日本に取り込むことが重要な課題となっています。」これは驚きである。二一世紀の日本は経済成長を抑制してサスティナブルなスローライフに向かうべきなのに、ここには依然として成長神話ないし「表日本」＝近代主義的路線の継承が記されている。「海外の成長や活力を日本に取り込む」根拠は何か。そうすることで自らの「安定した経済成長を続け」たいからと記されている。あきれるばかりだ。

「はじめに」（第二頁）には次の記述が読まれる。

日本経済は、緊密化するアジアの地域秩序の中にしっかりと埋め込まれ、かつての「アジアと日本」という垂直的関係は、「アジアの中の日本」とも言うべき水平的、戦略的関係へと変化している。アジアの動きに日本が取り残されることがあってはならない。／我々は、アジアにおいて日本が唯一の巨人である時代は終わったことを、明確に認識する必要がある。アジアは、通貨危機の経験後は一層、グローバル化を躊躇なく受入れる地域へと発展しており、むしろ取り残される可能性があるのは日本であるという現実を、冷徹に直視すべきだ。残念ながら、世界的に、日本は未だに「閉鎖的」であるというイメージが強い。現実にもグローバル化の流れに乗り遅れ競争力を失いつつある分野も少なくない。／しかし、悲観的に考える必要はない。日本の将来像を、アジアと世界の架け橋となるゲートウェイ国家として示し、社会の開放のスピードを加速化し、近隣諸国との絆を強化することで、日本はアジア諸国と繁栄を共有することができる。そして「世界の成長センター」であるアジアが閉鎖的になることなく、今後とも世界に開かれた地域（「開かれたアジア」）として発展していくことが、日本にとっても世界にとっても重要なことであるのだ。

ここでは、日本経済はいまや中国・インドなど近隣のアジア諸国に追い抜かれ「取り残される可能性がある」ことを第一に力説している。日本がアジア諸国に取り残されないですむとして、「共有する」ものは何か。「繁栄」である。この文脈での「繁栄」は、かつての右肩上がり時代に刻印された観念を宿している。いまアジア地域で日本が達成するべき課題は経済成長（表の象徴）ではない。二〇二〇年までに二酸化炭を二五パーセント削減するという国際公約[6]を達成してアジア地域の多様な生活文化において日本も「共生」可能な状態を創出するという課題こそ意義を有する。

「アジア・ゲートウェイ構想」の第三頁には次のように記されている。アジア地域との「交流は貿易や投資などの狭い意味の経済行為に限定されるものではない。美しい自然に恵まれた長い歴史、文化、伝統を持つ「日本らしさ」に裏打ちされた文化や産業が、より一層アジアや世界の多くの人々を魅了できるようにすることが重要である。そのためには、国のレベルだけでなく、各地域においてもそれぞれの魅力を発信し、アジアや世界との直接交流を深めることが求められる。」この指摘は正しい。なによりも交流の主体を中央に限定せず「各地域」としている点が評価できる。そこには「裏」も「表」もない。

ところが、そのすぐ後にでてくる文章がひどい。「グローバル化の中で未だ様々な脆弱さを抱えるアジアは、依然として日本の持つ「知恵」とリーダーシップに期待している。日本がアジアとの地域的つながりを深めることは、日本の経済活性化のみならず、地域全体でグローバリゼーションの衝撃を緩和することにもなり、日本の国際的地位の強化にもつながる。」アジアにおける日本の「リーダーシップ」とか「国際的地位の強化」とか、そのような議論をリセットした地点に「ゲートウェイ」が設けられるのではなかったか！

第四～五頁の【構想の基本理念】には、持続可能な息の長い改革とは縁遠いキーワード「スピードアップ」「競争力（強化）」などが並んでいる。断片的に引用するのはよくないことだが、あえて以下に紹介する。

まず、時間軸の問題がある。「日本が取り組むべき航空や港湾などの人流・物流分野の改革は時間との競争といっても過言ではない。」「アジアの主要港に比べて競争力で後手に回ったと言われる日本の港湾であるが（云々）」なぜ「時間との競争」を説くのだろう。それこそが近代合理主義の標語であって、チャップリンが映画『モダンタイムス』（一九三六年）で痛烈に皮肉った元凶である。「アジア・ゲートウェイ戦略会議」のメンバーは、この期に及んでなお旧態依然を繰り返すほど愚かなのだろうか。(7)

「農業の主たる担い手の高齢化が進む中で、農業の競争力を高めるための産業政策に軸足を置くという視点に立ち、早急に抜本的な改革が求められる。」またもや「競争力」だの「産業政策」だのが羅列されている。そうした「表日本」的価値序列はいまや「裏日本」的価値序列の筆頭である景観利益のまえに後退を余儀なくされていることに気づいて欲しい。例えば、先ごろ（二〇〇九年一〇月一日）行なわれた次のような裁判で景観重視の判決が下された。瀬戸内海の景勝地「鞆《とも》の浦」（広島県福山市）の埋め立て架橋事業をめぐって起こされていた訴訟で、景観保護・景観利益を根拠に工事反対を主張していた原告側が勝訴した。判決の骨子は以下のとおり。

「鞆の浦は歴史的・文化的価値を有し、国民の財産というべき公益、景観利益は法律上の保護に値する」（毎日新聞二〇〇九年一〇月一日付夕刊一面）。鞆の浦といえば、人気アニメ監督の宮崎駿が作品「崖の上のポニョ」（スタジオジブリ制作、二〇〇八年）の構想を練ったところとして知られる。「消費者の利便性の向上、地域経済の活性化、産業競争力の強化といった広い意味での国益を問題認識として強く意識し、国民経済全体の視点から、スピード感を持って航空自由化の推進など、政策の大きな転換を図ることが重要である。」この文章は一見すると「裏日本」をもあたたかく遇しているように読める。しかし地域経済をあくまでも「国民経済」の視点から位置づけ評価しているようでは、本質的に「表日本」＝近代合理主義に根ざした見解に括られる。それから、昨今露呈した日本航空の経営危機を想起してほしい。二〇〇九年九月、慢性的な経営難の続く日本航空と米国デルタ航空との間で資本・業務提携および数百億円規模の出資受け入れ交渉が行なわれた。そのような窮状が発生した根本原因はなにか。上記引用文にある「広い意味での国益を問題認識として強く意識し」た政策にあったのである。これも明治時代から続く「脱亜入欧」「表日本」的価値序列の結果であろう。

「アジア・ゲートウェイは『アジアと日本』という関係ではなく、日本がアジアの中に埋め込まれていく『アジアの中の日本』の関係を前提としなくてはいけない。」この一文のみであれば異論はない。けれども、次の文章とならべると眉唾ものといった印象を拭い去れない。「特に高等教育の分野においてはグローバル化という視点を欠かすことができない。今や世界の主要国でグローバル化の視点を抜きに高等教育を考えている国はない。残念ながら、日本はそうした面で大きく遅れている。」ここでついに本音が露呈した。「世界の主要国でグローバル化の視点を抜きに高等教育を考えている国はない」という発想は、アジアの中に日本を埋め込む発想とそりが合わないのである。とくに「グローバル化」が問題である。むしろ「脱亜」とそりが合うように思える。

二〇世紀、特にその後半、情報通信・交通運輸部門におけるハイテク・イノベーションの恩恵を受けて、諸国民ないし諸民族はいわゆるグローバリゼーションを達成してきた。通例「全世界の一体化」などと翻訳されるグローバリゼーションは、世界大で絶え間なく変動しつつ同時進行する政治的・経済的諸情勢を人びとが的確に把握し、自身の行動に対する実際的にして合理的な目標ないし指針を確定しうるという点で、大きな利点を有する。個人や一団体の特殊にしてローカルな活動が情報のグローバルなネットワークに支えられ、多大な付加価値を産みだしていく。しかしグローバリゼーションは、反面、環境破壊といったマイナスの資本産出をも推し進め、資本主義的な市場原理に見合うよう、地域や風土に固有の文物制度や社会習慣、自然環境を世界各地でどんどん解体してきた。

今後はグローバリゼーションの欠点を補うべくクレオリゼーション（ハイブリッドで多様な社会・文化の共生）に着手することである。(8) 経済や文化のグローバリゼーションがここかしこで展開するようになれば、発展の段階や類型を異にした種々さまざまな経済や文化の相互接触が見られ、そこに個性あふれるクレオリゼーションが併発すると考えられる。クレオール的なハイブリッド文化は、二〇世紀にはアジア・アフリカ・ラテンアメリカといった政治経済的マイノリティ・周辺地域にしか妥当しないように思われていた。しかし二一世紀の今日、欧米の価値基準に基づいて展開してきたグローバリゼーションはもはや欧米の人々にすら豊かな実りを保障しはしなくなっている。一年間に三万人以上の自殺者が連年でるようになった日本は、どう取り繕おうが、豊かな国であるはずがない。今こそ、価値基準の多様性を特徴とするクレオリゼーションへと発想や方針を転換するべきなのである。それは、日本ではなによりもまず環日本海のハイブリッド文化圏で展開されよう。ここに「裏日本」はルネッサンスを迎えるのである。有力なゲートの一つは、むろん頸城野の湊、直江津港に構築されよう。[9]その過程で、かつて日本を東洋から分離した価値意識、太平洋側を日本海側から分離した価値意識は人知れず萎縮していくことだろう。

注

（1）佐藤正幸『歴史認識の時空』知泉書館、二〇〇四年、一六九、一七二、一七五～一七六頁。
（2）一八八五（明治一八）年三月一六日付『時事新報』に掲載された無署名の社説。
（3）現在、本書の編集者であるNPO法人頸城野郷土資料室は、上越市の山間部で伝統的な水車を使用した発電プロジェクトを企図している。このプロジェクトに関連して、上越市当局は、新エネルギーに太陽（ソーラーパネル、おもに公共施設）と風力（巨大な風車、観光地周辺）を採用しているが、マイクロ小水力発電（ダムなどでなく自然の流れでの水車発電、出力百キロワット以下）は採用していない（新エネルギーに関する上越市の取り組み平成二〇年度、ほか参照）。本NPOとしては上越市域に含まれる多くの山間部にはマイクロ小発電が有効と思っている。これはかつての山村に多くみられた水車の自家発電転用である。この電力供給方法について、上越市は一度調査検討したことがある。しかし、その際に、発電適地はあったものの、周辺に電力需要がないなどの理由から見送った経緯がある。ところで、現在では電気自動車用リチウムイオン電池など蓄電池の開発が格段にすすんでおり、発電地と消費地の連携はおおきく改善されている。よって、発電そのものの適地を有する上越地方では、マイクロ小水力発電の意義は増しているとみてよい。本NPOではそのようなエネルギー自立（サスティナブルな地産地消）をもって過疎地再生の方途を探っていきたい。こうしたエネルギー自立を支援することで、ひいては過疎地域の人々がそこに生きていく意志と希望とを再構築できるようになれば、本NPOとしては望外の喜びとなろう。

（4）総務省統計局のホームページ参照。
http：//www.stat.go.jp/data/roudou/sokuhou/tsuki/index.htm

（5）アジア・ゲートウェイ戦略会議は、二〇〇六（平成一八）年一一月に、安倍晋三首相（当時）を議長として官邸に設置され、同月八日に初会合が開かれた。二〇〇七（平成一九）年五月一六日開催の会議は第九回であり、安部首相が召集した。
http：//www.kantei.go.jp/jp/singi/asia/kousou.pdf

（6）二〇〇九年九月、鳩山由紀夫首相（当時）は国連の気候変動に関するハイレベル会合開会式に出席して演説し、日本の温室効果ガス排出量削減の中期目標を「二〇二〇年までに一九九〇年と比べて二五パーセント削減する」と表明した。
(7)アジア・ゲートウェイ戦略会議のメンバー(二〇〇七年現在)は以下の通りである。内閣総理大臣を議長とし、内閣総理大臣補佐官(経済財政担当)を議長代理とする。以下は有識者メンバー(実質的な構成員)。座長 伊藤元重(東京大学大学院経済学研究科教授)、座長代理 中北 徹(東洋大学大学院経済学研究科長・教授)、氏家純一(野村ホールディングス株式会社取締役会長)、白石 隆(政策研究大学院大学副学長)、中村邦夫(松下電器産業株式会社代表取締役会長)、深川由起子(早稲田大学政治経済学術院教授)、宮田亮平(東京藝術大学長)http://www.kantei.go.jp/jp/singi/asia/member.html
(8)術語「クレオリゼーション(creolization)」に関して少々解説を施しておく。ここに言うクレオリゼーションとは、「クレオール」の派生語で、「世界のクレオール化」という意味になる。クレオールという語はもともと言語について用いられたものである。交易や侵略で複数の言語が接触すると新たに混合言語ピジン語が発生し、さらにそれが本格的な地域語つまりクレオール語になっていく、そのような現象をさして用いる。だから、もともと「クレオリゼーション」なる語はピジン語のクレオール語化をさして用いられているのだが、ここではまったく独自の概念を含ませてある。
(9)直江津港に関し、現時点での最新の説明をNPO法人頸城野郷土資料室編『くびき野文化事典』社会評論社、二〇一〇年、から引用する。
★直江津港(なおえつこう)
①江戸時代まで
北陸道にある直江津は信濃へ通じる道の分岐点であり、海上を南北に向かう廻船が寄港する港でも

ある。鎌倉時代の一二二三（貞応二）年に定められた「廻船式目」（実際は中世後期の成立と考えられている）では、直江津が日本海側の七湊の一つに数えられた。各地の商人は色々な商品を運んで来て問丸（後の問屋）と取引をする一方、直江津からは麻織物の越後布や麻の一種である苧《からむし》（青苧《あおそ》）が積み出された。青苧の買い付けや販売を独占的に行う青苧座もあった。上杉謙信の時代も直江津は港町として厚く保護された。江戸時代に入ると、高田藩は直江津（当時は今町と呼ばれた）の港湾業務に関連する廻船業者や川舟業者等を保護したが、その他は高田商人の権益を侵さないよう抑圧した。藩は海岸防備と港の総取り締まりのため今町陣屋を置き、運上（税金）・漁業・廻船・川舟などの取り締まりにそれぞれの肝煎《きもいり》を置いた。港に出入りした人々の航海安全を祈願する思いは、住吉神社の石灯籠から現在も窺える。同神社は、海の神として信仰されている摂津（大阪）の住吉大社から分霊したもので、石灯籠は一八五五（安政二）年、阿波（徳島県）の藍《あい》商人二人によって寄進された。

②明治以降

直江津港は、明治に入ると新潟港と富山伏木港の中間に位置する日本海定期航路の寄港地として賑わい、一九一二（大正元）年には、内務省令による指定港になるなどして、「裏日本」における要港として繁栄した。しかし、河口港であるなど直江津港は必ずしも港としての環境条件がよいとは言えなかった。関川の河口港であるため川底に多量の土砂が溜まり、常にそれを取り除く必要があった。また、冬期間の強い北西風による荒波のため、船舶が港に入ることができず沖待ちを余儀なくさた。信越線・北陸線が開通し、物資の流通が盛んになると後背地に工場などが進出しこのため、大正・昭和にかけて港湾の修築が行われた。戦後、一九五一年に国の重要港湾に指定され、一九六〇年に関川河口の分流工事が完成すると、六〇年代の後半には開港指定を受けて国際港となり、西、中央、東の各ふ頭が建設された。一九七〇年には大型の外国船が常時入港する特定港に指定され、ソ連から原木やマンガン鉱、オーストラリアからアルミナ、アメリカからりん鉱石、など工業用原材料が多く輸入され、高度経済成長を支える重要な港となった。さらに一九七三（昭和四八）年、五万トン級の大型船が接岸できる港として、改修工事が進められ、これによって一段と国際港としての機能が高まった。近年、高速交通網の整備も進み、関東・中部・北陸地方を背後圏域とすることで、国内はもとより北東アジアに開かれた「玄関口」（日本海ゲートウェー）、国際貿易港として、人流・物流の拡大と発展が見込まれている。（瀧田　寧、古賀治幸、唐澤太輔）

あとがき

本書は、二〇〇八年二月に新潟県知事の認証を得て四月一日に発足したNPO法人頸城野郷土資料室（Kubikino Folk-Archive）の学術研究成果である。新潟県上越市に事務所をおく本NPOの活動内容は、上越地方―通称「頸城野」―の町家雁木文化・海運漁業民俗・稲作農耕文化・信仰儀礼文化などの保存・研究、それに付随する資料の収集と整理、そして郷土文化教育である。それをもとに地域市民を主体とする読書会、講演会、展示会、見学会、フィールド調査など、様々な文化運動を企画ないし支援している。現在のところ、主な活動部門として町家文化部門・民俗調査部門・学術研究部門・教育事業部門（NPO学園「くびき野カレッジ天地びと」運営）がある。本書はそのうち学術研究部の活動成果ということになる。

学術研究員の一人である唐澤太輔会員は、本NPO設立当初から「裏日本」に関する研究課題を立て、二〇〇八年一一月には上越郷土研究会主催の文化講演会（於上越市）で「裏日本文化と韓神信仰」と題して研究成果を発表した。これはフロアーの市民多数から好評を得た。また、本NPOメンバーからも、研究の継続を望む声が発せられた。そこで、石仏を軸に民間信仰の面で日韓（新羅・頸城）の交流史を調査していた石塚が、本NPOにおける唐澤の研究をサポートする意味もこめて、『「裏日本」文化ルネッサンス』と題する協同研究を呼びかけた。その後、「天皇制の変遷と現状」（駒澤大学『仏教経済研究』第三七号、二〇〇八年）を発表して律令制以前からの天皇制を研究していた工藤豊会員が継体天皇論を軸に「裏日本」企画に加わった。さらには、本NPO理事で「裏日本」の新潟市に在住する石川伊織会員が地の利を生かした独自のテーマ「鉄道と文学と裏日本」で参加した。本書はこのような経緯を経て成立した。執筆分担は、序・一・三・六・七・九・一〇章が石塚、二・五章が唐澤、四章が工藤、八章が石川である。

なお、本NPOでは、この企画と並行して『くびき野文化事典』（二〇一〇年刊）を編集してきた。こちらは文字通り、頸城野地方を中心とした歴史文化に関する基本項目を列記した事典である。そこに含まれる項目の一部は本書に関連している。とくに唐澤および石塚が担当した項目は本書の内容と密接に関係している。ついては、参照を願う。

最後になったが、本書および文化事典の双方を刊行してくださった社会評論社の松田健二社主に深く感謝するものである。

二〇一一年一月

NPO法人頸城野郷土資料室 理事長　石塚　正英

著者紹介

石塚正英（いしづか・まさひで）
1949年、新潟県に生まれる。
東京電機大学理工学部教授、立正大学史学会理事、NPO法人頸城野郷土資料室理事長、博士（文学）　歴史知学・文化史学専攻
主著：『感性文化学入門』東京電機大学出版局、2010年。『近代の超克―永久革命―』（編著）理想社、2009年。『歴史知の想像力』（編著）理想社、2007年。『歴史知と学問論』社会評論社、2007年。『儀礼と神観念の起原』論創社、2005年。『歴史知の未来性』（共編著）理想社、2004年。『歴史知とフェティシズム』理想社、2000年。

石川伊織（いしかわ・いおり）
1956年、東京都に生まれる。
新潟県立大学国際地域学部教授
著書：『哲学・思想翻訳語事典』（共著・石塚正英他編）論創社、2003年。『くびき野文化事典』（NPO法人頸城野郷土資料室編）社会評論社、2010年。
「椎名林檎における「歌」の解体と再生」（『県立新潟女子短期大学研究紀要』第41集、2004年3月）「旅の日のヘーゲル―美学大系と音楽体験：1824年9月ヴィーン―」（『県立新潟女子短期大学研究紀要』第45集、2008年3月）

工藤　豊（くどう・ゆたか）
1950年、岩手県に生まれる。
駒澤大学仏教経済研究所所員
関連論文：「天皇制の変遷と現状―天皇の地位規定を中心に―」（『仏教経済研究』、駒澤大学仏教経済研究所、2008年）

唐澤太輔（からさわ・たいすけ）
1978年、兵庫県に生まれる。
早稲田大学大学院社会科学研究科博士後期課程在学
著書：『くびき野文化事典』（NPO法人頸城野郷土資料室編）社会評論社、2010年。

「裏日本」文化ルネッサンス

2011 年 2 月 15 日　　初版第 1 刷発行

編　者――――NPO 法人頸城野郷土資料室（理事長・石塚正英）
著　者――――石塚正英・唐澤太輔・工藤豊・石川伊織
装　幀――――桑谷速人
発行人――――松田健二
発行所――――株式会社 社会評論社
東京都文京区本郷 2－3－10
☎ 03(3814)3861　FAX 03(3818)2808
http://www.shahyo.com

組版――――――閏月社
印刷・製本―――倉敷印刷

printed in Japan

ＮＰＯ法人頸城野郷土資料室　設立趣旨書

２００５年1月、14の市町村（上越市、安塚町、浦川原村、大島村、牧村、柿崎町、大潟町、頸城村、吉川町、中郷村、板倉町、清里村、三和村、名立町）が合併してから3年近く経過した。このような大合併の場合、政治的・経済的には利点が見られても、文化的には合理化のあおりをうけて地域切捨てが深刻化する場合があり得るのである。

これまで幾世紀にわたって、字《あざ》単位で形成されてきた頸城各地の郷土文化を、文字通りの意味での上越後地方における郷土文化へと連合する運動、すなわち「頸城野文化運動（Kubikino Culture - Movement KCM）」を開始することが肝要と思われる。この運動は個性あふれる地域文化の連合・再編成を目指すのであって、中央的な文化への統合ではあり得ないし、いわんや単一文化への融合（地域文化の切捨て）ではあり得ない。具体的な活動としては、民俗文化や歴史的建造物を文化財として保護し、それらの基礎資料・研究資料を収集・整理し、後世に引き継いでいくことに努めたい。

そこで私たちは、「特定非営利活動法人頸城野郷土資料室」を設立し、広く市民に対して、後継者を失いつつある民俗文化や遺失・損壊の著しい郷土の文化財を保護するために資料室を設置し、教育イベント、調査研究及び広報事業等を行い、郷土文化の保存と再編成に寄与していく所存である。

こうした活動を実施する上で、法人化は急務の課題だが、この会は営利を目的としていないので、いわゆる会社法人は似つかわしくない。また、市民や行政との協働を進めるため、ガバナンスの強化や市民への説明責任を重視し、開かれた団体として情報公開を徹底する方針であり、そのような公益的な観点からも、数ある法人格の中でも最も相応しいのは、特定非営利活動法人であると考える。

上越地域の歴史・社会・民俗・文化・自然に関する情報・資料を網羅する。

くびき野文化事典

編集　NPO法人頸城野郷土資料室
監修　村山和夫

B5判上製／四〇〇頁・口絵八頁
定価：本体八、四〇〇円＋税

◆本書の意義　真野俊和

『くびき野文化事典』が刊行される。頸城野とは新潟県南西部の由緒ある郡名である。そこでこの編纂の意義を三つあげよう。一つは頸城野全域を網羅する書物は初めてだということ。この地方の自治体史の一つ『上越市史』は数年前に作られたが、いかんせん合併前だったから、頸城野全域にはほど遠かった。二つ目は、極めてコンパクトな点である。先の『上越市史』はなんと全21巻だった。これに相当する内容を1冊で読めるのは、夢のようである。三つ目。そんな大事業をNPO法人のメンバーが独力で成し遂げたいうのは、これまで聞いたことがない。これが楽しみでなくて何であろうか。

（元筑波大学、上越教育大学教授）